La Sabiduría y
el significado profundo
de las enseñanzas de

Jesús
de
Nazaret

2ª edición: septiembre 2024

Diseño de portada: Editorial Sirio, S.A.
Maquetación: Toñi F. Castellón

www.editorialsirio.com
sirio@editorialsirio.com

I.S.B.N.: 978-84-19685-60-5
Depósito Legal: MA-1683-2024

Impreso en Imagraf Impresores, S. A.
c/ Nabucco, 14 D - Pol. Alameda
29006 - Málaga

Impreso en España

Puedes seguirnos en Facebook, X, YouTube e Instagram.

Emilio Carrillo & Lola Rumi

La Sabiduría y
el significado profundo
de las enseñanzas de
Jesús
de
Nazaret

EDITORIAL
SIRIO

«Yo soy el Camino, la Verdad y la Vida. Nadie puede llegar al Padre si no es por medio de mí. Si me conocen a mí, conocerán también a mi Padre. Desde ahora lo conocen y lo han visto» (Juan, 14: 6-7).

ÍNDICE

PARTE II - JESÚS, CRISTO, LO CRÍSTICO Y LA CRISTIFICACIÓN

PARTE III - EL FINAL DE ESTA GENERACIÓN HUMANA Y EL SURGIMIENTO DE UNA NUEVA HUMANIDAD

NOTA DE LOS AUTORES

Las numerosas citas bíblicas que hay en este volumen no pertenecen a alguna versión de la Biblia en concreto, pues hemos respetado las citas de los libros que hemos ido consultando para la redacción de la obra. No obstante, cuando se trata de reflexiones o consideraciones propias, que no surgen del cotejo con otros autores o fuentes, hemos utilizado preferentemente la Biblia *online* Reina Valera de 1960, de biblia.es, y la «Biblia en línea» de jv.org, pues la experiencia nos ha mostrado que son las más fieles al texto original.

INTRODUCCIÓN

CRISTO JESÚS ENTRE NOSOTROS

Reunidos en su nombre

Resulta obligado arrancar estas páginas dedicadas a la sabiduría y el significado profundo de las enseñanzas de Jesús de Nazaret subrayando que con su escritura y su lectura se cumple a rajatabla lo que el propio Cristo Jesús hizo patente con estas contundentes palabras: «Porque donde están dos o más reunidos en mi nombre, allí estoy yo en medio de ellos» (Evangelio de Mateo, 18: 20).

No alberguemos duda alguna: aquí estamos (autores y lectores) convocados en su nombre; y él, entre nosotros. Que las autolimitaciones mentales no nos cieguen; y que los influjos de un mundo sumido en el materialismo no nos impidan darnos cuenta. Reunidos en su nombre, percibamos el Amor a raudales con el que nos envuelve, el Acompañamiento sutil que nos proporciona y la Fuerza que nos insufla para que se abra nuestro corazón, se avive nuestra alma, se expanda nuestro discernimiento y germine en nosotros la exquisita semilla de su Sabiduría.

Dando testimonio de él

Al hilo de lo que acabamos de manifestar, los autores queremos dejar constancia expresa, desde el mismo inicio del texto, de que con sus contenidos no pretendemos dar testimonio de nosotros mismos. De ningún modo, pues no redactamos y compartimos estas páginas en nuestro propio nombre: el único interés que nos mueve es el de ponernos al servicio de Cristo Jesús para, con humildad y el mayor entusiasmo, dar testimonio de él. Tal como él lo dio del Padre: «Si yo diera testimonio de mí mismo, mi testimonio no valdría. Pero hay otro que da testimonio de mí, y yo sé que ese testimonio es verdadero [...] Pero el testimonio que yo tengo [...] son las obras que el Padre me encargó llevar a cabo. Estas obras que yo realizo atestiguan que mi Padre me ha enviado. Y el Padre que me envió ha dado testimonio de mí. Ustedes nunca han escuchado su voz, ni han visto su rostro, y su palabra no permanece en ustedes, porque no creen al que él envió. Ustedes examinan las Escrituras porque en ellas piensan encontrar Vida eterna: ellas dan testimonio de mí y, sin embargo, ustedes no quieren venir a mí para tener Vida. Mi gloria no viene de los hombres. Además, yo los conozco: el amor de Dios no está en ustedes. He venido en nombre de mi Padre y ustedes no me reciben, pero si otro viene en su propio nombre, a ese sí lo van a recibir» (Evangelio de Juan, 5: 31-43).

Por tanto, todo lo que se expondrá en esta obra tiene a Cristo Jesús no como referente pasivo, sino como protagonista y agente radicalmente activo que anima cuanto se expone, a la vez que hace posible su comprensión y enraizamiento en nuestra vida.

EXISTE UNA SABIDURÍA DE DIOS ESCONDIDA...

... que ninguno de los dominadores de este mundo alcanzará a conocer

Tratándose de comprender y enraizar, hay que tener en cuenta que los textos cristianos hacen clara mención de una «Sabiduría de Dios Escondida», tal como la denominó san Juan de la Cruz.

Así lo expresó san Pablo: «No la sabiduría de este mundo ni la que ostentan los dominadores de este mundo, condenados a la destrucción. Lo que anunciamos es una Sabiduría de Dios expresada en secreto, la Sabiduría Escondida que Él preparó para nuestra gloria antes de que existiera el mundo; aquella que ninguno de los dominadores de este mundo alcanzó a conocer [...] Anunciamos lo que nadie vio, ni oyó y ni siquiera pudo pensar, aquello que Dios preparó para los que lo aman. Dios nos reveló todo esto por medio del Espíritu, porque el Espíritu lo penetra todo, hasta lo más íntimo de Dios. ¿Quién puede conocer lo más íntimo del ser humano sino el espíritu del mismo hombre? De la misma manera, nadie conoce los secretos de Dios sino el Espíritu de Dios. Y nosotros no hemos recibido el espíritu del mundo, sino el Espíritu que viene de Dios, para que reconozcamos los dones gratuitos que Dios nos ha dado. Nosotros no hablamos de estas cosas con palabras aprendidas de la sabiduría humana, sino con el lenguaje que el Espíritu de Dios nos ha enseñado, expresando en términos espirituales las realidades del Espíritu» (Primera Carta a los Corintios, 2: 6-13).

Estos versículos, como otros del Nuevo Testamento, recalcan la existencia de una Sabiduría de Dios Escondida que ninguno de los dominadores de este mundo ha alcanzado a conocer ni conocerá. Nadie ha visto ni oído esta Sabiduría, y ni siquiera ha podido pensar en ella, porque no se puede expresar ni entender con palabras aprendidas de la sabiduría humana.

Ahora bien, Cristo Jesús proclamó a los cuatro vientos que «la verdad os hará libres» (Juan, 8: 32), y que no hay nada oculto que no deba ser revelado: «No hay nada oculto que no deba ser revelado, ni nada secreto que no deba ser conocido. Por eso, todo lo que ustedes han dicho en la oscuridad será escuchado en pleno día; y lo que han hablado al oído, en las habitaciones más ocultas, será proclamado desde lo alto de las casas» (Evangelio de Lucas, 12: 2-3).

Y como se indica en el Libro de los Proverbios (8: 1-11): «¿Acaso no está llamando la sabiduría? Y el discernimiento, ¿no está alzando su voz? En los lugares altos a lo largo del camino, en los cruces, ella ocupa su puesto. Junto a las puertas de acceso a la ciudad, en las entradas de las puertas, no deja de gritar con fuerza: "A ustedes, a toda la gente, los estoy llamando; alzo mi voz para dirigirme a todos. Ustedes, inexpertos, aprendan lo que es prudencia; ustedes, insensatos, consigan un corazón capaz de entender. Escuchen, porque lo que digo es importante; mis labios hablan lo que es justo. Porque mi boca susurra la verdad y mis labios detestan la maldad. Todas las palabras de mi boca son justas; ninguna de ellas es retorcida o engañosa. Todas son claras para el que tiene discernimiento y correctas para los que han encontrado conocimiento. Acepten mi práctica en vez de plata; y el conocimiento en vez del oro más fino. Porque la sabiduría es mejor que los corales; ninguna otra cosa deseable se puede comparar con ella"».

La Sabiduría de Dios Escondida está a disposición de los que atesoran una visión transcendente de la vida, sed de verdad y sencillez

Es por esto por lo que la Sabiduría de Dios Escondida, estando vedada para los que dominan este mundo y para los que limitan su conocimiento a la esfera de lo material, está plenamente a disposición de otras personas. Estos son los requisitos que hay que reunir para poder acceder a ella:

- Hay que poseer una visión transcendente de la vida y la existencia, en lugar de haber «matado a Dios» (en el próximo apartado examinaremos la muerte de la idea de Dios). Retomando las palabras de san Pablo, se trata de amar a Dios; esto es lo que hace posible escuchar a su Espíritu (el Paráclito o Espíritu de la Verdad; lo presentaremos hacia el final de esta introducción).

- Hay que tener «sed de verdad», con el consiguiente uso y expansión de la mente abstracta, que se analizará más adelante, y el discernimiento que de ello deriva: «Sigan pidiendo, y se les dará; sigan buscando, y hallarán; sigan tocando [llamando a la puerta], y se les abrirá» (Mateo, 7: 7). Porque: «Si permanecen en mis enseñanzas, realmente son mis discípulos; conocerán la verdad y la verdad los hará libres» (Juan, 8: 31-32). Pero sin discernimiento, los oídos permanecen sordos a lo sagrado, el entendimiento queda nublado para la comprensión de las enseñanzas de Cristo

Jesús y se desconoce el significado de la justicia: «Tenemos mucho que decir acerca de Cristo Jesús, pero es difícil de explicar, porque ustedes se han vuelto lentos para entender. Pues, aunque a estas alturas ya deberían ser maestros, de nuevo necesitan que alguien les enseñe desde el principio las cosas elementales de las declaraciones sagradas de Dios. Vuelven a necesitar leche en vez de alimento sólido. Y el que sigue alimentándose de leche no conoce la palabra de la justicia, porque es un niño pequeño. En cambio, el alimento sólido es para personas maduras, para las que con la práctica han entrenado su capacidad de discernimiento» (Hebreos, 5: 11-14).

- Hay que ser «sencillo», en el sentido de que la sabiduría no debe alimentar el ego (la soberbia, el orgullo, el engreimiento, la autocomplacencia...): «Padre, Señor del Cielo y de la Tierra, te doy gracias porque has ocultado todo esto a los que se creen sabios y entendidos y se lo has revelado a los sencillos» (Mateo, 11: 25).

Este es precisamente el marco en el que se incardinan estas páginas: nuestro propósito ha sido resaltar, estructurar y divulgar lo que Cristo Jesús muestra de la Sabiduría de Dios Escondida a todos aquellos que, por no haber matado a Dios, estén sedientos de verdad y tengan el alma, el corazón y el intelecto engalanados de sencillez. Estas personas están en situación de escuchar y recibir el Espíritu.

LA MUERTE DE LA IDEA DE DIOS Y EL DESTIERRO DE LA ESPIRITUALIDAD

La enfermedad consistente en la negación de lo divino

Frente a lo que acabamos de manifestar, cabe decir que son demasiadas las personas que no reúnen, hoy, esas tres características. No decimos esto con ánimo de enjuiciar a nadie ni nada; solo estamos discerniendo con objetividad sobre la vigente generación humana. Basta con mirar a nuestro alrededor para poderlo constatar.

¿Por qué es esto así? Pues debido a que son muchos los que padecen la enfermedad, descrita por Rudolf Steiner en *¿Cómo puedo encontrar al Cristo?*, consistente en «la negación de lo divino». Es «un real y auténtico defecto físico, una enfermedad física, una carencia física [...] Se trata de una enfermedad que no curan los médicos; sucede que ellos mismos frecuentemente la padecen».

Y esta dolencia se halla tan extendida porque la sociedad actual ha matado a Dios. Ya nos referimos a ello en el libro *Sabiduría de Dios Escondida: la mística de san Juan de la Cruz* (Editorial Sirio, 2022). Será pertinente que examinemos esta cuestión, aunque sea de un modo sintético.

El destierro y expulsión de toda visión y noción de transcendencia

Se suele a atribuir Friedrich Nietzsche la frase «Dios ha muerto y yo lo he matado». Pero el gran filósofo germano no aludía a la muerte de Dios, sino a la muerte de la idea de Dios, es decir, al destierro y la expulsión de toda visión y noción de transcendencia. Esta situación, que desde luego nada tiene que ver con una hipotética muerte de Dios, la observó nítidamente Nietzsche no solo en la sociedad de su época, sino también, y con mayor intensidad, en el horizonte venidero. Ello está estrechamente unido al anuncio nietzscheano de una gigantesca oleada distópica originada y removida por una corriente profunda y potentísima de materialismo galopante derivada de haber «matado a Dios». Esto significa que la vida transcurre bajo unos paradigmas y unos parámetros existenciales aferrados a lo material y al pequeño yo (el yo físico, emocional y mental y la personalidad a él asociada). Este materialismo exacerbado no tiene que ver con el creciente abandono de las religiones que han tergiversado y manipulado la genuina Espiritualidad, sino con el destierro de esta, de la Espiritualidad con mayúscula, con independencia de la tradición concreta en la que se plasme. Este abandono se concreta en una forma de ver y vivir la vida (la de uno mismo, la de los demás y la del mundo) que rechaza lo transcendente y se lanza a los brazos de lo evanescente y superficial.

Expulsadas la Espiritualidad y la transcendencia de nuestras vidas y de la sociedad, ¿qué queda? Pues un uniformismo materialista disfrazado de teóricas opciones personales tan vanas como inconsistentes; y una globalización que arrasa los principios y fundamentos relevantes y extiende y asienta los falsos valores del rebaño... Esto acerca a la condición de «suicidas» a los seres humanos que caen en esta insensata dinámica, puesto que, al «matar a» (desconectar de) Dios, también «matan» (desconectan de) la divinidad que atesoran en su esencia. O, lo que es lo mismo, viven ajenos a su verdadero ser y su auténtica naturaleza.

Los últimos hombres... cayendo en un infierno

Nietzsche denominó «los últimos hombres» a quienes caen en la dinámica descrita. Son hombres y mujeres pusilánimes que, expuestos a los caprichos del mercado y renunciando a lo espiritual, profesan la religión de la indolencia y la comodidad; dan la espalda a los ideales transformadores y desafiantes; se encadenan a la apariencia y se olvidan de la esencia; se esconden en la tímida mediocridad como única forma de supervivencia; subliman sus preocupaciones narcisistas, tribales y triviales para disimular la hosquedad y poquedad de su día a día; se autoengañan en la autocomplacencia; se dicen a sí mismos que son felices y se sumergen en un falaz «sentirse bien» en medio de la insoportable miseria vital en la que han convertido su cotidianeidad; miran una estrella (el potencial de una vida desplegada en plenitud y consciencia) y no tienen deseo alguno de perseguirla, sino que se limitan a parpadear y, entre parpadeo y parpadeo, se les va la vida... Estas personas conforman un mundo asustado ante sí mismo; miedoso ante la vida y temeroso ante la muerte; receloso ante los valores superiores, mientras celebra lo mundano; desconfiado ante la grandeza de miras y el criterio propio...

Como recuerda Gastón Soublette, cuando una sociedad se aferra a lo material, se va degradando poco a poco, sin que la gente se dé cuenta: la vida se va haciendo más compleja y el ser humano cae hacia fuera y se diluye su interioridad. Los valores fundamentales dejan de estar vigentes; se habla de ellos, pero no existen de verdad. Y al perderse los valores, desaparece el respeto hacia uno mismo y el amor al prójimo, y se vive en una parcela cada vez más mediocre y miserable. La vida y la visión del mundo del individuo se empobrecen y este queda convertido en una especie de autómata que reacciona instintivamente ante los impulsos externos (miedo, inseguridad, incertidumbre, objetivos materiales...) que de manera programada le van haciendo llegar. Todo queda reducido a la lógica de los negocios y la especulación; lo social pierde fuelle ante lo tecnocrático e impera una visión estrictamente economicista-tecnológica. Con el pretexto de alcanzar el bienestar por medio de lo material, se consigue exactamente lo contrario: ya no hay agua, ni aire... Estamos cayendo en un infierno.

Estos «últimos hombres», presas del materialismo y de la enfermedad descrita por Steiner, ¿qué interés podrían tener en la Sabiduría de Dios Escondida y en el significado profundo de las enseñanzas de Jesús de Nazaret? ¿Cómo se podría compartir con ellos al respecto sin despertar su desdén y menosprecio? Ante ellos, lo único que cabe hacer es proyectarles, desde nuestro ser más íntimo, el Amor del que él hizo gala (como se analizará en próximos capítulos). Este Amor implica respetar su libre albedrío, su proceso evolutivo y el estado de consciencia en el que este se configura, lo cual no quiere decir justificar el dolor que su materialismo produce en tantos seres sintientes inocentes (humanos, animales...).

ENSEÑANZAS DISCRETAS Y ENSEÑANZAS PÚBLICAS

Sin embargo, la Sabiduría de Dios Escondida y las enseñanzas de Cristo Jesús, incluso las más hondas y esotéricas, están al alcance de todos los seres humanos que, libres de los grilletes del materialismo y de la ceguera existencial asociada a este, estén dispuestos a escuchar al Espíritu de Dios y a llenar su vida de sencillez. Jesús nos acercó a todo ello mediante dos grandes tipos de enseñanzas: las discretas y las públicas, expuestas en arameo (pues el hebreo estaba reservado a la liturgia en el contexto de un Imperio romano que tenía el latín como lengua madre, pero usaba el griego para administrar sus posesiones en el Mediterráneo).

En lo relativo a las primeras, son las que reservó para un magisterio que no se puede tildar de secreto, pero sí de discreto: en su momento, las dirigió a su círculo más íntimo y de mayor confianza, es decir, a sus discípulos más próximos; hoy en día, están abiertas a todos, como se verá a lo largo de este texto. Para entender la discreción con la que procedió Cristo Jesús, debemos tener en cuenta que, hace dos milenios, pocas personas estaban consciencialmente en condiciones de recibir una maestría tan profunda. Así se insinúa, por ejemplo, en el Evangelio de Mateo, 13: 35 («anunciaré lo secreto desde la fundación del mundo») y en la Carta a los Colosenses, 1: 26 («el misterio que ha estado oculto desde los siglos y generaciones pasadas, pero que ahora ha sido manifestado a sus santos»).

En cuanto a las enseñanzas públicas, Jesús las compartió por medio de sus pláticas y discursos, que a menudo congregaban multitudes, y del uso de parábolas fáciles de recordar y simples de entender, al menos en su superficie: la comprensión profunda de sus mensajes requiere de discernimiento y voluntad para ver y escuchar, lo que no abundaba precisamente entre los que a él se acercaban. Esta realidad aparece bien reflejada en el Evangelio de Lucas (8: 10): «Y dijo: "A vosotros os es dado conocer los misterios del Reino de Dios; mas a los otros por parábolas, para que viendo no vean, y oyendo no entiendan"». También en el Evangelio de Marcos: «Por medio de muchas parábolas [...] les exponía la doctrina, según podían entenderle; y no les hablaba sin parábola; pero en privado explicaba todas las cosas a sus discípulos» (4: 33-34); «Cuando dejada la gente entró en casa, le preguntaron sus discípulos sobre la parábola y él les dijo: "¿También vosotros estáis tan faltos de inteligencia?"» (7: 17-18). A este conocimiento se refirieron tiempo después los llamados *padres de la Iglesia*, como Orígenes, que señaló que «los evangelios han guardado oculta (*"aprokryphan"*) la explicación que daba Jesús a la mayoría de las parábolas» (*Commentaria in Matthaeum*, XIV, 2).

Junto a ambas modalidades de enseñanza, también hay que señalar, aunque su importancia sea menor, que una parte de las palabras y obras de Jesús tienen un «sentido mesiánico», por denominarlo de algún modo, al estar orientadas al cumplimiento de profecías previas recogidas en el Antiguo Testamento. La importancia de estas enseñanzas es menor que la de las otras; en cualquier caso, las profecías a las que están asociadas son dieciocho, y aparecen recopiladas en la segunda parte de este texto.

LA FUNCIÓN DEL PARÁCLITO

En este libro beberemos de las dos fuentes de maestría, la discreta y la pública. Utilizaremos para ello el llamado Nuevo Testamento y dentro de él, muy especialmente, los cuatro evangelios canónicos (admitidos en el canon o lista de libros aceptados por las Iglesias cristianas en general): los tres sinópticos (el de Mateo, apóstol de Jesús, y los de Marcos y Lucas, discípulos de Pedro y Pablo de Tarso, respectivamente) más el de Juan (también apóstol de Cristo Jesús). Fueron redactados probablemente entre cuarenta y ochenta años después de la muerte física de Cristo Jesús, aunque según algunos autores, como John A. T. Robinson (*Redating the New Testament*), su redacción fue anterior al año 70. Como fuentes complementarias, acudiremos también a los denominados evangelios apócrifos, no reconocidos en el indicado canon.

Tendremos muy en cuenta, en cualquier caso, que Jesús limitó adrede el alcance de su enseñanza. Él mismo lo dijo claramente: «Aún tengo muchas cosas que decirles, pero es demasiado para ustedes por ahora» (Juan, 16: 12). Y mencionó el papel del Espíritu de la Verdad, o de Dios, en orden a revelar eso que quedó pendiente: «Y cuando venga él, el Espíritu de la Verdad, los guiará en todos los caminos de la verdad. Él no viene con un mensaje propio, sino que les dirá lo que escuchó y les anunciará lo que ha de venir. Él tomará de lo mío para revelárselo a ustedes; y yo seré glorificado por él» (Juan, 16: 13-14).

El Espíritu de la Verdad o Paráclito (palabra que significa 'consejero' y es la utilizada en el Evangelio de Juan, 16: 5-11) tiene que ver con el espíritu que radica en la esencia de todo ser humano. El principio metafísico de causa primera se refiere a la naturaleza del Espíritu:

Aquello [lo Innombrable, aunque solamos llamarlo *Dios*] que no tiene origen es causa de todo lo originado [la creación, el cosmos, todo lo nombrable] y se halla presente e inmanente en todo lo originado como esencia transcendente y fuerza activa y creativa, dando sentido a la vida en todas sus manifestaciones y en todas sus acciones.

El Espíritu es uno, pues Uno es Aquello, pero, aun así, se halla en cada ser. Este es el significado profundo de la expresión cristiana *Espíritu Santo*: el Espíritu, siendo uno, se halla en cada uno (como el aire que respiramos, que es uno, pero, al inspirar, se adentra en cada cual). En relación con esto, recordemos estas palabras de Pablo de Tarso: «Lo mismo sucede con la resurrección de los muertos. Se siembra en corrupción y se resucita en incorrupción [...] Se siembra un cuerpo físico y resucita un cuerpo espiritual. Si hay un cuerpo físico, también hay uno espiritual» (1 Corintios, 15: 42-44).

En este marco, el alma es el instrumento o vehículo que utiliza el Espíritu, de vibración pura e inefable, para poder hacerse presente en lo material, de gradación vibratoria mucho más densa (como si se tratase del batiscafo que usa el ser humano para adentrarse en las honduras del océano). Ahora bien, lo único incorruptible e inmortal es el Espíritu, puesto que el alma no lo es, aunque pueda parecerlo en comparación con el cuerpo físico, dada la extensión de su existencia a través de reencarnaciones. (El alma no es inmortal: cumplida su función a lo largo de eones, el Espíritu dejará de utilizar el «alma batiscafo» y esta se diluirá, habiéndose integrado en el Espíritu todo lo experimentado y recogido por el alma en su travesía).

Eso sí, aunque el Espíritu se halle en todo y en todos, su presencia en el ser humano es latente mientras este no tome conciencia del mismo y lo vaya plasmando paulatinamente en su práctica de vida. Es esto lo que quiso indicar Jesús cuando habló de *nacer de nuevo* (abordaremos este tema en el próximo capítulo). Por medio de una práctica de vida afín al Espíritu, el ser humano va participando en Él y va abriendo las puertas a la vivencia crística a la que todos estamos convocados. Como veremos en la segunda parte de esta obra, Pablo de Tarso sintetizó con estas palabras la esencia de la vivencia crística: «vivo yo, pero no soy yo; es Cristo quien vive en mí». También se puede expresar indicando que la presencia del Espíritu en la persona es Gracia, pero que la participación en él (hacerlo patente) es Mérito.

Y es precisamente esto lo que posibilita que el Espíritu actúe como Paráclito. Desde luego, el Espíritu de la Verdad no trae consigo una revelación nueva que sobrepase el mensaje de Jesús, y mucho menos que esté en contradicción con dicho mensaje. Lo que hace es mantener viva la palabra de Jesús para su glorificación, de la misma manera que, con su obra, Jesús glorificó al Padre. En sus enseñanzas, el Paráclito no transmite verdades todavía no anunciadas, sino derivadas de las que Jesús ya había compartido, con el fin de que estas se puedan asimilar mejor.

La misión del Paráclito es guiar a los que siguen la senda abierta por Cristo Jesús hacia la conquista de la verdad íntegra y total: «Y, en caso de que te desvíes a la derecha o a la izquierda, oirás con tus propios oídos estas palabras detrás de ti: "Este es el camino. Anda en él"» (Isaías, 30: 21). Tal conquista implica el discernimiento acerca de cada una de las palabras y acciones de Jesús, cuyo sentido profundo ha escapado hasta ahora a los discípulos. Pero, sobre todo, conduce a una comprensión más profunda de toda la obra redentora de Cristo y su alcance universal.

En este escenario se incluyen los anuncios de lo que ha de venir, lo cual constituye una referencia a las profecías apocalípticas. Con relación a ellas hay que tener muy presente algo, en lo que insistiremos en el tramo final de este texto: no se refieren al futuro en general, sino, de manera especial, al fin del mundo actual y a los últimos acontecimientos. Como se dice en el Libro de Daniel (8: 17), «esta visión se refiere al final de los tiempos».

GUION A SEGUIR

Con el telón de fondo de todo lo anterior, las páginas que siguen se estructuran en tres grandes partes.

La primera integra cinco capítulos y se centra en las prácticas de vida planteadas por Cristo Jesús para avanzar por el sendero espiritual y alcanzar lo que él denomina «nacer de nuevo». Concretamente:

- El capítulo uno se ocupa del sendero espiritual, que Jesús muestra como camino y como destino, y de la parábola del hijo pródigo, en la que queda patente que dicho sendero constituye el trasfondo del *nacer de nuevo*. Esto último consiste en morir a una forma de vida para resucitar a otra coherente con nuestro verdadero ser; Cristo Jesús nos convoca a hacerlo de la mano de las prácticas de vida expuestas en el sermón de la montaña, que giran en torno a las bienaventuranzas, el Padre Nuestro y la regla de oro.
- El capítulo dos examina con detalle lo que representa y conlleva vivir con fe. Con este fin, analizaremos su genuino significado, plasmado en el *pistis* griego, y la llamada *tríada perfecta*. Ello nos servirá para ahondar en la confianza en la vida, el compromiso con uno mismo, la perseverancia, la aceptación, el no juicio, la acción consciente y, como culminación de todo ello, la presencia.
- Estos contenidos tendrán continuidad en los tres capítulos siguientes, en los que se abordarán once grandes cuestiones: en el

capítulo tres, la compasión, la paz y la reverencia por la vida; en el cuatro, el compartir, el ejercicio de nuestros dones y talentos, las noches oscuras y la mente abstracta; y en el cinco, la afinidad álmica, el fin del miedo a la muerte, la fuerza del Paráclito y el Amor.

La segunda parte del texto, por medio de cinco capítulos, del sexto al décimo, ahondará en Jesús, Cristo, lo crístico y la cristificación. Así:

- El capítulo seis se detendrá en la figura de Cristo Jesús como personaje histórico. Nos aproximaremos a los principales hitos cronológicos de su vida, si bien recalcaremos, desde el principio, que no estamos ante un maestro más, sino ante un evento único en la historia y la evolución de la humanidad y la Madre Tierra. Además, ahondaremos en el significado profundo de la Navidad y nos acercaremos a las figuras de María madre y María Magdalena.
- El capítulo siete se ocupará del hondo significado espiritual de Cristo y lo crístico. Acudiremos a la denominada *cosmogénesis* para discernir acerca del Verbo, sus características esenciales (imagen de Dios, unigénito, primogénito, instrumento de creación, piedra filosofal y orden natural), su encarnación en Jesús de Nazaret y los efectos de esta en la humanidad y en la Madre Tierra, y la larga preparación del receptor físico de lo crístico. También veremos las aparentes contradicciones entre las dos versiones del nacimiento de Jesús que recogen los evangelios, que pueden estar relacionadas con la antigua tradición apócrifa de «los dos Jesús».
- El capítulo ocho se detendrá en asuntos tan sobresalientes como el bautismo de Jesús y su transfiguración, el cuerpo místico y la transubstanciación. También veremos el sentido profundo del «vivo yo, pero no soy yo; es Cristo quien vive en mí», expresado

por Pablo de Tarso en su Carta a los Gálatas (2:20), y se analizará la cuestión de «estar en Cristo» o «estar con Dios».

- Se examinarán a continuación la pasión, la muerte y la resurrección de Cristo Jesús, incluidas las llamadas *siete palabras*. Nos detendremos especialmente en la resurrección: veremos dónde estuvo y qué hizo Cristo Jesús durante las cuarenta horas transcurridas desde su muerte hasta su resurrección; y examinaremos los primeros testigos de esta, los seres espirituales presentes y los encuentros de Cristo resucitado hasta que se produjo su ascensión.

- Esta segunda parte se cierra con el capítulo diez, dedicado precisamente a la ascensión y al magno rescate del género humano logrado por Cristo Jesús. Esto nos llevará a hablar del auténtico significado del *pecado original* y de la figura de Satanás como gran adversario de los seres humanos que tienen una visión evolutiva y sensata de la vida.

Finalmente, la tercera y última parte del libro acometerá el estudio sobre las muy precisas aportaciones de Cristo Jesús acerca del final de esta generación humana, que abrirá las puertas a una nueva humanidad que plasmará el Reino de Dios. Cuando Jesús habla de la última etapa de esta generación humana, las coincidencias con la época actual son muy grandes. Específicamente:

- El capítulo once empieza analizando el hecho de que habiendo sido anunciada la distopía imperante por distintas tradiciones espirituales, ninguna lo ha hecho tan pormenorizadamente como el cristianismo. Esto nos conducirá a ahondar en las enseñanzas de Cristo Jesús sobre los últimos tiempos de la presente generación humana de la mano de diez grandes consideraciones que sirven de hilo conductor.

- En particular, en el siguiente capítulo se expondrán las tres grandes fases rotundamente distópicas enunciadas por Jesús en el marco de esos últimos tiempos: los tiempos de la desolación, la gran tribulación y el triunfo de la bestia.

- Y el capítulo trece, que cierra tanto la tercera parte del texto como el conjunto del libro, reflexionará sobre otras tres fases que desembocarán en la plasmación de la nueva humanidad que ya late en el corazón y brilla en el alma de muchos seres humanos. Estas tres fases se desplegarán a partir de la denominada *parusía* y el consiguiente «corte» que conlleva a través de dos «siegas».

Parte I

PRÁCTICAS DE VIDA PARA NACER DE NUEVO

Capítulo 1

EL SENDERO ESPIRITUAL DEFINIDO POR JESÚS PARA NACER DE NUEVO

UN CAMINO, UN DESTINO, UN SENTIDO Y UN PROCESO

Cristo Jesús declaró: «Yo soy el camino, la verdad y la vida» (Juan, 14: 6). Esta afirmación, obviamente, no está vinculada a su persona física, sino a la esencia crística encarnada directamente en él. Con ella nos muestra un camino, un destino y un sentido:

- El *camino* de la autotransformación, al que estamos convocados todos los seres humanos. Este camino guarda relación con el *nacer de nuevo*, que se analizará de inmediato.
- El *destino* de hacer lo mismo que Cristo Jesús, incluso más: «... las obras que yo hago, él las hará también; y aún mayores que estas hará» (Juan, 14: 12). Esto tiene que ver con el epíteto Hijo del Hombre asumido por Jesús, que será examinado en la segunda parte de este texto en cuanto fruto que todos estamos emplazados a dar, a partir de sacar lo mejor de nosotros mismos y ponerlo al servicio de los demás y de la vida.
- El *sentido*, que es la consecuencia lógica del camino a andar y del destino a alcanzar (obsérvese que las palabras *sentido* y *destino*

tienen las mismas letras), hace referencia al sentido de la vida misma, de la Vida en su totalidad y globalidad, en la que se encuadra e integra la de cada cual. Como se comentará en la segunda parte, Jesús vive enteramente al servicio del sentido de la vida, alineado con ella y, por tanto, sensatamente. Y también nos enseña que si solo buscas el sentido de *tu* vida nunca lo hallarás: busca el sentido de *la* vida y entonces sí encontrarás el sentido de la tuya.

Las nociones de *camino*, *destino* y *sentido* ponen de manifiesto algo muy importante: que la autotransformación no es un evento, sino un proceso. No es algo que ocurra de pronto, súbitamente, sino que se configura como un sendero espiritual en el que se va avanzando paulatinamente y que no está fuera, sino en nosotros mismos. En el capítulo 25 del Evangelio de Mateo (se estudiará en la segunda parte de estas páginas), Cristo Jesús utiliza al respecto el símil de la lámpara de aceite que ha de irse llenado. Esta lámpara es el alma encarnada en cada ser humano que debe evolucionar en autoconsciencia. La autoconsciencia es simbolizada por el nivel de aceite; cada alma (y cada persona) tiene el suyo, y tiene el cometido de irlo aumentando. El punto final de la evolución en autoconsciencia es la fusión con lo divino. Al final tenemos a «la amada en el Amado transformada», como escribió san Juan de la Cruz.

La parábola del hijo pródigo ilustra este proceso o sendero de manera emotiva y sin ambages.

LA PARÁBOLA DEL HIJO PRÓDIGO

El contenido

Reproducimos, a continuación, la parábola: «Un hombre tenía dos hijos. El menor de ellos dijo a su padre: "Padre, dame la parte de herencia que me corresponde". Y el padre les repartió sus bienes. Pocos días después, el hijo menor recogió todo lo que tenía y se fue a un país lejano, donde malgastó sus bienes en una vida licenciosa. Ya había gastado todo cuando sobrevino mucha miseria en aquel país, y comenzó a sufrir privaciones. Entonces se puso al servicio de uno de los habitantes de esa región, que lo envió a su campo para cuidar cerdos. Él hubiera deseado calmar su hambre con las bellotas que comían los cerdos, pero nadie se las daba. Entonces recapacitó y dijo: "¡Cuántos jornaleros de mi padre tienen pan en abundancia, y yo estoy aquí muriéndome de hambre! Ahora mismo iré a la casa de mi padre y le diré: 'Padre, pequé contra el Cielo y contra ti. Ya no merezco ser llamado hijo tuyo; trátame como a uno de tus jornaleros'". Y levantándose, partió y volvió a la casa de su padre. Cuando todavía estaba lejos, su padre lo vio y se conmovió profundamente; corrió a su encuentro, lo abrazó y lo besó. El joven le dijo: "Padre, pequé contra el Cielo y contra ti; no merezco ser llamado hijo tuyo". Pero el padre dijo a sus servidores: "Traigan en seguida la mejor ropa y vístanlo; pónganle un anillo en el dedo y sandalias en los pies. Traigan el ternero engordado y mátenlo. Comamos y festejemos, porque mi hijo estaba muerto y ha vuelto a la vida, estaba perdido y fue encontrado". Y comenzó la fiesta... El hijo mayor estaba en el campo. Al volver, ya cerca de la casa, oyó la música y los coros que acompañaban la danza. Y llamando a uno de los sirvientes, le preguntó qué significaba eso. Él le respondió: "Tu hermano ha regresado, y tu padre hizo matar el ternero engordado, porque lo ha recobrado sano y salvo". Él se enojó y no quiso entrar. Su padre salió para rogarle que entrara, pero él le respondió: "Hace tantos años que te sirvo, sin haber desobedecido jamás ni una sola de tus órdenes, y nunca me diste un cabrito para hacer una fiesta con mis amigos. ¡Y ahora que ese hijo tuyo ha vuelto, después de haber gastado tus bienes con mujeres, haces matar para él el ternero engordado!". Pero el padre le dijo: "Hijo mío, tú estás siempre conmigo; y todo lo mío es tuyo. Es justo que haya fiesta y alegría, porque tu hermano estaba muerto y ha vuelto a la vida, estaba perdido y ha sido encontrado"» (Lucas, 15: 11-32).

Puede observarse que en la narración interaccionan tres personajes: el «hijo pródigo», que es el de menor edad; el otro hijo, que es el mayor y permanece junto al padre, y el propio padre. Cada uno tiene su significación y aporta una enseñanza. Cuando se agrupan las enseñanzas que brinda cada uno, obtenemos una sinergia, es decir, un resultado superior a la suma de las partes: una enseñanza de gran calado.

Procedamos a analizar todo ello.

El hijo menor o pródigo

Este hijo simboliza espléndidamente el sendero espiritual al que se ha hecho mención y las diversas fases de nuestra andadura consciencial por él:

- Todo empieza con la separación voluntaria respecto del padre. Esta separación constituye el punto de arranque de la encarnación de lo que somos en el plano humano. El padre representa, como se explicará, la divinidad.
- La separación se puede producir porque íntimamente disponemos de libertad para encaminar nuestra vida y desarrollar las experiencias que elijamos. En el tramo final de *La República* de Platón, la diosa Láquesis habla así a las almas que se disponen a encarnar de nuevo en el plano humano:

> Almas pasajeras, vais a comenzar una nueva carrera y a entrar en un cuerpo mortal. No será el hado quien lo escogerá, sino que cada una de vosotras escogerá el suyo. [...] La virtud, empero, no tiene dueño; cada quien participa en ella según si la honra o la desprecia. Cada cual es responsable de su elección, porque Dios es inocente.

- Como todo en la creación, la dimensión en la que se desarrolla la existencia humana es maravillosa (no digamos ya la Madre Tierra, en la que se desenvuelve), pero su frecuencia vibratoria es densa. Debido a esto, surge una curiosa y extraordinaria experiencia consciencial: la de la individualidad, absolutamente asociada a la dualidad. *Yo* existo como diferenciado del otro y del mundo; por una parte está el sujeto y por otra el objeto... *Per se*, la individualidad constituye un éxito de la evolución de la vida y es una semilla primordial de la autoconsciencia; pero en el momento en que surge, se ha producido la ruptura con el padre. En *La ola es el mar*, la admirable obra de Willigis Jäger, vemos que la ola, en un contexto de densidad vibratoria, se considera a sí misma un «algo» independiente; ha perdido la conciencia de lo que realmente es: el mar mismo, pues siendo ola es el propio océano en toda su magnificencia e integridad.

- Pero lo anterior, por tremendo que sea, es solo el principio. No en balde, la separación respecto del padre supone el distanciamiento respecto de nuestro verdadero ser, que es de naturaleza divina. Por tanto, el hecho de escindirnos del padre implica un desgarramiento con relación a nosotros mismos, que provoca el «gran olvido»: el olvido de lo que somos y es.

- Y la dinámica continúa su curso de forma implacable. La amnesia sobre lo que somos (una esencia inefable e imperecedera) da lugar, inevitablemente, a la identificación con lo que no somos: una apariencia efímera y perecedera, es decir, el yo físico, emocional y mental y la personalidad a él asociada. Esta identificación con el pequeño yo, que es también aferramiento a él y fascinación por él, ocasiona que lo transcendente, en sentido amplio, quede fuera de nuestra percepción consciencial, de nuestro campo de visión. Es por ello por lo que nuestra vida está presidida y regida por el egoísmo, el egotismo y el egocentrismo, que tienen múltiples manifestaciones: el materialismo, el economicismo, el narcisismo, los apegos, la deshumanización, la desnaturalización (antropocentrismo y especismo), la tendencia a las distracciones estériles y al entretenimiento lelo...

- Toda esta experiencia se sitúa en el ámbito de la dualidad, que la parábola describe de manera harto elocuente a través de la figura del hijo pródigo: habiendo olvidado lo interior, separados del padre y de nuestro genuino ser, nos lanzamos al mundo exterior buscando un tipo de experiencias y rechazando otras. En efecto, buscamos ansiosamente vivencias que nos proporcionen bienestar (satisfacción, gusto, agrado, sentirnos bien, placer...), las cuales calificamos de «positivas», y rechazamos e intentamos evitar las que nos ocasionan u ocasionarían malestar, que tildamos de «negativas». Esta actitud conlleva, para colmo, un enjuiciamiento constante de la vida (la nuestra y la que nos rodea) y una absurda necesidad de estar de acuerdo o en desacuerdo con cada circunstancia, situación y persona. En la postura de estar de acuerdo o en desacuerdo adoptamos una perspectiva tan subjetiva como limitada: las cosas y la vida tienen que ser lo que yo quiero, como yo quiero, cuando yo quiero, donde yo quiero...

- La felicidad es el estado natural de nuestro ser divino y eterno. Pero sumidos en el gran olvido la buscamos fuera. ¿Qué conseguimos con ello? Sufrir. Y es que con el paso del tiempo (pueden ser múltiples reencarnaciones) vamos constatando una serie de realidades en primera persona: por una parte, nos damos cuenta de que las anheladas experiencias de bienestar no siempre se alcanzan, lo que nos genera ofuscación y frustración. Por otra parte, cuando sí tenemos estas experiencias de bienestar, no nos traen la vida plena y abundante que esperábamos: sentimos que falta algo, aunque no sepamos muy bien qué es, lo cual nos suscita ansiedad y nos lleva a la depresión. Finalmente, junto a estados puntuales de bienestar aparecen otros de malestar que son imposibles de eludir (entre ellos, las noches oscuras, en las que nos detendremos más adelante), lo cual es motivo de angustia y aflicción. Todo ello desemboca en un sufrimiento que es, sobre todo, de tipo existencial.

- El hijo pródigo se precipita en esta miseria y en esta mentira vital. Pero, atención, experimenta igualmente que un hundimiento y un sufrimiento tan grandes brindan una oportunidad

colosal: constituyen un potente acicate para que nos pregunte-
mos cosas que antes no nos cuestionábamos, para que nos plan-
teemos temas y asuntos de perfil transcendente que antes no nos
interesaban, para que nos acerquemos a personas a las que antes
habríamos rechazado, etcétera.

- Es así como, prosiguiendo con nuestro avance por el sendero espiritual, comenzamos, como el hijo pródigo, a regresar al hogar.
Poco a poco, vamos saliendo de la amnesia que mencionábamos
antes. Vamos recordando, cada vez con mayor claridad, nuestra
esencia y naturaleza imperecederas. Y vamos viviendo, cada vez
más, en coherencia con esta naturaleza. De esta manera, vamos
regresando al hogar, y la culminación de ello es el nacer de nuevo, que examinaremos muy pronto.

El hijo mayor

El hijo mayor, por su parte, sí siente de algún modo que existe algo
más que su apariencia perecedera, lo que se plasma metafóricamente
en el hecho de que está viviendo junto al padre. Sin embargo, dista
mucho de llevar una práctica de vida congruente con ello, porque está
identificado con el pequeño yo.

A causa de ello, permanece en la dualidad y en el juicio, y no
puede aceptar la dinámica evolutiva de los demás. Y su aparente buen
comportamiento al lado del padre, más que ser signo de virtud, lo es
de egoísmo y falta de seguridad en sí mismo: no actúa a partir de una
base firme de amor, sabiduría y compasión, sino que está en buena
parte motivado por el interés y el miedo a perder la protección y el
favor del padre.

Numerosas personas creyentes y religiosas encarnan este arquetipo del hijo mayor y lo plasman en su día a día profesando un credo,
haciendo suyos ciertos dogmas, cumpliendo determinadas normas,
participando en cultos, ritos y ceremonias... Esto las lleva a asegurar
que «viven junto al padre» e, incluso, que son un ejemplo para los demás. Pero no es verdad, porque se quedan en lo superficial y en los

aspectos formales; y porque tras la fachada de las apariencias se esconden la autocomplacencia, el engreimiento y la mediocridad espiritual.

El hijo mayor ya ha descubierto al padre en el exterior, pero tiene la tarea pendiente de descubrirlo en su interior y en los demás (el hermano). Este es su reto consciencial. ¿Lo conseguirá? La parábola relata que, enojado, no quiere entrar en la fiesta organizada por el padre, lo que hace que este salga y le ruegue que entre. ¿Qué hace entonces? La parábola concluye guardando un inquietante silencio al respecto.

El padre

La figura del padre personifica la divinidad desde una doble perspectiva, que no es dual, sino holística e integradora.

Por un lado, representa lo que comúnmente llamamos Dios (Padre/Madre). Ahora bien, no es el Dios externo que, desde fuera, nos premia o castiga (el Dios separado que falsamente generan el ego y la mente y divulgan las religiones dogmatizadas), sino el Dios que es Uno y es cada uno, lo que le permite afirmar a Cristo Jesús: «Yo y el Padre somos uno» (Juan, 10: 30).

Por otro lado, simboliza la naturaleza divinal de nuestra esencia, de nuestro genuino ser, pues, parafraseando a san Juan de la Cruz, Aquello que no tiene origen es causa de todo lo originado y se halla presente e inmanente en todo lo originado como esencia transcendente y fuerza activa y creativa. Esta esencia es el Espíritu (*atma* en la terminología del hinduismo o *pneuma* en el argot de los filósofos de la antigua Grecia). El Espíritu utiliza el alma como vehículo transcendente para envolverse en la materia, conocerla y experimentarla.

Ambos prismas quedan bella y magistralmente sintetizados en esta frase atribuida al gran místico sufí Al-Hallaj: «Dios es yo; y yo soy Dios cuando ceso de ser yo». Este último «yo» es nuestro pequeño yo. Y cesar de ser él significa dejar de identificarnos con él. Es entonces y solo entonces cuando, desde el recuerdo de lo que realmente somos y la práctica de vida cada vez más coherente con ello, acometemos el retorno al hogar.

El Padre nos espera siempre pleno de amor y con los brazos abiertos. Lo recoge muy bien la parábola: «Cuando todavía estaba lejos, su padre lo vio y se conmovió profundamente; corrió a su encuentro, lo abrazó y lo besó». Es francamente hermoso. Al padre nadie tiene que avisarlo del regreso a casa del hijo; nadie ha de anunciarle que el hijo ha vuelto porque, desde que se fue, sale continuamente a la puerta esperando su retorno. Lo reconoce de lejos, aunque el hijo venga hecho un andrajoso; y sale corriendo, volando, a llenarlo de besos. Esto no solo es maravilloso: ¡es divino! Y también es muy importante, en nuestro avance por el sendero espiritual, que el Padre nos vea venir y nos reconozca cuando aún estamos lejos; conocer este comportamiento del Padre debe llenarnos de confianza en nuestro proceso.

ALEGRÍA Y CICLOS

Alegría en los Cielos

El hijo pródigo y el hijo mayor simbolizan etapas del proceso evolutivo y consciencial que todos podemos experimentar, por las que todos podemos pasar, ya sea en esta vida física o en otras encarnaciones.

En este marco, el Padre siempre nos espera. Y no de manera pasiva, sino activa, porque su presencia inmanente en cada uno de nosotros actúa permanentemente como una voz, un dulce susurro que, respetando nuestro discurrir y nuestra libertad, nos invita constantemente a regresar a Él. Para nosotros, este regreso es el resultado de un devenir evolutivo en el que, consciencialmente y por decisión propia, terminamos por hacernos uno con Él. En realidad, nunca hemos dejado de ser parte del Padre, si bien ocurre que en nuestra singladura evolutiva y consciencial lo olvidamos por completo.

La presencia divina en cada ser humano nos invita continuamente a recordarla, a tomar conciencia de ella y a llevar una práctica de vida que esté cada vez más en sintonía con sus cualidades, sus atributos y su naturaleza. Cuando acontece esto en nuestro avance por el sendero espiritual, hay alegría en los Cielos (expresado simbólicamente). Así lo reflejan estos dos pasajes de los evangelios:

- La oveja perdida: «Si un hombre tiene cien ovejas, y una de ellas se pierde, ¿no deja las noventa y nueve restantes en la montaña, para ir a buscar la que se extravió? Y si llega a encontrarla, les aseguro que se alegrará más por ella que por las noventa y nueve que no se extraviaron. De la misma manera, el Padre que está en el cielo no quiere que se pierda ni uno solo de estos pequeños» (Mateo, 18: 12-14).

- La moneda encontrada: «Si una mujer tiene diez dracmas y pierde una, ¿no enciende acaso la lámpara, barre la casa y busca con cuidado hasta encontrarla? Y cuando la encuentra, ¿acaso no llama a sus amigas y vecinas, y les dice "alégrense conmigo, porque encontré la dracma que se me había perdido"? Les aseguro que, de la misma manera, se alegran los ángeles de Dios por uno solo que se convierte» (Lucas, 15: 8-10). (Como se constata en el próximo apartado, la *conversión* de la que habla Jesús es *metanoia*: metamorfosis, transformación).

Hay un tiempo límite

Ahora bien, el proceso (nuestra posibilidad de avanzar por el sendero espiritual para ir llenado la lámpara de aceite) no es *ad aeternum*, sino que se desenvuelve en un marco temporal constreñido por el devenir de la consciencia y de los ciclos menores y mayores que afectan a la humanidad, a la Madre Tierra y hasta al sistema solar.

Por tanto, hay un tiempo límite para que la mencionada lámpara alcance el nivel mínimo de aceite requerido para que podamos seguir adelante en la dinámica de evolución en autoconsciencia y, tras el final de esta generación humana, podamos acceder a otra nueva, que los evangelios dibujan como «el Reino de Dios». (Cuando hablamos de *tiempo* en este contexto, no nos estamos refiriendo al tiempo material o *cronos*, sino al tiempo espiritual o *kairós*; examinaremos esta cuestión más adelante).

Dada la transcendencia que tiene el tema del tiempo límite y la relación que guarda con el momento presente de la humanidad, se abordará con detalle en la segunda parte del libro.

Es en este marco definido por el devenir de la consciencia y los ciclos que Cristo Jesús nos convoca a «nacer de nuevo».

MORIR EN VIDA PARA RESUCITAR EN VIDA

Nacer de nuevo para entrar en el Reino de Dios

El Evangelio de Juan (3: 1-10) relata este profundo diálogo entre Cristo Jesús y Nicodemo: «Había entre los fariseos un hombre llamado Nicodemo, que era principal entre los judíos. Fue a ver a Jesús de noche y le dijo: "Maestro, sabemos que tú has venido de parte de Dios, porque ningún hombre puede hacer los milagros que tú haces si Dios no está con él". Jesús le contestó: "De verdad te aseguro que, si uno no nace de nuevo, no puede ver el Reino de Dios". Nicodemo le dijo: "¿Cómo puede alguien nacer cuando es viejo? No puede meterse en la matriz de su madre y nacer por segunda vez, ¿verdad?". Jesús le contestó: "De verdad te aseguro que, si uno no nace del agua y del espíritu, no puede entrar en el Reino de Dios. Lo que ha nacido de la carne es carne, y lo que ha nacido del espíritu es espíritu. No te asombres de que te haya dicho: 'Ustedes tienen que nacer de nuevo'. El viento sopla donde quiere y, aunque lo puedes oír, no sabes ni de dónde viene ni adónde va. Así sucede con todo el que ha nacido del espíritu". Entonces, Nicodemo le volvió a preguntar: "¿Cómo pueden suceder estas cosas?". Y Jesús le respondió: "¿Tú eres maestro de Israel y no sabes estas cosas?"».

Es evidente que son muchos los teóricos entendidos que no saben nada de «estas cosas». Nicodemo (una persona rica y sabia, versada en la Ley y miembro del sanedrín) las aprendió de Cristo Jesús. Nicodemo reconoció a Jesús como el Mesías y se hizo discípulo suyo.

A través de este diálogo que mantuvieron, Jesús nos insta a todos a «nacer de nuevo». ¿Qué significa esto exactamente? En lo esencial, consiste en llevar una nueva práctica de vida en el aquí-ahora de tal envergadura que comporte renacer no solo del agua, sino también del Espíritu. Esto es lo que corresponde a los que siguen a Cristo Jesús, tal como él mismo recalcó a sus apóstoles tras resucitar y antes de ascender a los Cielos: «Después de haber sufrido, se les presentó dándoles muchas pruebas convincentes de que estaba vivo. Ellos lo vieron durante cuarenta días y él estuvo hablando acerca del Reino de Dios. Mientras estaba reunido con ellos, les ordenó: "No se vayan de Jerusalén. Sigan esperando lo que el Padre ha prometido, aquello de lo que les he hablado. Porque Juan bautizó con agua, pero ustedes serán bautizados con Espíritu Santo dentro de pocos días"» (Hechos de los Apóstoles, 1: 3-5).

Nueva práctica de vida en el aquí-ahora

Nacer de nuevo no tiene nada de conceptual o de pretensión intelectual, porque lo sustancial y sustantivo en el sendero espiritual no son las elucubraciones y divagaciones mentales (ideas y opiniones, planes y proyectos, propósitos e intenciones, justificaciones y excusas, ilusiones e imaginaciones, fines con los que pretendemos justificar ciertos medios, etc.) en las que nos enreda y atrapa el pequeño yo tan a menudo.

No, lo determinante son nuestras obras en el aquí-ahora, como resaltan estas dos citas del Evangelio de Mateo: «Por sus frutos los conoceréis» (7: 16) y «... no se inquieten por el día de mañana; el mañana se inquietará por sí mismo. A cada día le basta su aflicción» (6: 34).

Esto último puede ponerse en relación con estas palabras del Libro del Eclesiastés (1: 2-8), en las que se muestra cómo los afanes del ser humano proceden de su pequeño yo o ego: «Vanidad de vanidades —dijo el Predicador—; vanidad de vanidades, todo es vanidad. ¿Qué provecho tiene el hombre de todo su trabajo con que se afana debajo del sol? Generación va, y generación viene; mas la tierra siempre permanece. Sale el sol, y se pone el sol, y se apresura a volver al lugar de donde se levanta. El viento tira hacia el sur y rodea al norte; va girando de continuo, y a sus giros vuelve el viento de nuevo. Los ríos todos van al mar, y el mar no se llena; al lugar de donde los ríos vinieron, allí vuelven para correr de nuevo. Todas las cosas son fatigosas más de lo que el hombre puede expresar; nunca se sacia el ojo de ver, ni el oído de oír».

Renacer «del agua y el espíritu»

La nueva práctica de vida ha de ser de tal calado, debe tener tales contenidos e implicaciones, que debe llevarnos a renacer «del agua y del espíritu».

Porque no es cuestión de que cambiemos o mejoremos algunos aspectos (actitudes, disposiciones, acciones, conductas...) de nuestro día a día; tampoco se trata de mirar el pasado e intentar enmendar lo que ya hemos hecho (volver a meternos en la matriz de la madre y nacer por segunda vez, expresado metafóricamente). Lo que nos reclama Cristo Jesús, casi con vehemencia, es mucho más transcendente: ¡que muramos en vida para resucitar en vida!; que dejemos de sobrevivir aferrados al pequeño yo y empecemos a vivir desde nuestro yo superior; que muramos a una forma de vida fundamentada en el ego, con todo lo que conlleva, para resucitar y nacer de nuevo a otra vida que sea radicalmente coherente con nuestro verdadero ser, con nuestra naturaleza divina.

En relación con todo esto, es oportuno subrayar el hecho de que las Iglesias –de la católica a la ortodoxa, de las protestantes (en su seno, las evangélicas) a la anglicana– otorgan mucha importancia a la resurrección de Jesús al tercer día de ser crucificado, es decir, a la resurrección tras la muerte. Desde luego, este es un episodio muy transcendente, sobre el que se ahondará en la segunda parte de esta obra. Sin embargo, no suelen destacar la resurrección en vida, que dimana naturalmente del nacer de nuevo al que da tanta importancia Jesús, como es manifiesto en su conversación con Nicodemo. Y le da tanta importancia porque marca un antes y un después en el avance por el sendero espiritual.

Podremos entender mejor la noción de *nacer de nuevo* si tomamos en consideración lo que se explica en la Primera Carta a los Tesalonicenses, 5: 23: que el ser humano es espíritu, alma y cuerpo, conceptos coincidentes con los que concebían los filósofos griegos (*pneuma*, *psike* y cuerpo). (Cabe mencionar que la Iglesia católica se ha olvidado del espíritu, pues en uno de sus 44 dogmas principales asevera que «el hombre está formado por cuerpo material y alma espiritual»). Expresado coloquialmente, el cuerpo es el «coche» de cada persona: su pequeño yo perecedero (el yo físico, emocional y mental y la personalidad a él asociada); y el espíritu y el alma son el «conductor»: lo imperecedero que encarna en el coche para vivir la experiencia humana. Con este símil como telón de fondo, *nacer de nuevo* representa morir a una vida cuyo centro de mando está en el coche para resucitar a otra regida y liderada por el conductor.

Esta es la transformación en Dios que san Juan de la Cruz reflejó poéticamente como la «amada en el Amado transformada» y que plasmó en prosa de esta manera en una carta a Ana de Peñalosa, en el año 1584: «... el más perfecto grado de perfección a que en esta vida se puede llegar, que es la transformación en Dios...». Y sí, tamaña transformación se puede gozar «en esta vida»; no en otra futura, ni en el más allá, sino aquí y ahora. Eso sí, hay que nacer de nuevo: morir a una vida comandada por el coche para resucitar a otra que esté bajo la dirección consciente del conductor.

Se trata de vivir la *metanoia*, la *metamorfosis*, con las que están igualmente relacionadas las expresiones *conversión* y *arrepentimiento*, que tienen precisamente en la metanoia su razón de ser, y no en las numerosas malinterpretaciones y tergiversaciones de las que han sido objeto a lo largo de la historia. El *Diccionario de la lengua española* de la RAE (Real Academia Española) da tres acepciones para *metamorfosis*, que dan una idea del calado de este concepto: «1. Transformación de algo en otra cosa. 2. Mudanza que hace alguien o algo de un estado a otro [...]. 3. Cambio que experimentan muchos animales durante su desarrollo, y que se manifiesta no solo en la variación de forma, sino también en las funciones y en el género de vida».

Efectivamente, la metamorfosis asociada al hecho de nacer de nuevo es una transformación de estado y «en el género de vida». Y, como se ha visto, cristaliza en el ser humano como una nueva práctica de vida en el aquí-ahora coherente con su naturaleza divinal. ¿Cuáles son los contenidos primordiales de esta práctica? Todo lo que sigue en esta primera parte del libro está dedicado a repasarlos de la mano de la sabiduría compartida por Cristo Jesús. Y tienen como referencia nuclear sus enseñanzas compiladas en el sermón de la montaña.

En cuanto a la referencia al agua, se volverá sobre ello en capítulos siguientes a propósito de las bodas de Caná, donde tiene lugar la transformación del agua en vino, lo cual tiene su exponencial correlato en el bautizo en el Jordán y la encarnación crística. Y en la última cena, con la simbología del cuerpo (pan) y la sangre (cáliz), acontece la transformación del agua en sangre, lo cual halla su sublime expresión en la muerte en el madero, con el signo de la lanzada sobre el cuerpo, en el costado, de donde manan sangre y agua. Y todo ello con el telón de fondo de que tanto la Madre Tierra como el ser humano son agua en un setenta por ciento, aproximadamente: con la simbología del agua se hace referencia al cuerpo etérico de la Tierra, cristificado tras la ascensión, y de las personas, apto ya para experimentar la cristificación.

La dimensión colectiva del nacer de nuevo

Estas reflexiones acerca del nacer de nuevo al que nos convoca Cristo Jesús no estarían completas si no pusiésemos de manifiesto una cuestión: el hecho de que el nacer de nuevo no cuenta solo con una dimensión individual, sino que tiene también un lado colectivo.

De la dimensión individual ya hemos hablado: se trata de morir a una forma de vida basada en la identificación con nuestra apariencia perecedera y de resucitar en vida a una forma diferente de desenvolvernos en el mundo. Es decir, se trata de dejar de vivir desde el pequeño yo físico, emocional y mental y la personalidad a él asociada, y pasar a hacerlo de una manera congruente y consistente con nuestra esencia imperecedera y divinal, que es de naturaleza álmico-espiritual.

En cuanto a la dimensión colectiva del nacer de nuevo, su práctica implica que dejemos de aferrarnos al mundo en el que vivimos, es decir, al sistema que lo rige y la dinámica general que lo preside, hasta llegar a tomar conciencia de dos cuestiones:

- En primer lugar, nos percatamos de la envergadura de la distopía y la iniquidad que sufre la humanidad y, por causa de ella, la que sufren la Madre Tierra y el conjunto de los reinos de la naturaleza. Dicha iniquidad ha terminado por convertir la actual sociedad, a escala global, en una casa que es una ruina desde sus cimientos y está en proceso irreversible y acelerado de derrumbe.
- Con base en lo precedente, nos damos cuenta de que este mundo no es el nuestro, por más que convivamos en él. Comprendemos que una cosa es la convivencia y otra la connivencia. Por tanto, no basta con que percibamos las mentiras, injusticias y maldades de este mundo, sino que, además, nos corresponde transmutar nuestra visión y nuestra acción desde el discernimiento de que, sencillamente, este mundo, con todo lo que implica, no es el nuestro.

Regresaremos a todo ello en la tercera y última parte de este libro, en el marco del final de esta generación humana y la evolución hacia una nueva humanidad.

EL SERMÓN DE LA MONTAÑA

Tres pilares cardinales

El *sermón de la montaña* o *sermón del monte* se corresponde con los capítulos 5, 6 y 7 del Evangelio de Mateo y constituye el testimonio puro y sublime que legó Cristo Jesús a quien quiera hacer realidad el nacer de nuevo, la resurrección en vida.

Cuenta con tres pilares cardinales:

- Las denominadas *bienaventuranzas*, que proponen catorce prácticas de vida para nacer de nuevo.
- La célebre oración del Padre Nuestro y las cuatro prácticas de vida que la acompañan.
- La formulación cristiana del principio ético conocido como *regla de oro* y otras siete prácticas.

Las bienaventuranzas

Las *bienaventuranzas* se recogen el capítulo 5 del Evangelio de Mateo y están llenas de sabiduría, entusiasmo y compasión. Sigue a continuación el listado completo de prácticas de vida que conllevan, desde el entendimiento de que ser *bienaventurado* implica tanto «estar bien encaminado» (en el sendero asociado al nacer de nuevo) como «ser feliz». De hecho, a veces se traduce «Felices los...» (en lugar de «Bienaventurados los...»), puesto que estas prácticas abren la puerta a la felicidad como estado natural de nuestro verdadero ser, independientemente de cuáles sean las circunstancias externas:

- «Bienaventurados los pobres de espíritu, porque a ellos les pertenece el Reino de los Cielos» (5: 3). Toma conciencia de cuáles son tus necesidades espirituales; siente y percibe las carencias espirituales que puede haber en tu vida. Y no para culpabilizarte, sino para crecer, pues el reconocimiento del largo trecho que nos queda por recorrer en el camino de la consciencia debe ser un acicate para varias cosas:

  » Aspirar a que el Espíritu Santo se haga presente en nosotros a partir de poner en práctica la palabra divina (Santiago, 1: 22), de santificarnos para que también puedan santificarse los demás (Juan, 17: 19) y de vestirnos de humildad (Primera Carta de Pedro, 5: 5).

» Actuar con vocación de servicio, entendiendo que nada ni nadie es insignificante, prestando atención a las cosas pequeñas y no buscando solo el propio interés, sino también el de los demás (Filipenses, 2: 4). Esta acción tiene que llevarse a cabo de manera discreta y reservada, sin ostentaciones y sin pretender reconocimiento alguno (Mateo, 6: 1-4).

» No perseguir ganar influencia entre la gente, sino buscar que la gente esté bajo la influencia de lo divino y transcendente, siendo felices allá donde las circunstancias de la vida nos sitúen, sea entre fuertes o entre débiles, entre multitudes o en la soledad (1 Corintios, 2: 1-5 y 9: 19-23), en situaciones de alegría o de tristeza (Romanos, 12: 15).

» Saber aprovechar el tiempo (Efesios, 5: 16), desenvolviéndonos con calma y sin prisas.

• «Bienaventurados los afligidos, porque serán consolados» (5: 4). No tengas miedo de las aflicciones; no huyas de ellas, ni las rechaces (Romanos, 8: 18; Segunda Carta a los Corintios, 1: 3-5). Y ello desde la honda comprensión de la función que tienen las «noches oscuras» (se les dedica un apartado específico en otro capítulo) en nuestro camino espiritual y el discernimiento de que para avanzar en este se necesitan almas valientes, no tibias. Las almas tibias son aquellas cuyas aspiraciones se limitan a vivir entretenidas y distraídas en su hábitat de confort: «... porque eres tibio te vomitaré de mi boca», se dice en Apocalipsis, 3: 16. (El asunto de las almas tibias se retomará más adelante).

• «Bienaventurados los mansos, porque ellos heredarán la Tierra» (5: 5). La mansedumbre exige una práctica de vida basada en el no daño a las otras formas de vida, en todas sus modalidades, y en una relación con la vida y con los demás seres humanos basada en la ternura y la compasión. Con demasiada frecuencia aparece, en la experiencia humana, la violencia hacia los seres sintientes, en todas sus manifestaciones; y hacia los propios congéneres están demasiado presentes el dominio, la competencia y el deseo de imponer los propios postulados. La persona mansa usa su discernimiento para tener criterio desde el compromiso consigo misma; para compartir este criterio con respeto y sin imposiciones; y para distinguir la verdad de la mentira y la certeza de la fantasía sin caer en la indiferencia ni en el relativismo escéptico. Todo ello está ligado a la *paciencia* (paz + ciencia), la cual implica, acudiendo al *Diccionario de la lengua española* de la RAE, una triple capacidad: vivir sin alterarnos ante las circunstancias adversas, saber esperar cuando deseamos mucho algo y hacer cosas que requieren dedicación. Esto último está unido a la voluntad, la concentración y la lentitud necesarias para hacer dichas cosas.

- «Bienaventurados los misericordiosos, porque obtendrán misericordia» (5: 7). Volviendo al *Diccionario de la lengua española*, la misericordia es una virtud que «inclina el ánimo a compadecerse de los sufrimientos ajenos» y también inclina al perdón. En cuanto a la compasión, encontramos claves importantes en la llamada *parábola del buen samaritano*, que examinaremos en su momento; en cuanto al perdón, analizaremos su excelso significado a propósito de las últimas frases pronunciadas por Cristo Jesús antes de su fallecimiento físico clavado en el madero (las denominadas *siete palabras*).

- «Bienaventurados los que tienen el corazón puro, porque verán a Dios» (5: 8). La pureza de corazón de la que habla Cristo Jesús hay que ponerla en relación con estas palabras suyas, que volveremos a evocar más adelante: «... donde estuviere vuestro tesoro, allí estará vuestro corazón» (Mateo, 6: 21). Tener el corazón puro implica que en nuestra vida cotidiana no damos importancia a los asuntos de índole material, sino a los de carácter transcendente; además, en lo más inmediato no confundimos valor y precio, como sucede tan a menudo.

- «Bienaventurados los que actúan por la paz, porque serán llamados hijos de Dios» (5: 9). Estas palabras inciden en el mismo mensaje de compromiso y de no tener una postura de despreocupación.

- «Bienaventurados los que tienen hambre y sed de justicia, porque serán saciados» (5: 6). Actuar por la justicia implica no solo no caer en la indiferencia ante lo que ocurre a nuestro alrededor, sino también mantener vivo nuestro compromiso con los más vulnerables, los «pequeñuelos» de los que habla Cristo Jesús, como veremos (los «pequeñuelos» son tanto personas como seres inocentes de los diversos reinos de la naturaleza).

- «Bienaventurados los que son perseguidos por practicar la justicia, porque a ellos les pertenece el Reino de los Cielos» (5: 10). Actúa por la justicia, también por la paz, aun a costa de ser perseguido.

- Si eres insultado y calumniado por llevar a cabo todo lo anterior, no tengas inquietud: «Bienaventurados ustedes, cuando sean insultados y perseguidos, y cuando se los calumnie en toda forma a causa de mí» (5: 11).

- No te irrites contra tu hermano, no insultes ni maldigas (5: 22).

- Reconcíliate con quien tenga una queja contra ti (5: 23-24).

- Ama a tus enemigos, ruega por tus perseguidores: «... así serán hijos del Padre que está en el cielo, porque él hace salir su sol sobre malos y buenos y hace caer la lluvia sobre justos e injustos. Si ustedes aman solamente a quienes los aman, ¿qué recompensa merecen? Y si saludan solamente a sus hermanos, ¿qué hacen de extraordinario?» (5: 44-47).

- Ante la baja vibración, eleva la tuya: «No hagan frente al que les hace mal: al contrario, si alguien te da una bofetada en la mejilla derecha, preséntale también la otra. Al que quiere hacerte un juicio para quitarte la túnica, déjale también el manto; y si te exige que lo acompañes un kilómetro, camina dos con él» (5: 39-41).

- Sé ejemplar, auténtico, impecable: «... sean perfectos como es perfecto el Padre que está en el cielo» (5: 48).

Se volverá al contenido de las bienaventuranzas en el último capítulo del libro, cuando se analice el denominado *corte* o *cortamiento*. Se detallará entonces el papel de las mismas con relación a la superación del corte. Como hemos visto, quienes practican las diversas bienaventuranzas «verán a Dios», «serán llamados hijos de Dios», «heredarán la Tierra», «obtendrán misericordia», «serán consolados» y «serán saciados»; además, el Reino de los Cielos «les pertenece».

El Padre Nuestro y las prácticas de vida que lo acompañan

Considerada la oración cristiana por excelencia, aparece tanto en el Evangelio de Mateo (6: 9-13) como en el Evangelio de Lucas (11: 1-4). Aunque hay ciertas diferencias en la descripción de las circunstancias y el estilo del texto, ambos coinciden en las premisas de las peticiones y en el hecho de que es el propio Jesús quien formula la oración.

Centrándonos en el Evangelio de Mateo, Jesús realiza una clara advertencia antes de exponer la oración (6: 7-8): «Cuando ores, no repitas lo mismo una y otra vez, como hace la gente de las naciones, que cree que será escuchada por usar muchas palabras. No sean como ellos. Su Padre ya sabe lo que ustedes necesitan incluso antes de que se lo pidan».

Tras lo cual, indica (6: 9-13): «Ustedes deben orar de este modo: "Padre nuestro que estás en los Cielos, que tu nombre sea santificado. Que venga tu Reino. Que se haga tu voluntad, como en el cielo, también en la tierra. Danos hoy nuestro pan para este día; perdónanos nuestras deudas, como nosotros también hemos perdonado a nuestros deudores. Y no nos dejes caer en la tentación, sino líbranos del maligno».

Es importante subrayar que, además de la hondura y beldad de las invocaciones que el Padre Nuestro condensa, el Evangelio de Mateo no cita la oración de manera suelta o independiente, sino que la inscribe en medio del capítulo 6 y entre una serie de versículos que ofrecen cuatro prácticas de vida:

- Destierra de tu vida cualquier tipo de hipocresía y fingimiento, en particular en el ámbito de la consciencia, y ejercita la humildad: «Cuidado con hacer lo que es correcto delante de la gente para que ellos los vean [...] Más bien, cuando le des ayuda a un necesitado, que tu mano izquierda no sepa lo que hace tu mano derecha; así la ayuda que les des a los necesitados se mantendrá en secreto. Y entonces tu Padre, que mira en secreto, te lo pagará» (6: 1-4). «También, cuando oren, no hagan como los hipócritas. A ellos les gusta orar de pie en las sinagogas y en las esquinas de las calles principales para que los demás los vean. Les aseguro que ellos ya han recibido toda su recompensa. En cambio tú, cuando vayas a orar, entra en tu cuarto y, después de cerrar la puerta, órale a tu Padre, que está en lo secreto. Y entonces tu Padre, que mira en secreto, te lo pagará» (6: 5-6). «Cuando ayunen, dejen de poner cara triste, como hacen los hipócritas, porque ellos cambian el aspecto de su rostro para que los demás vean que están ayunando. Les aseguro que ellos ya han recibido toda su recompensa. Pero tú, cuando ayunes, ponte aceite perfumado en la cabeza y lávate la cara para que no sea la gente la que te vea ayunando, sino solo tu Padre, que está en lo secreto. Y entonces tu Padre, que mira en secreto, te lo pagará» (6: 16-18).
- No acumules, no atesores, no retengas. Que tu tesoro no esté en los bienes materiales, sino en los espirituales: «Dejen de acumular para ustedes tesoros en la tierra, donde las polillas y el óxido los echan a perder y donde los ladrones entran a robar. Más bien, acumulen para ustedes tesoros en el cielo, donde ni las polillas ni el óxido los echan a perder y donde los ladrones no entran a robar. Porque donde esté tu tesoro, ahí también estará tu corazón» (6: 19-21). «Nadie puede ser esclavo de dos amos, porque odiará a uno y amará al otro, o le será leal a uno

y despreciará al otro. No pueden ser esclavos de Dios y a la vez de las riquezas» (6: 24).

- Estrechamente unido a lo anterior y al vivir en el aquí-ahora (aspecto al que ya nos hemos referido), confía en la vida. No te angusties por nada; tampoco por el día siguiente. Busca el Reino y la justicia de Dios y todas las cosas vendrán por añadidura: «Por eso les digo: dejen de angustiarse por su vida, por lo que van a comer y beber; o por su cuerpo, por lo que van a ponerse. Al fin y al cabo, ¿no vale más la vida que el alimento y el cuerpo que la ropa? Observen con atención las aves del cielo. No siembran ni cosechan ni almacenan en graneros, pero su Padre celestial las alimenta. ¿Y acaso valen ustedes menos que ellas? ¿Quién de ustedes, por angustiarse, puede alargar un solo codo la duración de su vida? Además, ¿por qué se angustian por la ropa? Aprendan una lección de cómo crecen los lirios del campo. No trabajan duro ni hilan; pero les digo que ni siquiera Salomón en toda su gloria se vistió como uno de ellos. Entonces, si Dios viste así a la vegetación del campo, que hoy está aquí y mañana se echa al horno, ¿no los vestirá a ustedes con mucha más razón, gente de poca fe? Así que nunca se angustien y digan: "¿Qué vamos a comer?", o "¿Qué vamos a beber?", o "¿Qué vamos a ponernos?". Porque es la gente de las naciones la que busca todas estas cosas con tanto empeño. Su Padre celestial sabe que ustedes necesitan todas estas cosas. Por lo tanto, sigan buscando primero el Reino y la justicia de Dios, y entonces recibirán también todas esas cosas. Así que nunca se angustien por el día siguiente, porque el día siguiente traerá sus propias preocupaciones. Bastante hay con los problemas de cada día» (6: 25-34).
- Que tu mirada y tu actitud ante las circunstancias cotidianas estén bien enfocadas, en armonía y consonancia con la luz que hay en ti (lo cual enlaza con los «ojos nuevos para un mundo nuevo», expresión atribuida a Gandhi): «Los ojos son la lámpara del cuerpo. Si tus ojos están bien enfocados, todo tu cuerpo brillará.

Pero si tus ojos son envidiosos, todo tu cuerpo estará oscuro. Si la luz que hay en ti en realidad es oscuridad, ¡qué oscuridad tan grande la tuya!» (6: 22-23).

La regla de oro y otras prácticas

Al parecer, la primera formulación escrita de la *regla de oro* se encuentra en la *Historia del campesino elocuente*, texto narrativo del Imperio Medio de Egipto (2050-1750 a. C.). El filósofo griego Epicuro (342-270 a. C.) la presenta como la ética de la reciprocidad: se trata de reducir al mínimo el daño de los pocos y de los muchos, para así aumentar al máximo la felicidad de todos. A lo largo de la historia se ha articulado tanto en forma positiva, en lo que es la regla de oro en sentido estricto —«trata a los demás como querrías que te trataran a ti»—, como en forma negativa, en lo que es la *regla de plata*: «no hagas a los demás lo que no quieras que te hagan a ti».

Cristo Jesús hace suya esta regla y la plasma así: «... todas las cosas que queráis que los demás hagan con vosotros haced vosotros con ellos» (Mateo, 7: 12).

Algunos autores han querido relacionar estas palabras con el «ama a tu prójimo como a ti mismo» que Cristo Jesús formula en el Evangelio de Marcos (12: 31). Sin embargo, como veremos más adelante, esta afirmación de Jesús tiene mayores implicaciones que las propias de la regla de oro.

Y como ocurre con el Padre Nuestro, esta regla no aparece de modo aislado en el Evangelio de Mateo, sino incardinada en el capítulo 7, en el que Cristo Jesús enuncia otras prácticas de vida que hay que poner en conexión, una vez más, con el nacer de nuevo. (Jesús formuló estas prácticas de vida de forma impactante para la multitud que lo escuchaba [7: 29]: «... les enseñaba como una persona con autoridad y no como sus escribas»). Las prácticas en cuestión son estas:

- No juzgues a los demás y empieza por ti mismo: «Dejen de juzgar, para que no sean juzgados. Porque así como juzguen a otros serán juzgados ustedes, y la medida que usen con otros es la que usarán con ustedes. ¿Por qué miras la paja que tiene tu hermano en su ojo, pero no te fijas en la viga que tienes en el tuyo? ¿Y cómo puedes decirle a tu hermano "déjame sacarte la paja del ojo", si resulta que tú tienes una viga en el tuyo? ¡Hipócrita! Primero sácate la viga de tu ojo y entonces verás claramente cómo sacar la paja del ojo de tu hermano» (7: 1-5).

- Sé consciente de lo que compartes y con quién lo compartes, para no desgastar estérilmente tus energías: «No les den cosas santas a los perros. Tampoco echen sus perlas delante de los cerdos, no sea que las pisoteen, se vuelvan contra ustedes y los hagan pedazos» (7: 6).

- Pide, busca y llama a la puerta con persistencia para avanzar por el sendero espiritual: «Sigan pidiendo y se les dará, sigan buscando y encontrarán, sigan tocando a la puerta y se les abrirá. Porque todo el que pide recibe, y todo el que busca encuentra, y a todo el que toca a la puerta se le abrirá. Si su hijo les pide pan, ¿quién de ustedes le da una piedra? Y, si les pide un pescado, ¿verdad que no le dan una serpiente? Por lo tanto, si ustedes, aunque son malos, saben darles buenos regalos a sus hijos, ¡con mucha más razón su Padre que está en los cielos les dará cosas buenas a quienes se las piden!» (7: 7-11).

- En este avance, sé consciente de que es estrecho el camino que lleva a la vida: «Entren por la puerta angosta. Porque ancha es la puerta y espacioso es el camino que lleva a la destrucción, y son muchos los que entran por esa puerta; mientras que angosta es la puerta y estrecho es el camino que lleva a la vida, y son pocos los que lo encuentran» (7: 13-14).

- El que escuche lo que Cristo Jesús ha dicho, que lo ponga en práctica, porque no basta con escucharlo: «No todos los que me dicen "Señor, Señor" entrarán en el reino de los cielos. Solo entrarán los que hacen la voluntad de mi Padre que está en los cielos. Ese día, muchos me dirán: "Señor, Señor, ¿acaso no profetizamos en tu nombre y en tu nombre expulsamos demonios y en tu nombre hicimos muchos milagros?". Pero entonces les diré: "¡Yo a ustedes nunca los conocí! ¡Aléjense de mí, ustedes que violan la ley!". Por lo tanto, todo el que escuche lo que he dicho y lo haga será como el hombre prudente que construyó su casa sobre la roca. Cayó la lluvia, crecieron las aguas, los vientos soplaron con fuerza y golpearon contra aquella casa..., pero la casa no se vino abajo, porque tenía los cimientos en la roca. En cambio, todo el que escuche lo que he dicho pero no lo haga será como el hombre insensato que construyó su casa sobre la arena. Cayó la lluvia, crecieron las aguas, los vientos soplaron con fuerza y sacudieron aquella casa..., y la casa se vino abajo. Fue tremenda su caída» (7: 21-27).

- Por tanto, por sus obras los conoceréis y os reconoceréis: «Los reconocerán por sus frutos. Nunca se recogen uvas de los espinos ni higos de los cardos, ¿verdad? Igualmente, un árbol bueno da frutos buenos, pero un árbol podrido da frutos malos. Un árbol bueno no puede dar frutos malos y un árbol podrido no puede dar frutos buenos. Todo árbol que no da frutos buenos se corta y se echa al fuego. Así que a esos hombres los reconocerán por sus frutos» (7: 16-20).

- Y cuidado con los falsos profetas: «Cuidado con los profetas falsos, que se les acercan disfrazados de oveja, pero por dentro son lobos voraces» (7: 15).

Compendio de prácticas del sermón de la montaña

Hasta aquí hemos expuesto las prácticas de vida del sermón de la montaña por separado, en función del capítulo del Evangelio de Mateo que las contiene. Pero como constituyen una guía tan determinante como indispensable para la resurrección en vida, en el siguiente recuadro se resumen todas ellas de manera conjunta.

- Por sus obras los conoceréis y os reconoceréis. (En este caso, el que escuche lo que Cristo Jesús ha dicho, que lo ponga en práctica).

- Practica la pobreza de espíritu tomando conciencia de tus necesidades espirituales y aspirando a que el Espíritu Santo se haga presente en ti al poner en práctica la palabra divina.

- No tengas miedo de las aflicciones y comprende la función consciencial de las noches oscuras.

- Practica la mansedumbre desde el no daño a las otras formas de vida, en todas sus modalidades. Mantén una relación con la vida y con los demás seres humanos basada en la ternura y la compasión; también en la paciencia (paz + ciencia), para vivir sin alterarte ante las circunstancias adversas, saber esperar cuando desees mucho algo y ejecutar tareas que requieran dedicación.

- Sé misericordioso mediante la compasión ante los sufrimientos ajenos y el perdón.

- Ten el corazón puro, pues donde está tu tesoro, allí está tu corazón.

- Que tu mirada y actitud ante las circunstancias cotidianas estén bien enfocadas, en armonía y consonancia con la luz que hay en ti.

- Confía en la vida. No te angusties por nada; tampoco por el día siguiente: busca el reino y la justicia de Dios, y todas las cosas vendrán por añadidura.

- Destierra de tu vida cualquier tipo de hipocresía y fingimiento, en particular en el ámbito de la consciencia, y ejercita la humildad.

- No juzgues a los demás y empieza por ti mismo.

- Pide, busca y llama a la puerta con persistencia para avanzar por el sendero espiritual.

- En ese avance, sé consciente de que es estrecho el camino que lleva a la vida.
- Dentro de vivir de forma comprometida y evitando la indiferencia, actúa en favor de la paz.
- Actúa, también, en pro de la justicia.
- Practica la justicia y la paz aun a costa de ser perseguido.
- Lleva a cabo todo lo anterior aunque puedas recibir insultos y calumnias a causa de ello.
- Todos aquellos comportamientos que quieras que los demás tengan contigo, tenlos tú con ellos.
- No te irrites contra tu hermano; no lo insultes ni lo maldigas.
- Reconcíliate con quien tenga una queja contra ti.
- Ama a tus enemigos y ruega por tus perseguidores.
- Ante la baja vibración, eleva la tuya: no hagas frente al que te hace mal; al contrario, si alguien te da una bofetada en la mejilla derecha, preséntale también la otra. Al que quiera llevarte a juicio para quitarte la túnica, déjale también el manto; y si te exige que lo acompañes un kilómetro, camina dos con él.
- Sé consciente de lo que compartes y con quién lo compartes. No malgastes estérilmente tus energías.
- Despliega una vida sencilla.
- No acumules, no atesores, no retengas. Que tu tesoro no sean los bienes materiales, sino los espirituales.
- Cuando ores, no repitas lo mismo una y otra vez, como hace la gente en general, que cree que será escuchada por usar muchas palabras.
- Cuidado con los falsos profetas.
- Sé ejemplar, auténtico, impecable.

Las advertencias

Conviene relacionar estas prácticas, que deberíamos introducir en nuestra vida diaria, con las advertencias que Cristo Jesús formula con enorme contundencia sobre actos y conductas que contaminan el ejercicio de la espiritualidad muy a menudo. Así, en el Evangelio de Lucas (6: 24-26) formula estos cuatro avisos:

- «¡Ay de ustedes, los ricos, porque ya han recibido todo su consuelo!».
- «¡Ay de ustedes, los que ahora están saciados, porque pasarán hambre!».
- «¡Ay de ustedes, los que ahora ríen, porque se lamentarán y llorarán!».
- «¡Ay cuando todos hablen bien de ustedes, porque eso es lo que los antepasados de ellos hicieron con los profetas falsos!».

En el Evangelio de Mateo hay siete advertencias, más extensas que las anteriores (23: 13-39). Aunque aparentemente van dirigidas a los escribas y fariseos de aquel momento, son palabras vivas y válidas para cualquier momento de la historia y también, por supuesto, para la época actual, en la que imperan tanto la confusión y los fingimientos.

- «¡Ay de ustedes, escribas y fariseos! ¡Hipócritas! Porque le cierran a la gente la entrada al Reino de los Cielos. Ni entran ustedes ni dejan pasar a los que están intentando entrar».
- «¡Ay de ustedes, escribas y fariseos! ¡Hipócritas! Porque atraviesan tierra y mar para convertir a una sola persona y, cuando esta ya se ha convertido, hacen que merezca la Gehena el doble que ustedes».*
- «¡Ay de ustedes, guías ciegos! Porque dicen: "Si alguien jura por el templo, eso no significa nada; pero si alguien jura por el oro

---

* La Gehena es el nombre griego del valle de Hinón, situado al sur y suroeste de la antigua Jerusalén. Jesús y sus discípulos lo usan como símbolo de la destrucción eterna o «muerte segunda» a la que se encaminan aquellos que, en el ejercicio de su libre albedrío, optan por la iniquidad.

del templo, queda obligado a cumplir su juramento". ¡Insensatos y ciegos! En realidad, ¿qué es más importante? ¿El oro, o el templo que ha hecho que el oro sea sagrado? Además, ustedes dicen: "Si alguien jura por el altar, eso no significa nada; pero si alguien jura por la ofrenda que está sobre él, queda obligado a cumplir su juramento". ¡Están ciegos! En realidad, ¿qué es más importante? ¿La ofrenda, o el altar que hace que la ofrenda sea sagrada? Por eso, el que jura por el altar está jurando por el altar y por todas las cosas que están sobre él; el que jura por el templo está jurando por el templo y por Dios, que reside en él, y el que jura por el cielo está jurando por el trono de Dios y por el que está sentado en él».

- «¡Ay de ustedes, escribas y fariseos! ¡Hipócritas! Porque dan la décima parte de la menta, del eneldo y del comino y, sin embargo, han descuidado los asuntos más importantes de la Ley: la justicia, la misericordia y la fidelidad. Era obligatorio hacer lo primero, pero sin descuidar estas otras cosas. ¡Guías ciegos, que cuelan el mosquito pero se tragan el camello!».

- «¡Ay de ustedes, escribas y fariseos! ¡Hipócritas! Porque limpian por fuera la copa y el plato, pero por dentro estos están llenos de codicia y de deseos descontrolados. Fariseo ciego, primero limpia la copa y el plato por dentro, y así también quedará limpio lo de afuera».

- «¡Ay de ustedes, escribas y fariseos! ¡Hipócritas! Porque parecen sepulcros blanqueados, que se ven muy bonitos por fuera, pero que por dentro están llenos de huesos de muertos y de todo tipo de impureza. Así son ustedes: por fuera, ante la gente, parecen personas justas, pero por dentro están llenos de hipocresía y maldad».

- «¡Ay de ustedes, escribas y fariseos! ¡Hipócritas! Porque les construyen sepulcros a los profetas y les adornan las tumbas a los justos y dicen: "Si hubiéramos vivido en los días de nuestros antepasados, no habríamos sido cómplices suyos en derramar la sangre de los profetas". Con eso dan testimonio contra ustedes mismos de que son hijos de los que asesinaron a los profetas. Así que, adelante, terminen lo que sus antepasados empezaron. Serpientes, crías de víboras, ¿cómo escaparán del juicio de la Gehena? Por lo tanto, voy a enviarles profetas, sabios y maestros. A algunos los matarán y los ejecutarán en maderos; y a otros les darán latigazos en sus sinagogas y los perseguirán de una ciudad a otra. Así, ustedes acabarán pagando por toda la sangre justa que se ha derramado sobre la tierra, desde la sangre del justo Abel hasta la sangre de Zacarías hijo de Baraquías, a quien ustedes asesinaron entre el santuario y el altar. Les aseguro que esta generación tendrá que pagar por todas estas cosas. Jerusalén, Jerusalén, la que mata a los profetas y apedrea a los que son enviados a ella... ¡Cuántas veces quise reunir a tus hijos como la gallina reúne a sus pollitos debajo de sus alas! Pero ustedes no lo quisieron. ¡Miren! Su casa queda abandonada y se les deja a ustedes. Porque les digo que de ahora en adelante ustedes no me verán más hasta que digan "¡Bendito el que viene en el nombre de Jehová!"».

OTRAS GRANDES PRÁCTICAS

Para impulsar decididamente el nacer de nuevo, lleva a cabo en el aquí-ahora de tu día a día las prácticas resumidas en el recuadro precedente. Y únelas a lo que enseñó Cristo Jesús a propósito de otras grandes cuestiones que también tienen un marcado contenido práctico:

- La necesidad de vivir con fe.
- La importancia de la compasión, la paz, la reverencia por la vida, el compartir y los dones y talentos.
- La comprensión del papel de las noches oscuras, la afinidad álmica y la mente abstracta.
- La fuerza del Paráclito, la explosión del Amor y el fin del miedo a la muerte.

Los capítulos que vienen a continuación están dedicados a cada una de estas cuestiones y completan y culminan la primera parte del presente texto, que está protagonizada por el sendero espiritual mostrado por Jesús, el nacer de nuevo que nos sirve de orientación y espoleta en el recorrido del mismo y las prácticas de vida en las que se sustenta.

Se trata, en definitiva, de experimentar una profunda autotransformación que irá tomando cuerpo a lo largo de un proceso. No se espera que nos transformemos de golpe. Y como señala H. P. Blavatsky en *La voz del silencio*: «No olvides que cada fracaso es un éxito. Y vuelve a la carga una y otra vez». Que la consciencia y la voluntad sean tus grandes acicates.

Capítulo 2

VIVIR CON FE: TRÍADA PERFECTA, ACCIÓN CONSCIENTE Y PRESENCIA

PISTIS: EL GENUINO SIGNIFICADO DE LA FE

¿Creencias, asentimiento, comulgar con ruedas de molino...?

«... les aseguro que si tuvieran fe del tamaño de un grano de mostaza, dirían a esta montaña: "Trasládate de aquí a allá", y la montaña se trasladaría; y nada sería imposible para ustedes» (Mateo, 17: 20). Estas palabras de Cristo Jesús ponen de manifiesto el acentuado protagonismo que tiene la fe en su sabiduría y sus aportaciones, en un grado que no tiene parangón en ninguna otra maestría o tradición espiritual, como deja claro Karen Armstrong en su libro *En defensa de Dios*. Ahora bien, ¿qué quería expresar Cristo Jesús cuando se refería a la fe?

El *Diccionario de la lengua española* de la RAE define el término *fe* como 'creencia' (en algo a causa de la autoridad o fama de quien lo ha dicho) y 'conjunto de creencias' (de una religión, de una persona o de un grupo o una multitud de personas). Para la Iglesia católica, es una virtud teologal consistente en el asentimiento a la revelación de Dios según la interpretación de tal revelación propuesta por la propia Iglesia y sus «dogmas de fe».

La fe se suele identificar también con doctrinas que se imponen bajo la intimidación del «temor a Dios» y de una ortodoxia oficial que castiga como herejía todo aquello que no coincide con los postulados de la Iglesia (generalmente unidos a la defensa de sus privilegios). Y, popularmente, se identifica la fe con «comulgar con ruedas de molino»: hay un contraste exagerado entre una hostia y una rueda de molino, que es un objeto imposible de tragar, lo cual da a entender que se exige creer en algo que es difícil que sea posible. La expresión «fe ciega» apunta a esto mismo.

Pistis

¿Se estaba refiriendo Jesús a este tipo de fe en la anterior cita del Evangelio de Mateo? Es obvio que no, pues ello constituiría una contradicción flagrante con el sentido y el trasfondo de sus enseñanzas. La realidad se desvela cuando acudimos a las primeras transcripciones en griego de estas enseñanzas: en ellas, donde hoy aparece la palabra *fe* encontramos el vocablo *pistis* (su forma verbal es *pisteuo*), que engloba tres conceptos en uno, literalmente: *confianza*, *compromiso* y *perseverancia*.

Por tanto, en boca de Cristo Jesús, lo que actualmente llamamos *fe* nada tiene que ver con creencias, conjuntos de creencias, virtudes teologales, dogmas, doctrinas, ortodoxias o imposiciones de ningún tipo, sino que es una encendida exhortación a vivir con confianza, compromiso y perseverancia, tres ideas, como ahora se examinará, cargadas de transcendencia.

¿Cómo es posible que se haya producido una tergiversación tan enorme del contenido de la fe? Por supuesto, a lo largo de la historia ha habido personas, instituciones y colectivos que han influido en ello adrede: han asignado a la fe, deliberadamente, la interpretación que más convenía a sus intereses (siempre muy terrenales, por más que se hayan disfrazado de celestiales). Sin embargo, la confusión que aquí nos ocupa tiene su principal origen en la «torre de Babel», es decir, en la diversidad de lenguas y en las distintas acepciones y construcciones sintácticas y gramaticales propias de cada una.

Debido a esto, cuando Eusebio Hierónimo (san Jerónimo o Jerónimo de Estridón), a finales del siglo IV y a instancias del papa Dámaso I, tradujo del griego y el hebreo la Biblia al latín, dando lugar a la Vulgata, no encontró mejor transcripción para el término griego *pistis* que el latino *fides*, ligado a las nociones de *seguridad*, *confianza* y *lealtad*. Además, dado que *fides* carece de forma verbal, en lugar del griego *pisteuo* usó el verbo latino *credo*, que quiere decir 'tener confianza', pero también 'creer'.

San Jerónimo mostró una erudición considerable en su labor de traducción, y no hay por qué dudar de que ejecutó el encargo lo mejor que pudo y supo, pero, con el paso de las centurias, su elección hizo que en idiomas derivados del latín, como el castellano, la confianza, el compromiso y la perseverancia reclamados por Jesús fueran paulatinamente sustituidos por los significados antes enunciados.

En cuanto a las lenguas anglosajonas, la reinterpretación de la fe vivió dos fases. Primero, al traducirse la Biblia del latín al inglés, *credo* y, por ende, *pisteuo* se convirtieron en *I believe* ('yo creo') en la versión del rey Jacobo (1611); y se asoció al término *belief* ('creencia'), que en aquella época era entendido como 'lealtad' a una persona a la que se está ligado por promesa o deber. Posteriormente, este significado cambió. Concretamente, a finales del siglo XVII, cuando nuestro concepto del conocimiento se hizo más teórico, la palabra *creencia* empezó a usarse para hacer referencia al 'asentimiento' a una proposición hipotética y a menudo cuestionable. Científicos y filósofos fueron los primeros en utilizarla con este sentido, hasta que, bien entrado el siglo XIX, este se hizo extensivo también a los contextos religiosos.

Pero, volviendo al genuino mensaje de Cristo Jesús, lo que nos solicita no es *lealtad*, ni *creencia*, ni *asentimiento*, sino, hay que insistir en ello, *confianza*, *compromiso* y *perseverancia* como vivencias directas e íntimas que, interconectadas como ahora se verá, son fuente de experiencia y sabiduría: necesitamos la fe que busca la inteligencia («fides quaerens intelectum») y la fe para saber, o creer para entender («credo ut intelligam», en expresión de san Agustín). Porque, como indicó san Anselmo al hablar de la «operosa fides» y de la «otiosa fides», la fe que no trata de entender es una fe ociosa.

La fe que propugna Cristo Jesús es, pues, una fe que no sabe de iglesias ni de «credos». Es una fe inteligente, operante, viva, válida para discernir. Esta fe es el suplemento de conocimiento derivado de una revelación interior. Los seres humanos tenemos acceso a esta revelación, pero no acontece por azar, sino que está ligada al avance por el sendero espiritual del que habla Jesús. Por lo tanto, para que la fe dé sus frutos, hay que practicarla en la cotidianeidad; así vamos confirmando, en el día a día, la veracidad de lo que anuncia, y esto nos ayuda a ahondar en el proceso evolutivo y consciencial.

CONFIANZA EN LA VIDA

Confiar ¿en qué o en quién?

Como se ha subrayado, la confianza es el primer componente de la fe. Ahora bien, ¿en qué o en quién hay que confiar? Sabios y sabias de todas las épocas y culturas han sido claros al respecto: hay que confiar... ¡en la vida! Y no porque se nos imponga o ejerciendo una mera creencia, sino desde nuestro propio discernimiento. A partir de una observación reflexiva nos damos cuenta de varias cosas: la vida (la tuya, la de los demás, la del mundo...) está repleta de señales y sincronías; no falta ni sobra nada en ella; todo encaja; todo tiene su porqué y su para qué, etcétera.

Cristo Jesús lo formula y desarrolla de diversas formas. Por ejemplo, en este pasaje del Evangelio de Mateo: «¿No se venden dos pajarillos por un cuarto? Y, sin embargo, ni uno de ellos caerá a tierra sin permitirlo vuestro Padre. Y hasta los cabellos de vuestra cabeza están todos contados» (10: 29-30). O, en el mismo Evangelio, en el marco de las prácticas de vida ya comentadas que acompañan al Padre Nuestro, en las que se nos insta a que nunca nos angustiemos por el día siguiente (ni por la comida, ni por la bebida, ni por la vestimenta...): «Porque es la gente de las naciones la que busca todas estas cosas con tanto empeño. Su Padre celestial sabe que ustedes necesitan todas estas cosas. Por lo tanto, sigan buscando primero el Reino y la justicia de Dios, y entonces recibirán también todas esas cosas» (Mateo, 6: 32-33). Lo que lleva a san Pablo a señalar en su Carta a los Romanos (8: 28): «Dios dispone todas las cosas para el bien [de cada uno]». Por lo tanto, todo lo que sucede, incluidas las noches oscuras (las cuales examinaremos más adelante), no ocurre por casualidad, sino que es fruto de la *causalidad*, y tiene un sentido profundo: de alguna manera, impulsa nuestro proceso consciencial y nuestra evolución en consciencia.

A partir de esta sabiduría y de observarnos a nosotros mismos, podemos darnos cuenta de que el pequeño yo vive en constante oposición a la vida y al aquí-ahora en el que esta se manifiesta. Rara vez hay un momento que sea de su agrado. Y cuando este momento acontece, pasa rápido y el pequeño yo se queda en el mismo estado en el que se encontraba antes. Las quejas mentales son una expresión de esta confrontación con la vida. El ego está instalado en un estado de queja mental permanente. Nada le parece bastante. Halla defectos y motivos de protesta hasta en lo más placentero o deseado: llegaron, por ejemplo, tus ansiadas vacaciones y el viaje que tanto querías hacer, pero tu mente siempre hallará algo que vaya mal, que no le guste; además, te pasarás las vacaciones pensando en lo que dejaste atrás cuando te fuiste, o en lo que tendrás que hacer cuando regreses, o en el siguiente viaje que te apetecería hacer... Tu mente hará cualquier cosa menos vivir en el aquí y ahora, centrada en el instante que estás viviendo y gozándolo con plenitud.

Es así como se nutre tu yo aparente y perecedero: posicionándose y reafirmándose contra lo que es, contra la vida. Impones juicios, criterios y opiniones que, curiosamente, no son tuyos, sino sistemas de creencias establecidos por otros (la familia, la sociedad, los medios de comunicación...). (Te darías perfecta cuenta de que piensas según sistemas de creencias ajenos si no estuvieras dormido, si fueras consciente). Esto hace que reduzcas a las personas y las cosas a un puñado de etiquetas y conceptos mentales, lo cual hace que te encarceles a ti mismo y aprisiones cuanto te rodea en una escabrosa y enmarañada red de pensamientos, en una mazmorra mental.

El ego se percibe a sí mismo contra la vida, contra la humanidad, contra el cosmos, contra la creación, contra el resto de lo que existe. Mira todo ello y lo ve como una amenaza; siempre encuentra algo que va mal. Es una monumental locura que aún se hace mayor debido a que, al mismo tiempo, necesita el mundo que lo rodea para colmar sus aspiraciones, sus anhelos, sus deseos de satisfacción.

Pero la realidad es que todo es exactamente como tiene que ser. ¡El problema no es la vida, sino tú! Y lo eres por haberte identificado, en tu proceso consciencial, con el coche y con el ego. En cuanto salgas de esta amnesia y tu estado de consciencia evolucione, te percatarás con claridad de que todo es paz, de que nada puede ser mejor de como ya es y de que tú eres lo único que estaba inquieto, separado de la vida, a disgusto con ella y en lucha contra ella.

Reverencia por la vida

La confianza en la vida desemboca en la *reverencia por la vida*, sobre la que se volverá en el próximo capítulo. Esta expresión fue acuñada por Albert Schweitzer,[*] que la enarboló como principio fundamental de una ética viable y sostenible.

No en balde, la naturaleza en su diversidad y el cosmos en su magnificencia son una diáfana manifestación de la divinidad, que ahí está, en la vida que nos rodea, para aquellos a los que les cueste percibirla en sí mismos: «Porque sus cualidades invisibles [las de Dios], su poder eterno y divinidad se ven claramente desde la creación del mundo, pues se perciben por las cosas creadas, de modo que ellos [los seres humanos] no tienen excusa» (Romanos, 1: 20).

Desde esta constatación de la divinidad de la vida, el hecho de «sentir compasión hacia todo lo que vive» ha de llevarnos a cambiar

---

[*] Gran filósofo, teólogo, escritor, pacifista, misionero, médico y músico francoalemán, galardonado con el Premio Nobel de la Paz en 1952.

hábitos y conductas que tienen sus raíces en el antropocentrismo y el especismo. Son un claro exponente de ello los hábitos alimentarios: tendríamos que dejar de comer cadáveres de animales, pues el ámbito emocional y el sistema nervioso de estos es semejante al humano en cuanto a la percepción del placer y el dolor.

COMPROMISO CON UNO MISMO

Con la propia esencia

Junto a la confianza en la vida, otro componente que tiene que estar presente es el *compromiso*. El *Diccionario de la lengua española*, en sus dos primeras acepciones, lo define como «obligación contraída» y «palabra dada». Como segundo componente de la fe ensalzada por Cristo Jesús, hay que preguntarse: ¿con quién se contrae la obligación?, ¿a quién se da la palabra?

La respuesta es simple: la obligación es contigo mismo y la palabra te la das a ti mismo. Pero esto no tiene que ver con la parte de ti efímera y con fecha de caducidad; carecería de sentido que te comprometieses con algo tan fugaz y temporal. No, el compromiso contigo mismo reclamado por Jesús no es con tu apariencia, sino con tu esencia, y, por ende, con tu verdadero ser.

Nacer de nuevo gira precisamente en torno a este compromiso: se trata de vivir en coherencia con lo que realmente eres, muriendo a una manera de sobrevivir basada en el pequeño yo y su egocentrismo y todas sus consecuencias. Tus actitudes, pensamientos, emociones, acciones y hábitos tienen que apuntar a ello. El objetivo es que saques de ti mismo la mejor versión, tu auténtica naturaleza, y la pongas a tu servicio, así como al servicio de los demás y de la vida en su totalidad. Ha habido sabios que han denominado *presencia* a esta forma de vivir: como veremos al final de este capítulo, estamos hablando de la presencia en el aquí-ahora de lo que en verdad somos.

Amarse a uno mismo

Cristo Jesús denomina «amarse a uno mismo» a este compromiso. Este amor no tiene nada de egoico, puesto que es ajeno al pequeño yo (el coche) y está plenamente vinculado al yo superior (el conductor). Se comprende así el calado de la afirmación de Jesús de la que hicimos mención con ocasión de los comentarios que dedicamos a la regla de oro: «Ama a tu prójimo como a ti mismo». Se trata de una declaración breve pero muy intensa, en la que hay dos cuestiones a destacar:

- Por un lado, la segunda parte del enunciado (el amor a uno mismo) acostumbra a pasarse por alto, casi como si no existiera. Es habitual poner toda la atención en la primera parte, el amor al prójimo.
- Por otro lado, no hace falta ser un lingüista experto para deducir de la frase, con el adverbio *como* ubicado en su ecuador, que si una persona no se ama a sí misma, en el sentido expuesto, no puede amar al prójimo. Y si se ama poco, podrá amar poco a los demás y a la vida en su conjunto.

Ciertamente, son muchos los que se lanzan a amar afuera sin haber avanzado en el amor dirigido hacia dentro. Pero, entonces, ¿qué están dando realmente al otro y a los otros? ¿Su identificación con el pequeño yo y, por tanto, su egoísmo y egocentrismo? ¿Sus miedos e inseguridades? ¿Su afán de que la vida (la de la gente, la del mundo...) sea como ellos quieren que sea y que obedezca a los requisitos que imponen en cuanto a tiempo y lugar? ¿Su búsqueda de reconocimiento o admiración? ¿Su necesidad, quizá, de sentirse «salvadores» de los demás, tal vez incluso del mundo?

El magisterio de Cristo Jesús nos muestra que el amor a uno mismo es:

1. La manifestación directa del compromiso con uno mismo, la cual forma parte de la fe.

2. La condición *sine qua non* para amar al prójimo, en particular, y a la vida, en todas sus modalidades y plasmaciones, en general.

PERSEVERANCIA FINAL

Constancia y no mirar atrás

Junto a la confianza y el compromiso, encontramos la perseverancia como tercer componente de *pistis*. Porque no se trata de manifestar la confianza en la vida y el compromiso con uno mismo de vez en cuando, de forma intermitente o discontinua, sino de mantenernos firmes en la prosecución y materialización de lo que vivir con fe significa.

Es por esto por lo que Cristo Jesús afirma: «Gracias a la constancia salvarán sus vidas» (Lucas, 21: 19); o «Nadie que ha puesto la mano en el arado y mira las cosas que deja atrás sirve para el Reino de Dios» (Lucas, 9: 62).

Esto último trae a la memoria lo que se relata en el capítulo 19 del Libro del Génesis acerca de la familia de Lot, que abandona la depravación de Sodoma y se encamina hacia una nueva vida; pero, mientras avanza hacia esta, la esposa de Lot no puede evitar mirar hacia atrás (lo cual tiene que ver con la vieja manera de vivir) y queda entonces convertida en una estatua o columna de sal: «Pero la esposa de Lot iba detrás de él y empezó a mirar atrás. Entonces se convirtió en una columna (estatua) de sal» (Génesis, 19: 26). Esta transformación en sal simboliza el anquilosamiento y el estancamiento de quien, en lugar de progresar con persistencia por el sendero espiritual, sigue pendiente de antiguas inercias o se despista y se entretiene con otros menesteres.

Sin prisas, pero sin pausa

Todo lo anterior transmite un mensaje relacionado con la *perseverancia final*, que el *Diccionario de la lengua española* define como «constancia en la virtud y en mantener la gracia hasta la muerte».

Esto no tiene nada que ver ni con el esfuerzo (los empeños y afanes del pequeño yo, siempre unidos a fatigas y penalidades) ni con el apresuramiento: el camino delineado por Jesús ha de ser recorrido sin prisas, propias del ego y siempre malas consejeras, pero sin pausa, con perseverancia. Máxime cuando sabemos, tal como ya se indicó y se verá con detalle más adelante, que las posibilidades de avanzar por el sendero espiritual e ir llenado la lámpara de aceite no están disponibles para siempre, sino que se dan en un marco temporal delimitado por el devenir de la consciencia y los ciclos evolutivos menores y mayores.

TRÍADA PERFECTA Y ACCIÓN CONSCIENTE

Confianza, aceptación y no juicio: acción consciente

Explicado el significado y las implicaciones de *pistis* y de cada uno de sus componentes, es el momento de dar un paso para hondar en lo que vivir con fe representa. En este sentido, es imprescindible que nos detengamos en la denominada *tríada perfecta*.

¿Qué es la tríada perfecta? Pues una práctica de vida, enunciada por muchos de los que se han acercado a la Sabiduría de Dios Escondida con la que empezábamos estas páginas, que tiene su punto de arranque en el primer componente de la fe, la *confianza en la vida*. A partir de ahí, se despliega en la *aceptación* y el *no juicio*, hasta desembocar en la llamada *acción consciente* (o *acción correcta*, en palabras del buda Siddhartha Gautama).

Presencia: práctica conjunta de *pistis*, la tríada perfecta y la acción consciente

Cabe afirmar que vivir con fe conlleva la práctica conjunta y sinérgica de *pistis*, la tríada perfecta y la acción consciente, con la confianza en la vida como pivote de engarce. Y tiene la presencia como culminación. Iremos viendo todo ello seguidamente. El cuadro que sigue muestra cómo se interrelacionan los diversos componentes.

PRÁCTICA INTEGRAL DE LA FE

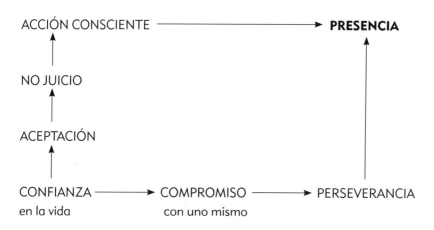

ACEPTACIÓN

Fruto natural de la confianza en la vida

Tras la confianza en la vida, de la que ya hemos hablado, la tríada perfecta incluye la aceptación, que es la consecuencia lógica de esa confianza. La aceptación implica, vinculado a lo que se ya se vio, la ausencia de cualquier tipo de queja ante lo que es y acontece, a cualquier nivel y en cualquier plano de existencia.

Esto no significa, en absoluto, resignación, ni impotencia, ni encogerse de hombros afirmando «qué voy a hacer, no puedo hacer nada ante lo que ocurre, hay que aguantarse…». No, la aceptación es otra cosa: es el fruto natural de la confianza en la vida. Cuando esta resplandece en el corazón del ser humano, la aceptación es su efecto natural: confío, ergo acepto.

Lo cierto es que quien no acepta no vive, sino que sobrevive. Y la supervivencia está llena de obligaciones, esfuerzos, cargas, culpas, anhelos… El mayor de todos los anhelos que albergas consiste en querer cambiar la realidad para que se ajuste a tus deseos, los cuales, realmente, no son tuyos: son los gustos del pequeño yo que tú haces tuyos desde la inconsciencia de lo que auténticamente eres. Cometes la estupidez de intentar cambiar la realidad para que se adecue a dichos deseos.

Hay que recordar de nuevo que el ego es adicto al *no*, porque a través del *no* se refuerza y se cree importante: «esto no», «eso tampoco», «esto está mal», «habría que cambiar aquello», «esto debería ser así»... El ego siempre está encontrando carencias, siempre quiere cambiar lo exterior, nunca toma en consideración lo interior y la autotransformación... ¿Qué consigues haciéndole caso? Nada, salvo frustrarte y sufrir. ¡Eres una gota intentando cambiar el océano! Es imposible que el todo quepa en la parte o la siga; es la parte la que cabe en el todo y lo sigue. ¿Cómo vas a adaptar la realidad a ti? ¡Acepta la realidad y la vida, percibe el orden natural que subyace en todo y experimenta en ti mismo el plan divino que lo contiene todo!

Así es

Saborea la totalidad de lo que pone a tu disposición el restaurante de la vida: lo dulce y lo amargo, lo picante y lo suave, lo blando y lo duro... No hagas distinciones, no discrimines, no etiquetes... Muévete siguiendo, con sabiduría y compasión, la energía que emana de tu interior. Y obsérvate y mira a tu alrededor con los ojos de la consciencia y con las gafas de la mente totalmente limpias y a su servicio... Contemplarás extasiado cómo la existencia es infinitamente amorosa y generosa con todo el mundo... Florece el árbol y lo hace igualmente el musgo que cubre parte de su corteza; y las luciérnagas emiten la misma luz que las estrellas. Y tú, libre ya de la identificación con el yo, eres cada árbol, cada musgo, cada luciérnaga, cada estrella... La felicidad no tiene que ver con tamaños ni cantidades. Es la cualidad de tu ser.

Deja atrás todos los conceptos y esquemas mentales; todas las creencias y teorías; todos los paradigmas, pautas y valores generados desde las turbulencias de la mente y una sociedad egocéntrica... Y abandona, sobre todo, la idea del bien y el mal, que ciega a la humanidad desde que, metafóricamente expresado, Adán y Eva comieron el fruto del árbol ubicado en medio del paraíso (Génesis, 3). Ellos lo hicieron con el objetivo de ser como Dios. Pero tú ya sabes que eso no es necesario, porque Dios eres tú; y sabes que tú, para ser Dios, no necesitas hacer nada salvo dejar de ser tú (dejar de identificarte con el yo físico, mental y emocional).

No lo olvides nunca: todo es impermanente y todo se halla en evolución, cada ser y cada cosa a su propio ritmo. Desde ahí, vive más allá del bien y del mal; no hagas ninguna distinción entre *bueno* y *malo*; no caigas en la dualidad y acepta el todo tal como es. Solo tienes que decir: «Así es»... La suave brisa está ahí y tú dices: «Así es»; el vendaval huracanado está ahí y tú dices: «Así es»; la paloma está ahí y tú dices: «Así es»; el halcón está ahí y tú dices: «Así es»; el santo está ahí y tú dices: «Así es»; el pecador está ahí y tú dices: «Así es»... El todo deja que existan la brisa y el huracán; el todo deja que nazcan palomas y halcones, santos y pecadores... Solo el todo sabe el porqué. Desde luego, hay una razón, pero es un misterio del que se tiene que ocupar el todo; no es algo de lo que debas preocuparte tú... Entra en el todo y no hagas ninguna distinción, ninguna discriminación... Vive en el no dos... Y en algún momento del desenvolvimiento del aquí-ahora, tú también sabrás el porqué y el misterio se desvelará ante tus ojos. Pero esto solo acontecerá cuando hayas experimentado el nacer de nuevo y la transformación en Dios.

NO JUICIO

No juzgar nada ni a nadie

La confianza en la vida y la aceptación fluyen de manera armónica hacia el no juicio, que completa la tríada perfecta.

Como vimos en las prácticas de vida del sermón de la montaña, Cristo Jesús nos exhortó a no juzgar a los demás y a empezar por nosotros mismos: «Dejen de juzgar, para que no sean juzgados [...] ¡Hipócrita! Primero sácate la viga de tu ojo».

No juzguemos a nadie ni nada. Como se viene insistiendo, todo en la vida tiene su sentido profundo, su porqué y para qué; y cada persona está recorriendo su propio sendero, se encuentra en su propio estado de consciencia y entiende, ve y vive la vida en consonancia con él. Y cada ser humano está en su derecho de experimentar el estado de consciencia que tiene en el momento presente; solo así podrá avanzar en autoconsciencia y hacia una comprensión de la vida más plena y auténtica.

Formular juicios es una muestra de soberbia y arrogancia. Por ejemplo, cuando los lanzamos hacia personas, haríamos bien en considerar que las malas motivaciones que les imputamos tal vez no sean sino la expresión de batallas ocultas que están teniendo lugar en su interior. Y cuando los emitimos con relación a la vida, en sus múltiples manifestaciones, deberíamos reflexionar acerca de quién nos ha otorgado esa curiosa responsabilidad de ser magistrados de la vida.

Tirar la balanza

Advierte que vives sumido en la dinámica de la conformidad y la disconformidad, en sus muy diversas variantes, ante todo lo que pasa en tu vida y en el mundo; que reaccionas automáticamente estando de acuerdo o en desacuerdo con lo que acontece, tanto desde el plano mental como el emocional; que caminas por la vida con la balanza en la mano, poniendo en un platillo aquello con lo que estás conforme y te produce *bien-estar* y en el otro aquello con lo que estás disconforme y te genera *mal-estar*...

¡Cuánta locura! Despeja tu visión y percátate de que actuar así representa una grave anormalidad. Estas divisiones son falaces, porque la vida es una; y en su seno y fluir, todo, sin excepción, tiene su sentido profundo. Estás abducido por esa dinámica debido a tu identificación con el pequeño yo, que tiene una capacidad muy limitada de entender y comprender la vida y sobrevive en oposición a ella. El aferramiento a él es lo que ha instaurado en ti el hábito del juicio a favor de aquello con lo que el pequeño yo está de acuerdo y en contra de aquello con lo que está en desacuerdo. Este juicio está presente en tus pensamientos, tus emociones, tus palabras, tus acciones, tus reacciones... Pero tú eres mucho más que el pequeño yo. Desde el yo superior puedes apreciar que la vida es una y no puede ser dividida. ¡Tira la balanza y saca de tu vida la enorme responsabilidad que has asumido, inconscientemente, de ser magistrado y juez de la vida! ¿Por qué te esfuerzas tanto? Si nos permites la broma, ¡ni siquiera te pagan un sueldo por un trabajo tan abrumador!

El cultivo de la presencia de lo que realmente eres, a cada instante del día, es lo que diluirá de modo natural la dinámica vital del enjuiciamiento y la idea de estar conforme o disconforme con la vida (en el terreno personal, en el social, etc.).

Además, la presencia avivará en ti la llama de la sabiduría y la compasión, para que la observación objetiva, desprovista de dualismos y juicios, no te convierta en una persona carente de discernimiento y criterio o en un ser frío e indolente, absorto en ti mismo e indiferente ante el sufrimiento que afecta a los seres que están a tu alrededor. Esto nos adentra en el terreno de la acción consciente.

ACCIÓN CONSCIENTE

La expulsión del templo

La práctica de la tríada perfecta, si lo es realmente, desemboca en la acción consciente. Cristo Jesús deja patente lo que es y representa en el episodio de la expulsión de los mercaderes del templo de Jerusalén: «Después Jesús entró en el templo y echó a todos los que vendían y compraban allí, derribando las mesas de los cambistas y los asientos de los vendedores de palomas. Y les decía: "Está escrito: mi casa será llamada casa de oración, pero ustedes la han convertido en una cueva de ladrones". En el templo se le acercaron varios ciegos y paralíticos, y él los curó» (Mateo, 21: 12-14). Vamos a ahondar en el significado de este episodio.

Para discernir acerca de las lecciones que contiene este relato, debemos empezar por percatarnos de que el ego tiende a dar la vuelta, como si fuera un calcetín, tanto a la aceptación como al no juicio, y nos arrastra a un estado mental en el que distorsionamos ambos: o bien los confundimos con la inacción indolente (indiferencia, apatía, frialdad, mirar para otro lado...) o bien los ejercemos de una forma que choca y rechina con la alta vibración que está en la razón de ser de ambos.

Verbigracia: se produce ante ti (en tu aquí-ahora, delante de ti, no en tu mundo intelectual o en lo que te dicen o te cuentan) una situación de injusticia, violencia, abuso o iniquidad que le causa dolor, en cualquiera de sus numerosas manifestaciones, a otro ser. ¿Qué hacer? Cristo Jesús es rotundo al respecto en el sermón de la montaña: actúa por la paz y la justicia y practícalas aun a costa de que te persigan o te insulten y calumnien. Y hazlo sin irritarte contra tu hermano, sin proferir insultos ni maldiciones, amando incluso a aquellos que se consideren tus enemigos, rogando por tus perseguidores y, ante la baja vibración, manteniendo alta la tuya.

El mensaje es, por tanto, categórico: no caigas en la inacción indolente, aunque ello ponga en riesgo tu hábitat de confort; y actúa desde la compasión, de modo que tu acción se sostenga en una vibración elevada; no permitas que quede contaminada por la densa frecuencia vibratoria del que está infligiendo ese daño, esa arbitrariedad, esa tropelía. Como se señala en la Primera Carta de Pedro (2: 21-23): «De hecho, para esto fueron llamados, porque el propio Cristo sufrió por ustedes y así les puso el ejemplo para que siguieran fielmente sus pasos. Él no cometió ningún pecado ni en su boca hubo engaño. Cuando lo estaban insultando, no les devolvió sus insultos. Cuando estaba sufriendo, no los amenazó. Más bien, se puso en manos del que juzga con justicia».

Efectivamente, la vida entera de Jesús es un exponente diáfano de cómo desplegar la tríada perfecta. Y de cómo esto conduce no a la inacción, sino a la acción consciente, que él practicó con intensidad, muy especialmente a lo largo de sus tres años y medio de vida pública: basta con repasar los evangelios para comprobarlo y constatar que su día a día fue una acción continua de alta gama vibratoria materializada en desplazamientos, encuentros, pláticas, milagros... Y la mencionada escena del templo de Jerusalén lo plasma expresamente, tal como lo evidencian estos hechos:

- Jesús actúa ante la profanación de lo transcendente, la mercantilización de la espiritualidad, el sacrificio de seres inocentes, la tergiversación de lo sagrado... Actúa sin justificar los oprobios en que incurren las personas menos conscientes y no mira hacia otro lado ante lo que pasa delante de él.

- La actuación de Jesús, siendo tajante y muy activa, es ajena a la acción egoica y egocéntrica que absorbe y atenaza el quehacer de tantas personas. La despliega en un contexto vibratorio tan alto que inmediatamente está en condiciones de sanar a ciegos y paralíticos, lo cual le habría resultado imposible si su vibración se hubiera degradado.

Ni apariencias, ni convenciones, ni buenismo, ni revoluciones...

Evita confundir la acción consciente con el verte forzado a hacer algo a causa de las apariencias o el compromiso con las convenciones sociales, pues la acción consciente, si lo es, no brota de diatribas o condicionamientos mentales, sino del corazón.

Tampoco confundas la acción consciente con el buenismo, ya que en ocasiones requiere tomar decisiones y realizar actuaciones duras y difíciles que desde el buenismo jamás se llevarían a cabo. Además, se fundamenta en la sabiduría-compasión, mientras que el buenismo se basa en inclinaciones emocionales y mentales, y suele derrapar hacia el voluntarismo.

Y no confundas la acción consciente con ningún tipo de revolución. Las revoluciones son coherentes con los paradigmas y las pautas de vida de un ciclo humano que ya está agotado, con las maneras de hacer de una humanidad cuyo fin está próximo, como veremos en la parte final. En realidad, las revoluciones invitan a seguir actuando como siempre se ha hecho; mantienen la inercia. Están asociadas a propuestas, iniciativas, convocatorias, manifestaciones y movilizaciones que insisten en la confrontación con el exterior desde el exterior; en el victimismo frente a las élites (ellos y solo ellos son los malos y los culpables de lo que sucede); en la autocomplacencia con la propia indolencia (no hay ningún sentido de la autorresponsabilidad, ningún compromiso con uno mismo para vivir de una manera distinta, ninguna referencia a avanzar en la propia autotransformación), etcétera.

En *El gatopardo*, la célebre novela de Lampedusa, Tancredo, en plena revolución garibaldiana, que se produjo un siglo antes de que se escribiera la novela, le dice a su tío Fabricio esta famosa frase: «Si queremos que todo siga como está, necesitamos que todo cambie». Efectivamente, el sistema materialista que ha «matado a Dios» siempre ha controlado y reorientado a su antojo los intentos de cambiar lo exterior desde el exterior. Y en los últimos lustros ha perfeccionado enormemente tal habilidad. Tanto es así que actualmente se ha llegado al extremo que sintetiza Elliot Alderson, el protagonista de la serie *Mr. Robot*, creada por Sam Esmail, en uno de sus episodios: «Como en una red zombi, el miedo se extiende tan rápido como si lo impulsara un viento huracanado; nos engulle vivos, digiere las reivindicaciones y las fagocita en beneficio de los mismos de siempre, que hacen lo que quieren con un rebaño tan dócil y obediente. Envasan las luchas como si fueran un producto; convierten el inconformismo en una propiedad intelectual; imprimen en camisetas y suvenires los eslóganes que aspiraban a ser subversivos; son capaces de televisar los movimientos de contestación social emitiendo, en medio, pausas publicitarias; maquillan los hechos y suben los precios; nos lobotomizan con sus espectáculos de realidad virtual; y le dan la vuelta a la resistencia hasta que estamos dispuestos a renunciar a nuestros derechos, a ceder privacidad y libertades a cambio de protección y represión».

Por tanto, no gastes tu energía en luchar contra lo viejo y encáuzala hacia la creación de lo nuevo usando tu poder transformador. Las pugnas y contiendas contra el viejo mundo, que está claramente sumido en una dinámica de autodestrucción, suponen mirar hacia atrás como la referida esposa de Lot; te anquilosan y corrompen tu corazón al llenarlo de resentimiento; y te llevan a pensar que actúas en pro de algo distinto cuando en realidad, sin darte cuenta, has caído en la trampa de lo mismo: de la separación, del alejamiento del amor... Cristo Jesús lo refleja en la parábola del vino nuevo en odres viejos (Lucas, 5: 33-39, Marcos, 2: 21-22 y Mateo, 9: 14-17): «Nadie corta un trozo de un manto nuevo para coserlo en una prenda de vestir vieja. Si alguien lo hiciera, el parche de tela nueva produciría un desgarrón. Es más, el parche no haría juego con la prenda vieja. Por otro lado, nadie pone vino nuevo en odres viejos. Si alguien lo hiciera, el vino nuevo reventaría los odres y se derramaría, y los odres ya no servirían para nada. Más bien, el vino nuevo debe ponerse en odres nuevos».

La acción consciente, con el telón de fondo de la tríada perfecta, requiere que no te quedes impasible ante el sufrimiento y las injusticias que aparecen en tu vida y están delante de ti, afectándote a ti mismo o a otros seres: engaños, ataques a la dignidad humana, recortes de libertades personales y colectivas, creciente contaminación electromagnética, avance del estado policial-digital y la censura, vulneración de la intimidad por parte de Gobiernos y corporaciones... No pongas excusas para desentenderte de todo ello («no hay que exagerar», «tampoco tiene tanta importancia», «mis intereses son otros»...) y tampoco adoptes la postura del «sálvese quien pueda». No pienses solo en tu seguridad, tu comodidad, tu hábitat de confort o en que ya tienes bastante con lo tuyo. Y hay algo que es incluso peor que la indolencia, si cabe: la fantasía insensata de que la espiritualidad no tiene nada que ver con todas estas situaciones de sufrimiento e injusticia. La acción consciente requiere que estés inequívocamente comprometido en pro de la defensa y la garantía de la dignidad humana en todas sus expresiones. Debes contribuir a paliar extralimitaciones, desigualdades y atropellos individuales y colectivos, siempre por sendas ajenas a la política y toda su absurda parafernalia, aunque ello suponga un riesgo para ti, de cualquier calibre.

En definitiva, como sintetizó sabiamente Blas Infante, el insigne pensador asesinado por sus ideales en 1936 y hoy reconocido como padre de la patria andaluza: «Si la revolución no es para el espíritu, quedaros con vuestra revolución. El espíritu es el único revolucionario verdadero».

PRESENCIA

Mil gracias derramando...

Todo lo anterior exige la presencia de lo que somos, de nuestro auténtico ser. Si no es así, resulta obvio que la acción consciente es un imposible, pues, sin la presencia, nuestra acción está sujeta a interferencias, inevitablemente: se inmiscuye nuestro ego y, en retroalimentación con él, también lo hace la baja frecuencia vibratoria de los que ocasionan la situación de dolor o sufrimiento.

En definitiva: la presencia es ineludible en la acción consciente con la que se expresan, de manera natural, tanto *pistis* (la confianza en la vida, el compromiso con uno mismo y la perseverancia) como la tríada perfecta (la confianza en la vida, la aceptación y el no juicio).

La *presencia* se puede definir de muchas maneras, pero no hay nada mejor que comprender qué comporta el hecho de practicarla. San Juan de la Cruz, en su *Cántico espiritual* y en el contexto de lo que es la experiencia crística, lo explica con precisión y gran belleza:

«Mil gracias derramando,
pasó por estos sotos con presura;
y, yéndolos mirando,
con sola su figura
vestidos los dejó de hermosura».

Y expresa lo mismo de esta otra manera también: «... que ya solo en amar es mi ejercicio».

Ver a Dios en todas las cosas... Ver todas las cosas con los ojos de Dios

La presencia es esto: una práctica de vida consciente, consistente y coherente con nuestra genuina esencia y naturaleza divinal que nos lleva a vivir continuamente «mil gracias derramando» mientras «solo en amar es nuestro ejercicio». Esto implica iluminar con la compasión la totalidad de nuestros actos, pensamientos y emociones. (Nos detendremos en la compasión en el próximo capítulo).

Como colofón de todo lo que hemos manifestado, podemos resumir así lo que es vivir con fe: es ver a Dios en todas las cosas, sin hacer excepciones; y es ver todas las cosas, sin hacer excepciones, con los ojos de Dios. Esto es sencillo para el conductor, pero inverosímil para el coche.

Esta reflexión te permitirá entender mejor el cuadro compartido páginas atrás a propósito de vivir con fe de forma íntegra por medio de la práctica conjunta y sinérgica de *pistis* y de la tríada perfecta, con la confianza en la vida como pivote de engarce y la presencia como culminación.

Capítulo 3

COMPASIÓN, PAZ Y REVERENCIA POR LA VIDA

COMPASIÓN

Parábola del buen samaritano

Como se ha expresado en el capítulo precedente, las actitudes de vivir con fe, en general, y practicar la acción consciente, en particular, presentan una conexión íntima con la compasión. No puede ser de otro modo, pues la presencia, que sirve de eje aglutinante de *pistis* y la tríada perfecta, implica, como se apuntó, iluminar de compasión todos los actos, pensamientos y emociones.

Los evangelios narran numerosos episodios de la vida de Cristo Jesús en los que este hace una clara y potente llamada a la compasión. Entre todos ellos, destaca la parábola del buen samaritano, recogida en el Evangelio de Lucas (10: 30-37): «"Un hombre bajaba de Jerusalén a Jericó y cayó en manos de unos bandidos, que lo despojaron de todo, lo hirieron y se fueron, dejándolo medio muerto. Casualmente bajaba por el mismo camino un sacerdote: lo vio y siguió de largo. También pasó por allí un levita: lo vio y siguió su camino. Pero un samaritano que viajaba por allí, al pasar junto a él, lo vio y se conmovió. Entonces se acercó y vendó sus heridas, cubriéndolas con aceite y vino; después lo puso sobre su propia montura, lo condujo a un albergue y se encargó de cuidarlo. Al día siguiente, sacó dos denarios y se los dio al dueño del albergue, diciéndole: 'Cuídalo; y lo que gastes de más, te lo pagaré al volver'. ¿Cuál de los tres te parece que se portó como prójimo del hombre asaltado por los ladrones?". "El que tuvo compasión de él", le respondió el doctor. Y Jesús le dijo: "Ve y procede tú de la misma manera"».

Son varias las lecciones que aporta esta parábola, entre las que destacan la importancia que da al amor, a las obras y a la compasión:

- Al amor: las figuras del sacerdote y el levita, que pasan indiferentes junto al hombre malherido, recuerdan en parte al hermano mayor de la parábola del hijo pródigo y simbolizan a aquellos que profesan un credo y cumplen con sus dogmas, normas y ritos. Al hacerlo, están convencidos de tener una visión y una práctica espirituales de la vida, pero no es así: su espiritualidad es superficial y vana, mera apariencia y fingimiento, porque les falta el amor. (Nos ocuparemos del amor con detenimiento próximamente).
- A las obras: las obras son lo realmente transcendente en el sendero espiritual. Sin ellas, la presunta consciencia y la pretendida espiritualidad son entelequias mentales carentes de entidad real. En definitiva, como ya se señaló, «por sus obras los conoceréis».
- A la compasión: el final de la parábola es sumamente preciso y elocuente. Subraya la importancia de la compasión como práctica para nacer de nuevo y ahonda en lo que significa «portarse como prójimo».

Sin duda, la compasión es el gran tema de la parábola, con el amor y la acción consciente (obras) como telón de fondo y escenario de referencia. Se muestra asociada al dolor y el sufrimiento ajeno, lo que enlaza con el origen etimológico de la palabra: pasando por el vocablo latino *cumpassio*, tiene su raíz en el griego *sympátheia*, que literalmente significa 'sufrir juntos' y 'tratar con emociones'. Por lo tanto, la compasión se ejerce desde la percepción del sufrimiento de otro ser (humano o no), el contacto con este sufrimiento, la comprensión de dicho sufrimiento y la compenetración con el mismo. El *Diccionario de la lengua española* de la RAE define la compasión como un «sentimiento de pena, de ternura y de identificación ante los males de alguien». Por todo ello, podemos afirmar que la compasión tiene como pilares básicos la compenetración, la ternura y el prójimo, lo cual desemboca, de manera natural, en la paz y la reverencia por la vida.

Compenetración

La compenetración conlleva la identificación con otro ser (con sus vivencias y sentimientos) y el deseo y la acción de aliviar, reducir o eliminar por completo la situación dolorosa que lo aflige.

Ahora bien, desde la compenetración, la compasión puede abarcar igualmente una inclinación y una interacción con el otro («compasión») que no se centre solo en su sufrimiento y su tristeza, sino también en su regocijo y su alegría. San Pablo se refiere a ello cuando afirma: «Alégrense con los que se alegran; lloren con los que lloran» (Romanos, 12: 15). Aquí, la compasión está enlazada con la idea del compartir, que se analizará en el apartado siguiente.

Algunos autores sostienen que estas palabras de Pablo de Tarso no tienen que ver tanto con la compasión como con la empatía. Pero esto significa que no entienden que la solidaridad, que es ser generoso y cuidar de los demás, no se puede entender psicológicamente sin la compasión. Además, sin la compasión, no habría una identificación auténtica con el otro cuando está feliz y contento.

Para aquellos que desean sentir pena por los males ajenos pero aún no lo logran —por el punto en que se encuentran en su proceso consciencial—, una práctica efectiva suele ser prestar atención conscientemente a la alegría y la satisfacción de los demás. Esto está relacionado con la compasión profunda que concibe Pablo de Tarso, y resulta más fácil de hacer que suscitar la propia pena.

Ternura

La ternura es otra piedra angular de la compasión, aunque sea denostada y ridiculizada por una sociedad que ha matado a Dios. Sin embargo, constituye una poderosa fuerza que debe cuajar en el interior de aquel que aspire a integrar y practicar la sabiduría y las enseñanzas de Cristo Jesús. La ternura irradia con vigor y belleza del sermón de la montaña comentado páginas atrás, por ejemplo. Y tiene seis implicaciones directas:

- Calidez, para superar la inconsciencia que nos hace confundir valor y precio e invisibiliza y distorsiona la auténtica esencia de los hechos y de las cosas.

- Delicadeza, para liberarnos del deseo de dominar y controlar a los demás y a la vida: dejamos de competir y exigir atención, y de imponer nuestros criterios, pareceres y opiniones. En lugar de ello, escuchamos de corazón lo que construye el diálogo: el enriquecimiento mutuo, la generación de puntos de encuentro, etc. También nos conecta con el lenguaje divino a través del cual nos hablan constantemente el cosmos y la naturaleza.

- Dulzura, para vivir sin las barreras emocionales y mentales derivadas tanto del poder como de la obediencia, en todas sus escalas, incluidas las propias del ámbito familiar y doméstico. (Más adelante trataremos sobre las relaciones familiares).

- Inocencia consciente, para avivar el discernimiento y tender la mano amorosamente al «otro» sea cual sea el estadio evolutivo en el que se encuentre: el otro que yo mismo fui; el otro que ahora mismo soy, o el otro que seré en ese desenvolvimiento del momento presente que llamamos *futuro*.

- Jovialidad, para que nuestro carácter se llene de alegría y apacibilidad, y para que la vitalidad, la creatividad y el entusiasmo nos impulsen de instante en instante.

- Sensibilidad, para dejar atrás recelos y alejamientos y sentir con el otro lo que provee acompañamiento.

El prójimo: círculos de compasión

Una de las grandes enseñanzas que brinda la parábola del buen samaritano es que redefine lo que se entiende por *prójimo*, ya que el exponente del buen comportamiento es un samaritano. Los samaritanos eran considerados heréticos entre los sectores ortodoxos del judaísmo, lo cual sirve para ampliar el concepto de *prójimo*; no solo el que estaba vigente entonces, sino también el que prevalece en la actualidad.

Ciertamente, la compasión o es universal (abraza por igual a todos los seres sintientes, sin efectuar distinciones) o no es tal. Ahora bien, se avanza hacia ella en un proceso consciencial en el que la capacidad de compenetración abarca unos «círculos de compasión» cada vez más amplios e integradores, que llegan a abarcar la vida en todas sus modalidades. Así, cabe diferenciar cinco círculos principales, aunque entre unos y otros existen numerosas situaciones intermedias:

- Círculo estrictamente egoico (CEE): Es la compasión, por denominarla de alguna manera, que empieza y termina en uno mismo.
- Círculo tribal primario (CTP): La compasión se ensancha hasta acoger no solo a uno mismo, sino también a los seres queridos, familiares y amigos.
- Círculo tribal de pertenencia o ampliado (CTP-A): El campo de acción de la compasión sigue dilatándose y, además de incluir a uno mismo y sus seres queridos, abarca también a otras personas en las que proyectamos un sentimiento de pertenencia. Aunque este círculo arranca en la familia, se extiende a un grupo (o grupos) con el (los) que experimentamos lazos de identidad o identificación y que nos aporta(n) sentimientos variados. Normalmente, el eje primordial de la identificación con el grupo es la seguridad, se sea consciente de ello o no, pero se extiende a otros ámbitos, como pueden ser la diversión y el entretenimiento (por

ejemplo, entre la afición de un equipo de futbol) o un sueño de porvenir colectivo o comunidad territorial (este ámbito incluye desde el simple paisanaje hasta credos conjuntos, pasando por nociones como *patria*, *nación*, *bandera*, *fronteras*, etc.).

- Círculo de congéneres humanos (CCH): La compasión continúa agrandándose, da un salto enorme e incluye ya a todo el género humano, sin efectuarse distinciones por razones de nacimiento, raza, sexo, religión, opinión o cualquier otra condición o circunstancia personal o social.

- Círculo pleno universal (CPU): Este círculo supera el antropocentrismo y el especismo y abraza la vida en todas sus manifestaciones, desde la reverencia. En el antropocentrismo, el ser humano se concibe como centro del universo y se atribuye en exclusiva unas cualidades que también pueden estar presentes en otras formas de vida. El especismo es la creencia de que el ser humano es superior a las demás modalidades de vida y puede utilizarlas en beneficio propio; por lo tanto, se permite discriminar y explotar a los animales por considerar que son especies inferiores. Tanto el antropocentrismo como el especismo subsistían en el círculo anterior, pero aquí se transcienden. Cristo Jesús se refirió a esta compasión universal cuando, tal como se apuntó al hilo de las bienaventuranzas, afirmó: «Les aseguro que cada vez que lo hicieron con el más pequeño [pequeñuelo] de mis hermanos, lo hicieron conmigo» (Mateo, 25: 40).

Por tanto, la sabiduría de Jesús nos invita a preguntarnos por el alcance de nuestro círculo de compasión: ¿se limita a nuestros seres queridos? (familiares, amigos...). ¿Se limita a las personas con las que nos divertimos o con las que compartimos aficiones, tal vez devociones? En definitiva, ¿se limita a ese miniescenario en el que nos sentimos cómodos y que aplaude nuestras gracias y ocurrencias? Las enseñanzas de Cristo Jesús aportan el entendimiento de que la compasión o es universal o es otra cosa. Por tanto, amplía tu compasión: a toda la humanidad, sin atender a fronteras de ningún tipo, practicando la paz y actuando lo más integralmente posible, que no caritativamente, ante la pobreza y ante todo tipo de marginación y exclusión. Y a la Madre Tierra, al cosmos y a todas las formas de vida, superando el ridículo especismo derivado de creerte, como humano, superior, y desplegando una amorosa reverencia por la vida en todas sus manifestaciones.

PAZ

La paz sea contigo

«Actúa por la paz», nos indica Cristo Jesús en las bienaventuranzas. Y tras su resurrección, de la que nos ocuparemos en la segunda parte de este libro, repitió con insistencia la frase «la paz sea contigo» en los encuentros que tuvo con sus discípulos: «La paz les dejo; mi paz les doy. No se la doy como el mundo la da» (Juan, 14: 27).

Esta paz guarda relación con la paz de Dios de la que emana la genuina paz interior, y sobre la que Pablo de Tarso escribió: «Y la paz de Dios, que está más allá de lo que ningún ser humano puede entender, protegerá sus corazones y sus mentes por medio de Cristo Jesús» (Filipenses, 4: 7).

Esta paz no tiene nada que ver con la que tantas veces se proclama desde las instancias políticas y mediáticas con relación a ciertos conflictos y guerras, a la par que miran hacia otro lado en lo que respecta a otros de similar naturaleza, puesto que no les interesa destacarlos. En casos así, hablan de paz aquellos que miraron para otro lado en guerras anteriores; están mirando para otro lado ahora mismo, ante otras guerras; y volverán a mirar para otro lado frente a guerras venideras. Para estas personas, la idea de la paz es un arma de guerra, y la esgrimen cuando les conviene. La paz no tiene nada que ver con este uso falsario de la misma, muy extendido hoy en día, por desgracia, pero también presente en tiempos de Cristo Jesús, lo cual explica sus palabras antes citadas: «No se la doy como el mundo la da». Dos personajes insignes, Maria Montessori y Jiddu Krishnamurti, nos ayudan a entenderlo:

- Maria Montessori descolló en múltiples campos y son mundialmente reconocidas sus aportaciones sobre la educación, que siempre contempló estrechamente ligada al ideal de la paz. Fruto de esto fue su libro *Educación y paz*, en el que escribe lo siguiente:

  > Todo el mundo habla de paz, pero nadie educa para la paz. La gente educa para competir y este es el principio de cualquier guerra. Cuando eduquemos para cooperar y ser solidarios unos con otros, ese día estaremos educando para la paz.

- En cuanto a Jiddu Krishnamurti, todo un referente del pasado siglo para el humanismo, la espiritualidad y el estudio de la psicología personal y social, indica lo que sigue en su obra *La libertad primera y última*:

  > Discutiremos sobre la paz, proyectaremos leyes, crearemos nuevas ligas, las Naciones Unidas, y lo demás. Pero no lograremos la paz porque no queremos renunciar a nuestra posición, a nuestra autoridad, a nuestros dineros, a nuestras propiedades, a nuestra estúpida vida... Confiar en los demás es absolutamente vano; los demás no nos traerán la paz. Ningún dirigente, ni Gobierno, ni ejército, ni patria, va a darnos la paz. Lo que traerá la paz es la transformación interna que conduce a la acción externa. La transformación interna no es aislamiento; no consiste en retirarse de la acción externa. Por el contrario, solo puede haber acción verdadera cuando hay verdadero pensar; y no hay pensar verdadero cuando no hay el conocimiento propio. Si no os conocéis a vosotros mismos, no hay paz.

Estas reflexiones de Montessori y Krishnamurti están íntimamente relacionadas entre sí y enfatizan la necesidad de impulsar una visión de la paz impregnada del mensaje de Cristo Jesús para contemplarla con los ojos del nacer de nuevo; esto es, con una mirada renovada, profunda, transcendente y consistente que tenga estos efectos:

- Que haga que la paz esté en el centro de la labor educadora. Hoy, el norte de la educación son unos antivalores que la han convertido en una mera formación destinada a acceder al mercado laboral. Incluso se llama *educación* a lo que no es más que un formateo mental que permite imponer unos paradigmas, unos sistemas de creencias y unos hábitos y pautas de vida que envilecen la condición humana y la rebajan a un nivel infrahumano (lo cual algunos disfrazan con el denominado *transhumanismo*).
- Que haga que la paz sea el resultado consustancial de una transformación interior. Esta transformación parte del conocimiento propio y la toma de conciencia de lo que realmente somos más allá de nuestra apariencia perecedera, y se despliega de manera natural en una acción externa plena de armonía, serenidad, ternura, respeto, empatía, compasión y amor.

Acción y consciencia

Estas consideraciones desnudan y dejan en evidencia el uso grosero de la paz y el manoseo de que es objeto desde intereses espurios. Porque la verdadera paz no es negociable, ni opinable, ni admite que el fin justifique los medios: ninguna guerra del presente será la paz del futuro; ningún motivo o razón justifica una guerra —ni siquiera la seguridad, la libertad o los derechos humanos que algunos argumentan como excusas—. De ningún modo.

La verdadera paz no es algo que se pone de moda cuando la élite quiere y la pregonan sus voceros (políticos, medios de comunicación...), generando entre la gente posicionamientos meramente emocionales que, pasado un tiempo, desaparecen tal como llegaron.

La paz no efectúa distinciones en función de quién provoca una guerra dada, ni en función de la nacionalidad de los caídos: la paz nunca olvida que todos somos hermanos y llora por igual a los que mueren en todos los frentes y en todos los bandos, ya sean ucranianos, rusos, serbios, croatas, palestinos, israelíes, iraquíes, afganos, norteamericanos, etc.

Como nos enseña Cristo Jesús, la paz es acción. No es un pensamiento, ni una declaración, ni una intención. Y la savia que la nutre es una consciencia que nos inunda de compasión y transforma para siempre nuestra mirada al llenarla de luz y amor y limpiarla de cualquier atisbo de dualidad, claroscuro o fisuras.

Hay muchos indicios que permiten afirmar que, en los tres primeros siglos después de Jesús, los cristianos practicaron la no violencia aun a riesgo de perder la vida; no mataban a ningún ser viviente y no participaban en ninguna guerra. Fue solo cuando el emperador Constantino hubo convertido el cristianismo en «religión de Estado» cuando el mensaje fue mancillado y pervertido con la imposición de la pagana «teoría de la guerra justa», formulada un siglo antes de Cristo por Cicerón en su obra *De officiis*.

La vía a disposición de todos para hacer realidad la paz auténtica

Las reflexiones anteriores nos invitan a preguntarnos si hay alguna acción concreta que esté al alcance de todos y conduzca con certeza a una paz verdadera y duradera.

Muchos pensarán que no y creerán que, al barajar tal hipótesis, se está formulando un imposible. Sin embargo, a lo largo de la historia, grandes hombres y mujeres nos han dicho que sí: que existe una acción a disposición de todos capaz de hacer realidad entre los seres humanos una paz auténtica y sostenible.

¿De qué se trata? Para acercarnos a su contenido resulta sumamente ilustrativo lo expresado por Pitágoras, sin duda uno de los sabios más insignes de todos los tiempos:

Mientras los hombres sigan masacrando a sus hermanos los animales, reinarán en la tierra la guerra y el sufrimiento y se matarán unos a otros, pues aquel que siembra el dolor y la muerte no podrá cosechar ni la alegría, ni la paz, ni el amor.

Estas palabras pronunciadas hace 2.500 años por el maestro de Samos merecen la atención de nuestro intelecto y de nuestro corazón. Y es que dan en la diana en cuanto a lo que exige de todos nosotros la paz, como personas y como sociedad: que vivamos sin dañar en modo alguno al reino animal y a los seres sintientes que lo conforman en una espectacular y hermosísima diversidad. Si queremos paz, este es el paso previo e ineludible que debemos dar.

Como se señala en el texto *Cristiandad y vegetarianismo: siguiendo la no-violencia de Jesús*, de John Dear, nominado varias veces al Premio Nobel de la Paz:

Cuando miro el mundo actual, veo una cultura adicta a la violencia. Mientras estoy escribiendo, hay [...] guerras en marcha [...] personas sufriendo malnutrición y sus efectos [...] aumento de gente sin hogar e injusticias de todo tipo, incluyendo racismo y sexismo [...] matanza de millones de animales terrestres cada año [...] también [...] de animales marinos. Yo estoy de acuerdo con Mahatma Gandhi, Dorothy Day [...] y el reverendo Martin Luther King Jr., en que el único camino para salir de esta cultura de violencia es a través de la antigua sabiduría de la no-violencia. Recuerdo que el Dr. King dijo la noche antes de su asesinato: "La elección que tenemos delante de nosotros no es mucha violencia o no-violencia; es no-violencia o no-existencia. La no-violencia empieza con la visión clara de que todo tipo de vida es sagrada"».

REVERENCIA POR LA VIDA

El virus del daño a la vida y el único antídoto posible

Lo manifestado anteriormente son grandes verdades cuyo mejor apoyo es el sentido común, que nos comunica con claridad, a poco que queramos escucharlo, que si el virus del daño a la vida se mantiene en nosotros cuando se trata de animales, será imposible de evitar que esté ahí al acecho y aparezca en escena para lanzarse contra otros seres humanos en cuanto se den las circunstancias propicias para ello. De hecho, esto es lo que la historia de la humanidad revela con insistencia.

El único antídoto ante este virus y, por ende, la única vía efectiva hacia la paz es un cambio de visión individual y social tan sustancial que pueda transmutar el daño a la vida en *reverencia por la vida*, expresión que, como mencionamos en el capítulo precedente, debemos a Albert Schweitzer, que la enarboló como principio fundamental de una ética viable y sostenible.

Así resumió Schweitzer en qué consiste la reverencia por la vida:

Respetar la inmensidad sin fin de la Vida [...] Respetar todo lo que vive [...] Sentir compasión hacia todo lo que vive: he aquí donde radica el principio y fundamento de toda ética. Quien un día haya realizado esta experiencia, no dejará de repetirla, quien haya tenido esa toma de conciencia una vez, ya no podrá ignorarla jamás. Este es un ser moral que lleva en su interior el fundamento de su ética, porque la ha adquirido por propio convencimiento, porque la siente y no la puede perder. Pero aquellos que no han adquirido esta convicción, no tienen más que una ética añadida, aprendida, sin fundamento interior, que no les pertenece y de la que fácilmente, según las conveniencias del momento, pueden prescindir. Lo trágico es que, durante siglos, la humanidad solo ha aprendido éticas de conveniencia, que cuando hay que ponerlas a prueba no resisten: son éticas no sentidas. El resultado es la grosería, la ignorancia, la falta de corazón... Y, no lo dudemos, esto es así porque todavía no es general la posesión de la base de toda ética: el sentimiento solidario hacia toda vida, el respeto total a la vida.

La reverencia por la vida se encuentra en las antípodas del egoísmo y el egocentrismo que tanto han calado en mucha gente de la mano del antropocentrismo y el especismo a los que ahora se hará mención.

«Mi yo» y «mi especie» como centro del universo

Para empezar a tratar el asunto del antropocentrismo y el especismo, será bueno recordar que el 21 de junio de 1633 Galileo Galilei fue condenado por la Inquisición a prisión perpetua por refutar la teoría geocéntrica entonces imperante, que sostenía que la Tierra es el centro del universo. Desde ese suceso han transcurrido menos de cuatro siglos, que en términos históricos es un lapso temporal reducido, pero ya nadie defiende tamaña sandez; todos nos hemos hecho nuestro el «eppur si muove» («y sin embargo se mueve») atribuido a Galileo. Es más: parece ridículo y casi increíble que, durante centurias, el geocentrismo fuera la visión comúnmente admitida. Sin embargo, paradójicamente, mientras que hoy nadie sostiene la idea de que la Tierra es el centro del universo, son muchas las personas que se consideran a sí mismas el centro del universo; y hacen extensiva esta consideración a la especie humana en su conjunto. Estos individuos viven sus días convencidos de que todo gira en torno a ellos y está al servicio de sus deseos y anhelos de satisfacción exclusivamente; y lo trasladan al género humano en su relación con las otras modalidades de vida, con el reino animal a la cabeza.

Podemos llamar «síndrome Galileo» a esta anómala tendencia a sustituir la Tierra por «mi yo» y «mi especie» como centro y eje del cosmos y la creación, en recuerdo del astrónomo de Pisa. Y acudiendo a la psicología y a la psiquiatría, halla su base en el sentimiento exagerado de la propia personalidad. Se trata de una perturbación mental que tiene nombre: *trastorno de personalidad narcisista*. Según el *Manual diagnóstico y estadístico de los trastornos mentales* publicado por la Asociación Estadounidense de Psiquiatría, algunos de los criterios que permiten diagnosticar este trastorno son la explotación de los demás para lograr los propios objetivos, el sentirse con derecho, la arrogancia y la carencia de empatía. Estas actitudes constituyen el origen y ofrecen la justificación de comportamientos agresivos y despreciativos que pueden dirigirse hacia el entorno de tres grandes maneras:

- Hacia otra persona o personas, a través de distintas formas de violencia que pueden tener múltiples manifestaciones.
- Hacia otros grupos, colectivos y comunidades distintos de aquel al que se pertenece por razón del lugar de nacimiento, el sexo, la ideología, las aficiones, etc.; la expresión de ello son desde pequeños conflictos hasta grandes guerras.
- Hacia otras modalidades de vida, en lo que es una plasmación del antropocentrismo y el especismo.

En lo relativo a estas dos últimas actitudes, basándonos en el *Diccionario de la lengua española*, consisten en lo siguiente:

- El antropocentrismo es la teoría que defiende que el ser humano es el centro del universo y le atribuye cualidades que, en realidad, pueden ser comunes a otras especies.
- El especismo es la creencia de que el ser humano es superior al resto de los animales, los cuales contempla como especies inferiores, y, por ello, considera que puede utilizarlos en beneficio propio.

Es fácil percatarse de que la teoría que es el antropocentrismo y la creencia que es el especismo se asemejan mucho al racismo y el sexismo, pues sus cimientos psicológicos y (anti)éticos son exactamente los mismos. Estos cimientos se usan indecentemente para «normalizar» el privilegio de uno de los grupos con respecto al otro: el grupo que se cree superior se siente legitimado para servirse del otro.

El sentimiento exagerado de la propia personalidad y el trastorno de personalidad narcisista llevan a una situación aún más grave cuando el egotismo y la egolatría se combinan con el disfrute de la violencia o el daño causado a otros, incluidos los animales. Este fenómeno se conoce como *Schadenfreude*, que es el placer por el sufrimiento ajeno. Este placer alcanza su máxima expresión cuando se disfruta con el sufrimiento ajeno sin obtener ningún beneficio directo, ya sea personal o social.

El anfiteatro romano es históricamente un potente botón de muestra al respecto: en él, la masa gozaba, se enardecía y se divertía con la muerte convertida en espectáculo, fuera la de gladiadores, la de cristianos o la de «fieras» pertenecientes a distintas especies animales. La ciencia del *Schadenfreude* ha descubierto que, en escenarios así, se activa el estriado ventral, unos circuitos cerebrales ancestrales que codifican el placer: es decir, el sufrimiento ajeno produce un placer visceral, directo, no racionalizado ni mediado por las palabras. Pues bien, en la actualidad, la barbarie de los anfiteatros romanos no es admisible legal ni socialmente cuando la sufren las personas. Sin embargo, se mantiene en numerosas partes del mundo, con un formato u otro, cuando es un animal el sacrificado para deleite y celebración «popular». Y en el colmo de la degeneración, incluso hay quienes defienden prácticas tan aberrantes en nombre de la tradición, como si el solo hecho de ir repitiendo un comportamiento cruel a lo largo del tiempo le quitase el componente de crueldad al comportamiento. Quienes defienden este tipo de prácticas no se percatan de que el hecho de atentar contra la vida de los animales hace crecer en el ser humano una falta de consideración y de mínimo respeto hacia el otro que en cualquier momento, cuando se dé el contexto adecuado, se materializará contra los propios congéneres como violencia individual o colectiva.

Cultura de paz

Todo lo que acabamos de exponer deja claro que es importante evitar infligir daño a los animales para que se pueda plasmar una cultura de paz genuina y fructífera.

Ana D. Verdú y José Tomás García se detienen a analizar el contenido y las características de esta cultura de paz en su artículo «La ética animalista y su contribución al desarrollo social», publicado en *Papeles de relaciones ecosociales y cambio global* (núm. 112):

> La cultura de paz constituye hoy en día en la teoría científica un elemento clave para el progreso de las sociedades humanas. Sin embargo, abordar la paz sin cuestionar el antropocentrismo de nuestra cultura supone normalizar la violencia contra los animales implícita en el modelo de sociedad occidental, así como reforzar un sistema moral parcial que sobrevive con la contradicción entre la consideración suprema de la vida humana y el desprecio absoluto por el resto de formas de vida.

A lo que conviene sumar de inmediato estas palabras de Jorge Riechmann, extraídas de su libro *Todos los animales somos hermanos*:

> Para transformarnos y para cambiar la sociedad, precisamos la conmoción, el extrañamiento, el descentramiento que induce un verdadero encuentro con el otro, y ahí la relación con el animal no humano puede desempeñar un papel fundamental. En el encuentro con el animal no humano deberíamos ver una de las formas privilegiadas de encuentro con el otro. Si logramos abrirnos a ese encuentro, puede que se tambalee nuestro injustificable egocentrismo, y seamos capaces de resituarnos en el cosmos, modificando nuestra relación ético-política con el mundo natural.

Volviendo a la compasión y sus círculos, como sostuvo Albert Schweitzer, «mientras el círculo de su compasión no abarque a todos los seres vivos, el hombre no hallará la paz por sí mismo». Esto nos lleva a alzarnos por encima de la indiferencia y a elevar la consciencia tal como hizo Albert Einstein en su libro *Mis creencias* cuando, intentando imaginar una sociedad pacífica, resaltó la imperiosa necesidad de superar la «fase depredadora» del desarrollo humano. O como hizo Mahatma Gandhi, que en su obra *Mis experiencias con la verdad* remarca las obligaciones morales que tiene el ser humano hacia los animales. Indica Gandhi que estas obligaciones derivan del deber que tenemos, como especie que goza de unas capacidades superiores, de proteger a quienes se encuentran en una situación menos ventajosa; o, al menos, no debemos utilizar la ventaja con la que contamos para destruir otros seres. No en balde, el propio Gandhi fue muy explícito al subrayar que «la grandeza y el progreso ético de una nación se mide por cómo trata a los animales». A lo que hay que añadir la afirmación de Platón de que el grado de evolución de un alma se evidencia en el comportamiento que tiene con los animales la persona en la que está encarnada.

Por tanto, ocuparse del bienestar de los animales es una práctica consciente, ética e intelectual absolutamente coherente con las escuelas, corrientes y movimientos que, a lo largo de la historia, han denunciado la existencia de sistemas de dominación fuertemente enraizados. Y no es admisible que hablemos de consciencia y de ética mientras, por acción u omisión, compartimos o consentimos creencias y prácticas que legitiman la violencia sobre otros seres vivos y dan la espalda, desde la indiferencia o la connivencia, a la reverencia por la vida.

Hay que subrayar nuevamente que Cristo Jesús sintetizó bellamente esta postura de no violencia cuando se refirió a los «pequeñuelos»: «Les aseguro que cada vez que lo hicieron con el más pequeñuelo de mis hermanos, lo hicieron conmigo» (Mateo, 25: 40).

Estas palabras sirven de base a la oración de las criaturas de san Basilio, que veremos próximamente, la cual apela a todas las almas nobles. Porque como glosó Pablo de Tarso (Romanos, 8: 19 y 21), «todas las criaturas están aguardando con gran ansia la manifestación de los hijos de Dios», gracias a la cual «la creación misma será liberada de la esclavitud».

La dieta cristiana es de respeto a la vida

Todo ello es coherente con el hecho de que la Biblia contiene numerosas citas que abogan por una dieta de respeto a la vida y muestran el rechazo divino al sacrificio de animales. Entre los muchos ejemplos que podríamos poner, hemos elegido tres:

- «¿De qué me sirven sus muchos sacrificios? —dice Jehová—. Estoy harto de sus ofrendas quemadas de carneros y de la grasa de animales bien alimentados, y no me complace la sangre de toros jóvenes, corderos ni cabras» (Isaías, 1: 11).
- «Y ese día —afirma Dios— me llamarás Esposo mío y ya no Amo mío [...] Ese día haré un pacto a favor de mi pueblo con los animales salvajes del campo, con las aves de los cielos y con los animales que se arrastran; eliminaré del país el arco, la espada y la guerra para que todas las criaturas puedan descansar sin pasar miedo [...] Porque lo que me causa placer es el amor leal, no los sacrificios; y el conocimiento de Dios, no las ofrendas quemadas» (Oseas, 2: 16, 2: 18-19 y 6: 6).
- Y, desde luego, la experiencia que se narra en el Libro de Daniel, en la que este y sus tres amigos (Hananías, Misael y Azarías), con los que ha sido esclavizado, rehúsan comer carne y piden alimentarse de agua y legumbres. Alcanzan así mejor salud que cualquiera; llegan a ser diez veces más listos y son recompensados por Dios con conocimientos y destrezas en todos los saberes, y con sensatez: «Entonces Daniel le dijo al guardián [...]: "Por favor, haz una prueba con tus siervos durante diez días; que nos den de comer legumbres y de beber agua. Luego compara nuestro aspecto con el de los jóvenes que comen de los manjares del rey. Entonces, según lo que veas, decide qué quieres hacer con

tus siervos". Así que él [el guardián] accedió a su propuesta y les hizo esa prueba durante diez días. Cuando terminaron estos días, su aspecto era mejor y más saludable que el de todos los jóvenes que comían de los manjares del rey. De modo que el guardián se llevaba los manjares y el vino, y les daba legumbres. Y el Dios verdadero les dio a estos cuatro jóvenes conocimiento y comprensión de todo tipo de escritura y sabiduría, y Daniel recibió la capacidad de entender todo tipo de visiones y sueños. Al terminar el tiempo fijado por el rey para que los llevaran ante su presencia, el funcionario principal de la corte los llevó ante Nabucodonosor. Cuando el rey habló con ellos, se vio que no había nadie en todo el grupo como Daniel, Hananías, Misael y Azarías, y ellos se quedaron a servir al rey. Cada vez que el rey les preguntaba por cualquier asunto en el que se necesitara sabiduría y entendimiento, él veía que eran diez veces mejores que todos los sacerdotes-magos y los adivinos que había en todo su reino» (Daniel, 1: 11-20).

Esto va de la mano del hecho de que en el paraíso, antes de que aconteciese el pecado original, que se examinará en su momento, tanto el ser humano como el resto de criaturas llevaban una alimentación vegetariana. «Luego Dios dijo: "Vean, les doy todas las plantas de la tierra que dan semilla y todos los árboles que dan fruto con semilla. Esto será su alimento. Y a todos los animales salvajes de la tierra, a todos los animales voladores de los cielos y a todo lo que se mueve sobre la tierra y tiene vida les doy toda la vegetación verde como alimento". Y así ocurrió. Después de eso, Dios vio todo lo que había hecho y, ¡mire!, todo era muy bueno. Y hubo tarde y hubo mañana. Ese fue el sexto día» (Génesis, 1: 29-31).

Y esto mismo será lo que impere en la nueva humanidad que surgirá, como se analizará en el cierre de la tercera parte de este texto, tras el final de la actual generación humana: tendremos unos nuevos Cielos y una nueva Tierra (Isaías, 65: 17 y Apocalipsis, 21: 1); una

Tierra restaurada que «dará su fruto» (salmo 67: 6), en la que todo «florecerá como el azafrán» (Isaías, 35: 1) y en la que «habrá grano en abundancia» y «extraordinaria abundancia en las cumbres de las montañas» (salmo 72: 16). En esta nueva Tierra «el lobo estará con el cordero» y ambos «comerán juntos» (Isaías, 11: 6 y 65: 25).

Con el fin de plasmar aquí-ahora esa nueva humanidad y ser semilla de la misma, la persona cristificada desde el nacer de nuevo ha de llevar a la práctica esta reverencia por la vida. Cristo Jesús lo dejó claro cuando, en una época en la que el sacrificio de animales era considerado el único método para el perdón de los pecados, lo reprueba e instituye, junto a Juan el Bautista, el bautismo como medio de purificación y signo externo de la llegada del Reino de Dios a la tierra y, desde luego, de superación de los rituales de sacrificio de animales.

El sacrificio masivo de animales que se efectuaba en el templo de Jerusalén (solo en Pascua se sacrificaban unos 250.000 corderos) fue una de las razones por las que Cristo Jesús siempre se opuso a él y a lo que representaba. Profetizó que el templo sería destruido y llegó a expulsar, desde la acción consciente que vimos en el capítulo precedente, a los que allí vendían animales para ser sacrificados, y proclamó: «Dios quiere compasión y no sacrificios». Esto significaba condenar la cultura del templo y el enorme negocio que giraba a su alrededor, tal como sucede hoy en torno a la industria agroalimentaria y las explotaciones ganaderas.

Hay que resaltar, igualmente, que Jesús nunca aparece comiendo carne ni pescado en los evangelios. Al contrario, estos revelan que Cristo Jesús manifestaba una gran reverencia hacia los animales y la naturaleza: a sus seguidores los llama «corderos»; compara su preocupación por Jerusalén con el cuidado de una gallina con sus pollitos; se describe a sí mismo como el «buen pastor» (Juan, 10: 11) y le gusta compararse con animales, tales como corderos o palomas, por su inocencia y mansedumbre; y expresa con claridad que «Dios no se olvida de ninguno de ellos» (Lucas, 12: 6). Y en cuanto a la última cena, ninguno de los textos evangélicos hace referencia al cordero y sí al pan que Jesús junta en la *jaroset* (una mermelada ritual, hecha con higos, dátiles, pasas, manzanas, almendras, canela y vinagre) para dárselo a Judas.

Además, hay que tener en cuenta que, como se indicará en la segunda parte de este libro, hay datos históricos que muestran que la Nazaret de la época de Jesús era una pequeña comunidad esenia. En ella se observaba un absoluto respeto por la vida en todas sus manifestaciones y se seguía una dieta vegetariana. Fue en este marco en el que vivió Jesús y no por casualidad: como también se detallará en la segunda parte, los cuerpos etérico y físico de Jesús eran de una exquisita pureza, lo que lo alejaba de cualquier tipo de nutrición basada en alimentos muertos y lo llevaba a una dieta vegetariana, que debió ser muy moderada habida cuenta de que dicha pureza le permitía absorber el prana* como gran fuente de sustento.

Por otra parte, hay pruebas evidentes de que los primeros cristianos también fueron vegetarianos y de que comer carne solo fue permitido una vez que el emperador Constantino hubo declarado al cristianismo «religión de Estado». Son claras al respecto las manifestaciones públicas de personajes tan insignes del cristianismo primigenio como Basilio el Grande y Juan Crisóstomo, considerados ambos «padres de la Iglesia».

Padres de la Iglesia

Inicialmente, solo se concedió el apelativo de *padres de la Iglesia* a cuatro figuras de la Iglesia oriental: Atanasio de Alejandría, Basilio el Grande, Gregorio Nacianceno y Juan Crisóstomo. Más tarde, se les dio también a otros cuatro personajes de la Iglesia latina o de Occidente: Ambrosio de Milán, Jerónimo de Estridón, Agustín de Hipona y Gregorio Magno. A estos ocho

---

* El prana es la vitalidad que nos rodea; está presente, muy especialmente, en la naturaleza y los rayos del sol.

personajes principales se les fue sumando una serie más amplia de escritores cristianos, que vivieron desde el siglo III hasta el VIII y se caracterizaron por la ortodoxia de su doctrina, la santidad con la que vivieron y el reconocimiento que obtuvieron por parte de la Iglesia.

Así, san Juan Crisóstomo escribió de los primeros cristianos: «No existen manchas de sangre en ellos, no matan animales ni cortan carne... La antinatural ingestión de carne es de origen demoníaco». San Basilio, por su parte, aseguró: «El humo de las comidas con carne oscurece el espíritu. Uno puede obtener difícilmente la virtud si disfruta con comidas con carne. En el paraíso terrenal, no había sacrificios de animales y nadie comía carne». Y nos dejó el hermoso regalo de la oración sobre las criaturas: «Dios acrecienta en nosotros el sentido de la fraternidad con todos los seres vivientes, con nuestros hermanos pequeños [los animales], con los cuales nos ha concedido compartir la tierra. Haznos comprender que ellos no viven solamente para nosotros, sino por sí mismos y para Ti. Haznos entender que ellos aman, como nosotros, la dulzura de la vida y se sienten más a gusto con su propia vida de lo que nos sentimos nosotros con la nuestra».

A ellos hay que añadir otras figuras principales del cristianismo original, como Clemente de Alejandría, que recomendó una dieta sin carne y citó el ejemplo del apóstol Mateo, «quien consumía semillas, miel, frutas y vegetales sin carne» (además de Mateo, hay constancia de que otros discípulos, como Pedro o Santiago, solo comían vegetales). Y añadió: «Los sacrificios fueron inventados por los hombres como pretexto para comer carne». «Estáis lejos de ser felices teniendo vuestro cuerpo como un cementerio de animales».

De los padres y madres del desierto a san Francisco de Asís

Han sido muchos los santos y santas que han descollado por su cariño y atención hacia los animales, los cuales cuidaron o salvaron de los cazadores; también convivieron con ellos. Estos son algunos botones de muestra:

- Los llamados «padres y madres del desierto», que fueron anacoretas, ermitaños, monjes y monjas que en el siglo IV se instalaron en zonas yermas de Egipto y Siria, donde convivieron en armonía con los animales del entorno, que en ocasiones, libremente, los ayudaban y asistían.
- San Biagio de Capadocia, mártir en el 316, era visitado por toda clase de animales salvajes, a los cuales curaba y protegía de los cazadores.
- San Albeo, obispo irlandés del siglo VI, alojó en el monasterio a un grupo de lobos.
- Santa Faraildis, patrona de Gante, donde nació en el siglo VII, hizo el milagro de resucitar a un pollo asado (entre otros milagros). También cuidó de un grupo de ocas salvajes hambrientas, a las que dio de comer con la ayuda de un granjero local; después las dejó libres.
- El eremita Emiliano, que vivió en el siglo VII, salvó a un jabalí de un cazador y, posteriormente, al propio cazador, que se hizo monje.
- San Goderico de Finchale, localidad del condado inglés de Durham, donde murió en 1170, es recordado por su amabilidad hacia los animales, por proteger a las criaturas que vivían cerca de su hogar (escondió un ciervo de los cazadores que lo perseguían y hasta permitió que serpientes se calentaran

junto a su fuego) y por alimentarse de hierbas, miel silvestre, bellotas, manzanas y nueces.

- Esta amplia tradición desemboca en san Francisco de Asís, suficientemente conocido y reconocido por su reverencia por la vida. Baste, por tanto, con rememorar estas palabras suyas, en las que identifica el virus de la violencia antes comentado: «No lastiméis a nuestros humildes hermanos, los animales [...] Es nuestro primer deber hacia ellos, pero hacer sólo esto no es suficiente. Tenemos una misión mayor: estar a su servicio siempre que lo requieran. Si hay gente que excluye a cualquier criatura de Dios del refugio de compasión y piedad, esta gente tratará de la misma manera a otras personas».

Haz que lo nuevo emerja

En definitiva, desde nuestro ser inmortal pleno y en plenitud, hacemos nuestras la compasión, la paz y la reverencia por la vida con la hondura y la impecabilidad de la sabiduría enunciada dulce y rotundamente por Cristo Jesús en la ladera de una montaña situada al norte del mar de Galilea, cerca de Cafarnaúm:

> Actúa por la paz. Actúa por la justicia.
> Aun a costa de ser perseguido,
> de ser insultado, de ser calumniado.
> No te irrites contra tu hermano,
> no insultes ni maldigas.
> Reconcíliate con quien tenga una queja contra ti.
> Ama a los que se consideran tus enemigos
> y ruega por tus perseguidores,
> porque el que quiera salvar su vida la perderá.
> Pon la otra mejilla.
> Si te quieren quitar uno, dales dos.
> Practica el perdón, porque no saben lo que hacen.

Reverencia la vida en todos sus reinos;
en todas sus manifestaciones y dimensiones.
Haz real tu divinidad:
mil gracias derramando, de instante en instante.
Haz que lo nuevo emerja.
Haz que una nueva generación humana crezca
de modo natural
y con la ternura y la fortaleza
que caracterizan la Re-evolución.

Capítulo 4

COMPARTIR Y EL PAPEL DE LOS DONES Y TALENTOS, LAS NOCHES OSCURAS Y LA MENTE ABSTRACTA

COMPARTIR

Comparte y no atesores

Ligado a la compasión y la paz, aparece el compartir como otro de los grandes requerimientos prácticos formulados por Cristo Jesús. Valgan estas dos citas como botones de muestra:

- «Da al que te pide, y no le vuelvas la espalda al que quiere pedirte algo prestado» (Mateo, 5: 42).
- Y las palabras que dice en el contexto de las bienaventuranzas a propósito del tesoro y el corazón: «No os hagáis tesoros en la tierra, donde la polilla y el orín corrompen, y donde ladrones minan y hurtan. Mas haceos tesoros en el cielo, donde ni polilla ni orín corrompen, y donde ladrones no minan ni hurtan. Porque donde estuviere vuestro tesoro, allí estará vuestro corazón» (Mateo, 6: 19-21).

Por tanto, comparte y no acumules, no atesores... porque donde estuviere tu tesoro, allí estará tu corazón. Lo que nos lleva al milagro de los panes y los peces, a la dinámica *fluir-recibir-fluir* y al tema de «a cada cual según sus necesidades».

El milagro de los panes

El denominado *milagro de la multiplicación de los panes y los peces* aparece narrado por los cuatro evangelistas: Juan (6: 1-15), Lucas (9: 10-17), Marcos (6: 34-44) y Mateo (15: 32-39). Ahora bien, en estos pasajes nada se indica de que Cristo Jesús «multiplicara» los alimentos. Lo que sí exponen es que puso en común aquello de lo que se disponía: cinco panes de cebada (siete, según Mateo) y un par de peces. Y al repartir lo que se tiene, acontece el milagro: hay de sobra para alimentar a muchísima gente (cinco mil hombres, más mujeres y niños). El milagro no radica en *multiplicar*, sino en algo mucho más extraordinario y bello: *compartir*.

¿Por qué, entonces, el empeño en la multiplicación? Pues tan desacertada explicación del suceso no es casual, ni un asunto baladí. Responde rotundamente a la visión –cultural, social y, especialmente, económica– en la que estamos inmersos; a una apreciación de la vida y de las cosas radicalmente productivista y economicista que tenemos tan asumida que ni siquiera somos conscientes de ella. Esta visión se hizo hegemónica en el siglo XIX, con la Revolución Industrial, y hoy es claramente dominante. Se basa en algo muy sencillo: la supremacía de la economía-mundo. Todo gira en torno a ella, desde las artes hasta las letras, desde la religión hasta la política. E impregna todo lo que toca con su particular perfume: la mercantilización. Debido a esta visión hemos hecho nuestro, como lo más natural del mundo, el «tanto tienes tanto vales»; y hemos fusionado el valor de uso (real) con el valor de cambio (especulativo), por más que personajes insignes como Antonio Machado nos alertaran de que no hay que confundir valor y precio.

La economía y el crecimiento y desarrollo de la misma (la sostenibilidad económica) es el fin. También se nos dice una y otra vez que es el medio para disponer de recursos con los que erradicar desigualdades (conseguir la sostenibilidad social) o preservar el entorno ecológico (lograr la sostenibilidad medioambiental). Y es verdad que bajo su influjo se ha conseguido multiplicar la producción mundial hasta el punto de que hay alimentos y bienes suficientes para la totalidad de los habitantes del planeta. Eso sí, esta suficiencia atañe exclusivamente al volumen, ya que la forma en que se están repartiendo dichos alimentos y bienes es nefasta: la pobreza extrema que afecta a cerca de mil millones de seres humanos es una buena prueba de ello, por no hablar de la miseria que se enmascara cotidianamente en las ciudades más desarrolladas del orbe occidental. Cristo Jesús nos alienta a plasmar un cambio de visión radical al respecto.

Imaginemos que queremos modificar el cauce de un río. No lo lograremos clavando estacas en su lecho, ya que las aguas se limitarán a bordearlas y seguirán fluyendo sin inmutarse. Las estacas son los programas, y no sirven. Es necesario mucho más para cambiar el discurrir de la corriente; se requiere una nueva visión. La mentalidad vigente se evidencia en la errónea interpretación del milagro de los panes y los peces. Y la nueva visión que urge implantar aparece reflejada en la verdadera enseñanza cristiana: hay para todos si se pone en común lo que se tiene. Esta es la realidad actual: 1. Tenemos bienes suficientes para todos. 2. No podemos seguir multiplicando la producción sin destruir el hábitat del que depende nuestra supervivencia. 3. La solución es compartir. Esto implica entrar en un nuevo nivel de consciencia, de carácter transpersonal, vinculado a la compasión. Se trata de que seamos más plenamente humanos a partir de asumir que nuestra personalidad individual es un logro de la evolución, pero también una limitación. Tenemos que comprender la realidad más allá del «yo», del egocentrismo que ha arrastrado a la humanidad hasta el precipicio.

Por último, en lo que al milagro que nos ocupa se refiere y al hilo de lo comentado en el capítulo precedente sobre la dieta vegetariana, es muy posible que los primeros relatos acerca del mismo no incluyeran peces. Así, en el Evangelio Esenio de la Paz se mencionan el pan, la fruta y un cántaro de agua: «Y Jesús les ofreció el pan y la fruta y también el agua. Y comieron y bebieron y fueron saciados. Y se maravillaron, pues cada uno tuvo mucho de sobra, y había cuatro mil».

La dinámica *fluir-recibir-fluir*

Por tanto, el milagro no es la multiplicación, sino compartir... Y es un milagro de enorme calado, porque abre las puertas a que hagamos nuestra, consciente y naturalmente, la dinámica *fluir-recibir-fluir* que rige en la creación.

Cristo Jesús afirmó algo paradójico: «Porque al que tiene, se le dará más; pero al que no tiene, aun lo que tiene se le quitará» (Evangelio de Marcos, 4: 25). «Cuanto más tengas, más te será dado; y si no tienes nada, hasta lo que tienes te será quitado» (Evangelio de Mateo, 25: 29). A simple vista, no parece un mensaje muy cristiano. Pero sí lo es, rotundamente: si desde la confianza en la vida vives en la abundancia y compartes lo que tienes, la vida, de manera natural, te dará más. Sin embargo, si en vez de compartir acumulas y retienes, eso que tienes, que en realidad es muy poco, te será quitado por esa misma vida, y también de forma natural, porque las mortajas no tienen bolsillos y no podrás llevarte ningún bien material al desencarnar.

La vida es un profundo equilibrio entre echar afuera e invitar adentro. El armónico fluir de esta dinámica tiene su clave en el compartir: da y se te dará más; comparte y recibirás más. Por ejemplo, en la respiración, cuanto más espiras, más inspiras. Espira más para que se cree un vacío dentro y pueda entrar más aire. Observa que no es preciso que pienses en inspirar: espira tanto como puedas y todo tu ser inspirará. De idéntico modo, ama más y tu cuerpo recogerá energía de todo el cosmos. Crea el vacío y la energía vendrá. Y lo mismo sucede con todos los procesos de la vida... Comprende cómo funciona la vida: da más y tendrás más para dar. Comparte tus dones y talentos, tu energía, el dinero, el amor que eres, tu divinidad en cualquiera de sus manifestaciones... Comparte sin esperar nada a cambio y tu ser aumentará y la vida te dará más.

Compartir es vivir; retener, sobrevivir... Sé más amoroso y recibirás más amor. Da más y tendrás más para dar. Comparte sin esperar nada a cambio y tu ser aumentará... Compartir forma parte intrínseca del milagro que es la vida. En el llamado *milagro de los panes y los peces*, la clave es compartir.

Compartir es gozar la vida; retener, encarcelarla entre los barrotes de la ansiedad y la inquietud del ego. La vida crece en el gozo. Aquellos que comparten obtendrán más, porque cuanto más disfrutan más crecen... Haz tuya conscientemente y disfruta naturalmente la dinámica *fluir-recibir-fluir* que rige en la creación en un contexto de abundancia. Fluye compartiendo y aprende a recibir los regalos que te hace llegar la vida en todo momento...

¡Comparte!, sin dudar. Hazlo desde tu esencia, sin buscar resultados ni contrapartidas. Y la vida, mágicamente, armónicamente, te dará más...

A cada cual según sus necesidades

La creación es una naturaleza viva y divina de abundancia infinita donde la gracia y la riqueza se distribuyen entre todos los componentes que la configuran, fusionados en ella. Sin embargo, el sistema socioeconómico imperante, construido sobre una consciencia egocéntrica, concibe la vida desde la escasez (de recursos, de bienes, de energía, de amor...), y desde ahí actúa. Distribuye lo escaso según las «capacidades», en lo que es la ley del «más fuerte». Pero la creación entera es abundancia infinita y desconoce la escasez. Y esa abundancia se reparte no según la *capacidad*, pues no hay niveles conscienciales (ni dones y talentos) mejores o peores, sino en función de la *necesidad* derivada del momento concreto en el que se encuentra cada componente (desde el punto de vista biológico y de su proceso evolutivo).

Esto ha sido percibido por bastantes hombres y mujeres a lo largo de la historia, que han vivido en consonancia con esta visión no egocéntrica o han propuesto modelos sociales y económicos pensados para superar el que está vigente en la actualidad. Como modelo social «alternativo» tenemos, por ejemplo, el de los colectivos cristianos primitivos. Así se describe en Hechos de los Apóstoles (4: 32-35) el modo de vida de la comunidad: «No tenía sino un solo corazón y una sola alma. Nadie llamaba suyos a sus bienes, sino que todo era en común entre ellos [...] No había ningún necesitado, porque todos los que poseían campos o casas los vendían, traían el importe de la venta y lo ponían a los pies de los apóstoles, y se repartía a cada cual según sus necesidades». En cuanto a la formulación de modelos socioeconómicos fundamentados en ese reparto según las necesidades, valga como botón de muestra la propuesta sintetizada por Karl Marx en su *Crítica del programa de Gotha* (I, 3): «En la fase superior de la sociedad comunista [...] solo entonces la sociedad podrá escribir en su bandera: "¡De cada cual según su capacidad, a cada cual según sus necesidades!"».

DONES Y TALENTOS
Capacidades, cualidades, facultades... innatas

Compartir es muy importante cuando se trata de los dones y talentos que todos poseemos. Cada uno de nosotros tenemos los nuestros, y es esencial que los practiquemos y compartamos.

Encarnas en cada nueva vida física para desplegar unas determinadas experiencias vitales, las cuales eliges libremente en el otro plano (el llamado *cielo*, *devachán* o *plano de luz*). En ese otro plano, cuando decides qué experiencias vas a desplegar decides cuál será tu *kit de encarnación*, en el que son muy importantes los padres: los eliges sabiendo cómo son como «conductores» y en su formato de vida actual, con lo cual, al elegirlos, estás eligiendo dónde vas a nacer y el entorno socioeconómico y cultural en el que crecerás. Al escoger a los padres estás optando también por unos determinados componentes genéticos. Y dentro del kit de encarnación están los dones y talentos, que son los bastones con los que tú mismo te armas; son las herramientas que te van a permitir desplegar tus experiencias. Por lo tanto, tus dones y talentos están en estrecha relación con las experiencias que has venido a desarrollar en este plano humano y tienen que ver con tu naturaleza imperecedera: «Toda dádiva buena y todo don perfecto es de arriba, porque desciende del Padre de las luces [celeste] y con él no hay variación del giro de la sombra» (Santiago, 1: 17).

Con este telón de fondo, hay que entender los dones y talentos como aquellas capacidades, facultades, habilidades, aptitudes, facilidades, destrezas, cualidades, dotes y competencias que, en tu nueva vida física, son coherentes con las experiencias específicas que quieres desplegar en ella. Cuando estás aquí encarnado, si bien todo es divino, los dones y talentos son la expresión más acabada de tu divinidad y capacidad creadora. Por todo esto, si aún no lo has hecho, descubre cuáles son los tuyos, para ponerlos en práctica con íntimo gozo y compartirlos con los demás.

Parábola de los talentos

En este sentido, es muy significativa la parábola de los talentos que se narra en el Evangelio de Mateo (25: 14-28): «El Reino es también como un hombre que, justo antes de viajar al extranjero, mandó llamar a sus esclavos y les confió sus bienes. Le dio a uno cinco talentos, a otro dos y a otro uno, a cada uno según su capacidad, y se fue al extranjero. El que recibió los cinco talentos enseguida fue y negoció con ellos y ganó otros cinco. Igualmente, el que recibió dos ganó otros dos. Pero el que recibió solo uno se fue, cavó un hoyo en la tierra y escondió el dinero de su amo. Mucho tiempo después, el amo de aquellos esclavos vino y ajustó cuentas con ellos. El que había recibido cinco talentos se presentó con cinco talentos más y dijo: "Amo, me confiaste cinco talentos y, mira, gané otros cinco". Su amo le respondió: "¡Bien hecho, esclavo bueno y fiel! Como te encargaste fielmente de unas pocas cosas, te pondré a cargo de muchas. Ven y comparte la felicidad de tu amo". Luego se presentó el que había recibido dos talentos y dijo: "Amo, me confiaste dos talentos y, mira, gané otros dos". Su amo le respondió: "¡Bien hecho, esclavo bueno y fiel! Como te encargaste fielmente de unas pocas cosas, te pondré a cargo de muchas. Ven y comparte la felicidad de tu amo". Por último, se presentó el que había recibido un talento y dijo: "Amo, yo sabía que eres un hombre exigente, que cosechas donde no sembraste y recoges donde no aventaste. Por eso me dio miedo y fui a esconder tu talento en la tierra. Mira, aquí tienes lo tuyo". Su amo le respondió: "Esclavo malo y perezoso, ¿conque sabías que yo cosecho donde no sembré y recojo donde no aventé? Entonces tendrías que haberles llevado mi dinero a los banqueros. Así, al venir yo, lo habría recuperado con intereses". Luego dijo: "Quítenle el talento y dénselo al que tiene los diez talentos"».

Es extraño en las parábolas de Jesús que alguien sea objeto de una regañina del calibre de la que recibe el que entierra su talento. Aprovechando la unidad de medida monetaria con ese nombre procedente de Babilonia y usada en el Mediterráneo durante el periodo helenístico y en la época de las guerras púnicas, el mensaje de esta parábola está centrado en evitar que la inconsciencia, la ignorancia, la apatía o el desánimo te lleven a enterrar y no ejercer los dones y talentos que atesoras; o a utilizarlos egoístamente en tu propio beneficio, en vez de compartirlos abierta y generosamente con todos los que están a tu alrededor. Porque los dones y talentos se multiplican al compartirlos: son un tesoro que has traído al aquí y ahora desde lo que eres y se expanden al ponerlos en práctica y compartirlos en la vida diaria.

Ello guarda relación con estas otras palabras de Cristo Jesús recogidas en el Evangelio de Marcos (4: 21): «¿Acaso se trae la luz para ponerla debajo del celemín o debajo de la cama? ¿No es para ponerla sobre el candelero?». Los dones y talentos son la materialización y manifestación directa en cada cual de la presencia del Dios que es yo, cada uno, todos y todo. Y no los traes a esta encarnación para no ejercerlos o para guardarlos, o solo para tu disfrute individual o el de las personas más allegadas. Esto supondría esconder la luz de tus dones debajo del celemín o de la cama... Por tanto, descubre, practica y comparte tus dones y talentos y goza íntimamente con ello.

LAS NOCHES OSCURAS

¿Qué son?

Con la expresión *noches oscuras* se hace mención, simbólicamente, de todas y cada una de las aflicciones que pueden llegar a la vida de un ser humano. El menú es muy amplio: enfermedades propias o de seres queridos, fallecimientos de estos, graves problemas económicos, rupturas traumáticas de pareja, etc.

Son experiencias que nuestra mente rechaza y querría evitar. Sin embargo, en la vida todo tiene su sentido profundo, su porqué y su para qué. Y las noches oscuras, aunque nos puedan sumir en un profundo sufrimiento, son también movimientos sísmicos que nos impulsan:

- a hacernos preguntas que antes nunca nos habríamos hecho,
- a plantearnos temas y asuntos que antes nunca nos habríamos planteado,
- a ver películas y vídeos que antes nunca habríamos visto,
- a leer textos y libros que antes nunca habríamos leído,
- a acercarnos a personas con las que antes nunca habríamos compartido.

¿Por qué las «noches oscuras» y no los «días luminosos»?

La letra de la *Canción del elegido*, del cantautor cubano Silvio Rodríguez, plasma muy certeramente esta cuestión cuando habla de un ser de otro mundo que va de planeta en planeta y, al bajar a la Tierra, se percata inmediatamente de que aquí «lo tremendo se aprende enseguida y lo hermoso cuesta la vida».

Estamos hablando de las noches oscuras del alma sobre las que enseña san Juan de la Cruz; por ejemplo, en el poema titulado *Noche oscura*:

«¡Oh noche que guiaste!
¡Oh noche amable más que el alborada!
¡Oh noche que juntaste
Amado con amada,
amada en el Amado transformada!».

¿Por qué las «noches oscuras» y no los «días luminosos»? La mente concreta (sobre la que nos extenderemos en un apartado próximo) todo lo computa y valora desde la dualidad, como una pugna entre opuestos; jamás en clave de unidad. Por su propia naturaleza, solo es capaz de ver a través del choque entre opuestos y el contraste. En este marco, clasifica lo que tenemos alrededor como positivo o negativo (bueno o malo), y advierte con mucha mayor intensidad lo que califica como negativo que lo que valora como positivo. Por ejemplo, la mente solo se percata de la salud a través de la enfermedad. Puede que estés sano, pero si utilizas la mente para ver y entender la vida, no te darás cuenta: no lo vivenciarás, no lo insertarás en tu cotidianeidad; no experimentarás gozo por el hecho de estar sano. Tu mente no se percata de la salud, no la valora... ¡salvo cuando caes enfermo! Entonces sí: en cuanto sufras una enfermedad, por leve que sea, la mente se acordará de la salud y desearás tenerla; hasta rezarás por ella a un dios inventado por esa misma mente. Pero en cuanto sanes, olvidarás lo importante que es la salud y, de nuevo, dejarás de valorarla en tu día a día.

Es por esto por lo que tu mente no «saca jugo», para tu evolución en autoconsciencia, de las experiencias amorosas y armoniosas: porque no las computa. Tienen que aparecer la enfermedad, la desarmonía o el desamor para que sientas y percibas mentalmente la experiencia y, a partir de ahí, incida en tu proceso consciencial y valores la salud, la armonía, el amor...

A veces los «días luminosos» e incluso el éxito (como explica Mabel Collins en *Por las puertas de oro*) pueden ser factores de impulso en el sendero espiritual, pero lo cierto es que la mente atiende más a la enfermedad que a la salud.

Al hilo de lo cual, hay que recordar las bienaventuranzas («Bienaventurados los que sufren...»), y también la parábola del hijo pródigo, en la que este regresa al padre después de una larga experiencia de sufrimiento.

Sin embargo, hay que subrayar que Dios y el orden natural de la vida y la existencia no crean las noches oscuras; no las impiden, pero no las motivan: «Al estar bajo prueba, que nadie diga: "Dios me somete a prueba". Porque con cosas malas Dios no puede ser sometido a prueba, ni somete a prueba él mismo a nadie» (Santiago, 1: 13).

Numerosas experiencias de noches oscuras son elecciones del alma: de almas valientes, que no tibias. Son almas tibias las que viven entretenidas, distraídas y en medio del confort. En el Libro del Apocalipsis (3: 16) se dice: «Por eso, porque eres tibio, te vomitaré de mi boca». Toda una llamada de atención para las almas que quieren pasar por la vida física en un contexto cómodo y apacible, sin sufrir sobresaltos ni removimientos que las saquen de su hábitat de confort, lo que las lleva inevitablemente a las arenas movedizas del entretenimiento lelo, la distracción estéril y, finalmente, el vacío existencial.

El karma, esto es, las relaciones de causa-efecto procedentes de encarnaciones anteriores, puede ser el origen de noches oscuras (karma negativo) o de días luminosos (karma positivo), pero en muchos casos las noches oscuras derivan de experiencias libremente elegidas por el alma (por las almas valientes antes referidas) para evolucionar en autoconsciencia: «Al pasar, vio a un hombre ciego de nacimiento. Sus discípulos le preguntaron: "Maestro, ¿quién ha pecado, él o sus padres, para que haya nacido ciego?". "Ni él ni sus padres han pecado —respondió Jesús—; nació así para que se manifiesten en él las obras de Dios"» (Juan, 9: 1-4).

Y, por supuesto, hay que distinguir entre *karma* y *dharma*. Este último es el propósito de vida en cada nueva encarnación. El propósito general siempre es el mismo (la evolución espiritual), pero se plasma de manera particular según el nivel de autoconsciencia de cada alma y conlleva, como veíamos, un «kit de encarnación», cuyos componentes los elige la propia alma antes de encarnar: los progenitores que va a tener esa persona, el contexto socioeconómico y cultural en el que va a crecer, los dones y talentos que va a albergar, etcétera.

De Profundis y la parábola de los jornaleros contratados

A mitad de 1895, encontrándose en la cima del éxito y la fama, el poeta y dramaturgo irlandés Oscar Wilde fue declarado culpable de sodomía e indecencia grave y sentenciado a dos años de trabajos forzados. Mientras cumplía condena en la prisión de Reading, a comienzos de 1897, escribió a Alfred Douglas, su antiguo amigo y amante responsable de su desgracia, un texto epistolar, a modo de carta tan extensa como intensa, que sería publicado en 1905, cinco años después del fallecimiento de Wilde, con el título *De Profundis*, en alusión al inicio del salmo 130: «Te llamo desde las profundidades, ¡oh Dios! Escucha mi voz».

Como nos recuerda al respecto Juan Manuel de Prada, en un artículo publicado en «XL Semanal» de *ABC* con fecha 11/06/2022 e idéntico título que la epístola de Oscar Wilde, este había dejado de ser ese hedonista elegante al que tanto nos gusta rendir homenaje y se había convertido en un paria. A Wilde le tocó apurar hasta la última gota de la copa del sufrimiento, y descubrió, perplejo, que este «es el único medio por el que somos conscientes de existir».

Wilde pudo soportar ese sufrimiento gracias a un gran depósito de amor que encontró dentro de sí, muy diferente de la pasión y el deseo intensos que había experimentado con anterioridad. Acudiendo a él pudo perdonar a Douglas y, cual «hijo pródigo», pudo arrepentirse de su anterior vida mundana. De pronto, perdió interés por cualquier tipo de placer, y no le importó la perspectiva de vivir en la miseria (en efecto, murió indigente en París en noviembre de 1900, a la edad de cuarenta y seis años) mientras estuviese libre «de resentimiento, dureza y acritud». Había comprendido que «no hay nada en el mundo que carezca de sentido», lo cual incluía, de forma destacada, el sufrimiento.

Como sigue indicando José Manuel de Prada, Oscar Wilde ve en el dolor «una revelación» que le permite descubrir cosas de sí mismo; se da cuenta de que el dolor es «la emoción suprema de que el hombre es capaz» y lo vincula a «todo gran Arte». En su autodescubrimiento, Wilde confiesa que el peor error que sostuvo a lo largo de su vida fue el de querer saborear exclusivamente los frutos del «lado soleado del jardín».

En su experiencia de soledad y amargura, Wilde se encuentra ni más ni menos que con el gran maestro que había afirmado que todas las desgracias que les ocurren a los demás le ocurren a él también: Cristo Jesús. Wilde dedica unas páginas bellísimas a su reconciliación con Jesús; afirma que, en contacto con él, los pecados dejan de experimentarse como algo feo, y que se descubre el lado bello del dolor.

Abandonado como un despojo, Wilde sabe, sin embargo, que Cristo Jesús lo ama, y que le da la posibilidad de percibir todo su salario a pesar de haberse incorporado muy tarde al trabajo (en la viña, en referencia a la parábola de los jornaleros contratados, que se reproduce un poco más abajo). La condición es que debe arrepentirse de lo que ha hecho. Y Wilde comprende muy bien el papel del arrepentimiento: «... el momento más alto de un ser humano es cuando se arrodilla en el polvo y se golpea el pecho y reconoce todos los pecados de su vida». Y afirma: «Claro que el pecador ha de arrepentirse. Pero ¿por qué? Sencillamente porque de otro modo no podría comprender lo que ha hecho. El momento del arrepentimiento es el momento de la iniciación. Más que eso. Es el medio por el que uno altera su pasado». Y profundiza en esta última idea dirigiéndose al que había sido su amante: «No te dé miedo el pasado. Si te dicen que es irrevocable, no lo creas. El pasado, el presente y el futuro no son sino un momento a la vista de Dios, a cuya vista debemos tratar de vivir [...]. Lo que tengo ante mí es mi pasado. He de conseguir mirarlo con otros ojos, hacer que Dios lo mire con otros ojos».

Esta es la parábola de los jornaleros contratados a la que se ha hecho referencia: «Porque el Reino de los Cielos es como el dueño de una propiedad que salió muy temprano por la mañana para contratar trabajadores para su viña. Después de ponerse de acuerdo con los trabajadores en que les pagaría un denario al día, los envió a su viña. Cerca de la hora tercera volvió a salir y vio en la plaza del mercado a otros que estaban allí de pie sin trabajo. Así que les dijo: "Vayan también ustedes a la viña, que les pagaré lo que sea justo". Y ellos fueron. Él salió de nuevo cerca de la hora sexta, y también de la hora novena, y volvió a hacer lo mismo. Finalmente, salió cerca de la hora undécima y encontró a otros más que estaban allí parados, así que les preguntó: "¿Por qué han estado aquí todo el día sin trabajo?". Le contestaron: "Porque nadie nos ha contratado". Él les dijo: "Vayan ustedes también a la viña". Cuando anocheció, el dueño de la viña le dijo a su encargado: "Llama a los trabajadores y págales. Empieza por los últimos y termina por los primeros". Cuando se presentaron los trabajadores de la hora undécima, cada uno de ellos recibió un denario. Por eso los primeros, cuando se presentaron, esperaban recibir más, pero a ellos también se les pagó un denario. Al recibirlo, empezaron a quejarse del dueño de la propiedad y le dijeron: "¡Estos últimos han trabajado apenas una hora y tú los tratas igual que a nosotros, que hemos soportado el peso del día y el calor abrasador!". Pero él le respondió a uno de ellos: "Amigo, yo no me he portado mal contigo. Quedamos en que te pagaría un denario, ¿no es cierto? Toma lo tuyo y vete. Quiero darle al último lo mismo que a ti. ¿Acaso no tengo derecho a hacer lo que quiera con lo que es mío? ¿O es que tienes envidia porque soy generoso con ellos?". Así, los últimos serán primeros y los primeros serán últimos» (Mateo, 20: 1-16).

Dar un paso más

Por todo lo expuesto, el sufrimiento juega un papel sobresaliente como resorte que nos impele y estimula en el sendero espiritual.

Sin embargo, si nos quedáramos aquí, no habríamos culminado el hermoso camino de consciencia que el sufrimiento posibilita y facilita. Hay que dar un paso al respecto. Quizá nuestra mente lo califique de inverosímil, pero es el que aporta la auténtica plenitud.

Para entenderlo adecuadamente, debemos saber cómo se interrelaciona el sufrimiento con los estadios de nuestra evolución consciencial:

- Muchas personas se posicionan ante el sufrimiento rechazándolo. Estas personas se encuentran en un estadio de evolución consciencial primario, prácticamente instintivo, en el que no es posible concebir que las aflicciones puedan tener algún tipo de significado profundo. Lo único que quieren es evitar el sufrimiento por todos los medios, y viven en completa oposición a él. Paradójicamente, esta postura genera aún más sufrimiento, pues es inevitable que lleguen situaciones de aflicción a la propia vida, y el hecho de rechazarlas solo sirve para experimentar un pesar y una tribulación aún mayores.

- Si se da un paso adelante en la evolución consciencial y se deja atrás el rechazo, se arriba a la resignación. Es lo que enseñan diversas religiones dogmatizadas: la conformidad y la paciencia ante las adversidades. En realidad, la persona las sigue rechazando, pero como se da cuenta de que no puede esquivarlas, decide aguantar estoicamente. Ciertamente, con esta actitud se empieza a percibir que el sufrimiento puede tener un sentido profundo, pero este suele asociarse a la culpa y al castigo.

- En el tercer estadio, se pasa de la resignación a la comprensión del papel que tienen las noches oscuras en la propia vida como factor de impulso consciencial. Esto es lo que hemos venido exponiendo. Y representa, sin duda, un gran salto evolutivo, pues conlleva la superación del rechazo al sufrimiento. Ahora bien, debemos percatarnos de que todavía se mantiene un juicio negativo hacia él: la propia expresión *noche oscura* lo pone de manifiesto.

• Finalmente, el salto anterior nos coloca a las puertas del último estadio evolutivo con relación al sufrimiento. Su fundamento es que dejamos de contemplar la vida sobre la base de la dualidad; es decir, dejamos de concebir que hay días luminosos y noches oscuras. De este modo, tiramos la balanza del juicio que hasta ese momento habíamos llevado inconscientemente en la mano para juzgar las distintas situaciones de la vida. Ahora, experimentamos todas las vivencias sin etiquetarlas mentalmente como positivas o negativas, sin atribuirles color alguno. Mantenemos una actitud de confianza en la vida frente a todas ellas, agradecemos lo que nos aportan y consolidamos una felicidad que ya no depende de las circunstancias externas, sino que se encuentra arraigada en nuestro ser más auténtico: esta felicidad es nuestro estado natural. La dualidad bien-estar/mal-estar desaparece, pues ahora es el Ser el que guía nuestra vida.

Con relación a esto último, podemos poner como ejemplo suave la postura del ser humano frente al tiempo atmosférico: los medios de comunicación insisten, en sus pronósticos meteorológicos, en indicar que nos espera «buen tiempo» (días soleados, con temperaturas agradables...) o «mal tiempo» (días fríos, lluviosos...). Pero el tiempo es el que es. Es una locura andar por la vida enjuiciando cada día en función del tiempo que hace... Si hace frío, basta con que nos abriguemos; si hace calor, basta con que vayamos ligeros de ropa. Del mismo modo, hay que vivir el aquí-ahora abiertos a las «circunstancias meteorológicas» que sean, que siempre debemos hacernos nuestras con la mejor disposición, porque son expresión de la diversidad de la vida y del menú de experiencias que nos proporciona esta.

Este hondo discernimiento sobre el sufrimiento subyace en estas palabras de Cristo Jesús: «Si alguien quiere ser mi seguidor, que renuncie a sí mismo, que tome su cruz y me siga constantemente» (Mateo, 16: 24). De esto se trata: de que dejemos de aferrarnos al pequeño yo, de que vivamos todas las experiencias del día a día sin juzgarlas, de que no nos estanquemos en ninguna de ellas y de que despleguemos una práctica de vida consciente y coherente con nuestro verdadero ser.

LA MENTE ABSTRACTA: SU PROTAGONISMO

Mente concreta o inferior y mente abstracta o superior

El plano mental humano cuenta con dos grandes niveles: el inferior o mente concreta y el superior o mente abstracta.

La mente concreta se ocupa de lo ordinario, rutinario y cotidiano, como la agenda diaria y el lenguaje. Por eso funciona automáticamente, sin necesidad de ponerla en marcha. Debido a esto, tampoco sabemos cómo pararla y puede convertirse en la «loca de la casa» (así la denominó santa Teresa de Jesús).

La mente abstracta, por su parte, es el nivel mental capacitado para ocuparse de los asuntos y temas transcendentes, en sentido amplio: las ciencias, las artes, la filosofía y la espiritualidad. Debido a ello, solo entra en funcionamiento cuando traemos este tipo de contenidos a nuestra vida; en caso contrario, está ahí, pero es como si no estuviera. Además, la mente abstracta se expande al utilizarla; se abre y ensancha así *antakarana*, que es el puente que conecta esta mente con la concreta.

Uso y expansión de la mente abstracta: la lluvia sagrada

Cuando la mente abstracta se utiliza con frecuencia y se expande y antakarana se abre y despliega, el ser humano empieza a recibir una especie de «lluvia sagrada», proveniente de la dimensión álmico-espiritual. Esta «lluvia» trae consigo «regalos» como la percepción de las pautas y patrones de la vida, lo que hace que tengamos más confianza en ella, que gocemos de mayor discernimiento y que recibamos la denominada *gracia*. Esta última es la felicidad incausada que no depende de circunstancias externas y es el estado natural de nuestro ser: es el estado de *ananda* o bienaventuranza que enseña el budismo; o

135

shanti, la paz profunda del hinduismo. En cuanto al discernimiento, se ahondará en él seguidamente.

En este contexto y como se apuntó en las páginas introductorias, Cristo Jesús llama a utilizar y expandir la mente abstracta y a hacerlo con perseverancia: «Sigan pidiendo y se les dará; sigan buscando y hallarán; sigan llamando [a la puerta] y se les abrirá» (Mateo, 7: 7). Para ello, tenemos que poner al servicio de lo transcendente nuestras facultades intelectivas superiores siguiendo el hilo conductor que es la búsqueda de la verdad. Por eso, Cristo Jesús (Juan, 8: 31-32) nos convoca con rotundidad a conocer la Verdad y asegura, además, que será la verdad la que nos hará libres. Es más, indica que «para esto he nacido y para esto he venido al mundo: para dar testimonio de la verdad» (Juan, 18: 37). A partir de ahí, nos señala que esa verdad está a nuestro alcance, y nos invita a buscarla y hacerla nuestra: «... buscad y hallaréis, llamad y se os abrirá» (Lucas, 11: 5-13).

Hay que tener muy presente que Cristo Jesús no apela a estados alterados de consciencia, ni a rituales o ceremonias, sino a la mente abstracta: «... que con tu oído prestes atención a la sabiduría para que inclines tu corazón al discernimiento. Si, además, clamas por el entendimiento mismo y das tu voz por el discernimiento mismo; si sigues buscando esto como a la plata, y como a tesoros escondidos sigues en busca de ello, en tal caso [...] hallarás el mismísimo conocimiento de Dios» (Proverbios, 2: 2-5). El «examinar con cuidado» que se menciona en Hechos de los Apóstoles (17: 11) también tiene que ver con el uso de la mente abstracta.

De nosotros depende utilizar la mente abstracta y expandirla, y, así, traer lo transcendente a nuestra vida diaria. Esta mente está plenamente incorporada al consciente colectivo humano, lo cual hace que lo tengamos fácil para hacer que esté presente en nuestra vida. Esta incorporación la efectuaron grandes almas que encarnaron en el género humano en los siglos previos al nacimiento de Jesús de Nazaret, a lo largo de la denominada Era Axial (profundizaremos en este periodo histórico, y en sus repercusiones, en el capítulo siete).

Parábola del sembrador y discernimiento

El discernimiento es crucial para avanzar por el sendero espiritual porque transforma lo que era una creencia en vivencia, en experiencia directa; porque implica saber cosas sin saber cómo se saben; y porque conlleva la capacidad de distinguir la fantasía de la realidad.

Siendo el discernimiento fruto del uso y la expansión de la mente abstracta, conviene acudir a la parábola del sembrador, que se encuentra en los tres evangelios sinópticos (en Mateo, 13: 1-9, Lucas, 8: 4-8 y Marcos, 4: 3-9): «El sembrador salió a sembrar. Mientras sembraba, parte de la semilla cayó al borde del camino, y vinieron los pájaros y se la comieron. Otra parte cayó en terreno rocoso, donde no tenía mucha tierra, y brotó en seguida porque la tierra era poco profunda; pero cuando salió el sol, se quemó y, por falta de raíz, se secó. Otra cayó entre las espinas; estas crecieron, la sofocaron, y no dio fruto. Otros granos cayeron en buena tierra y dieron fruto: fueron creciendo y desarrollándose, y rindieron ya el treinta, ya el sesenta, ya el ciento por uno. –Y decía–: ¡El que tenga oídos para oír, que oiga!».

Estas tierras diferentes reflejan distintos estados de consciencia y la mayor o menor presencia del discernimiento. Con relación a esto, conviene recordar la escena de la liberación de Barrabás. En ella, la multitud, buena parte de la cual había aclamado pocos días antes a Jesús en su entrada triunfal a Jerusalén a lomos de un pollino, pide a gritos su crucifixión influida por los sumo sacerdotes. Esta escena pone de manifiesto que cuando la semilla cae en terreno rocoso, por falta de raíz se seca: «En cada fiesta, Pilato ponía en libertad a un preso, a elección del pueblo. Había en la cárcel uno llamado Barrabás, arrestado con otros revoltosos que habían cometido un homicidio durante la sedición. La multitud subió y comenzó a pedir el indulto acostumbrado. Pilato les dijo: "¿Quieren que les ponga en libertad al rey de los judíos?". Él sabía, en efecto, que los sumo sacerdotes lo habían entregado por envidia. Pero los sumo sacerdotes incitaron a la multitud a pedir la libertad de Barrabás. Pilato continuó diciendo: "¿Qué quieren que haga, entonces, con el que ustedes llaman rey de los judíos?". Ellos gritaron de nuevo: "¡Crucifícalo!". Pilato les dijo: "¿Qué mal ha hecho?". Pero ellos gritaban cada vez más fuerte: "¡Crucifícalo!". Pilato, para contentar a la multitud, les puso en libertad a Barrabás; y a Jesús, después de haberlo hecho azotar, lo entregó para que fuera crucificado» (Marcos, 15: 6-15).

En relación con el discernimiento hay que insistir en estas contundentes palabras de Pablo de Tarso, citadas ya en la Introducción de este libro: «Tenemos mucho que decir acerca de Cristo Jesús, pero es difícil de explicar, porque ustedes se han vuelto lentos para entender. Pues, aunque a estas alturas ya deberían ser maestros, de nuevo necesitan que alguien les enseñe desde el principio las cosas elementales de las declaraciones sagradas de Dios. Vuelven a necesitar leche en vez de alimento sólido. Y el que sigue alimentándose de leche no conoce la palabra de la justicia, porque es un niño pequeño. En cambio, el alimento sólido es para personas maduras, para las que con la práctica han entrenado su capacidad de discernimiento» (Hebreos, 5: 11-14).

El síndrome del ajedrecista

Tenemos que hacer una consideración más en torno a la mente abstracta, y es que, al utilizarla, corremos el riesgo de caer en lo que podríamos llamar el *síndrome del ajedrecista*.

Nos vemos afectados por este «síndrome» cuando el hecho de usar la mente abstracta, lo que implica su expansión, no evita que quede atrapada por el ego y pase a estar al servicio de este. Recordando lo enunciado páginas atrás, salimos del camino de la sencillez y caemos en las arenas movedizas del orgullo, el engreimiento y la soberbia de los «sabios y entendidos».

Acudiendo a palabras de Pablo de Tarso, esto es como empezar por el Espíritu para acabar en la carne: «¡Oh gálatas insensatos! ¿Quién os fascinó para no obedecer la verdad, a vosotros ante cuyos ojos Jesucristo fue ya presentado claramente como crucificado? Esto solo quiero saber de vosotros: ¿recibisteis el Espíritu por las obras de la ley, o por el oír con fe? ¿Tan necios sois? Habiendo comenzado por el Espíritu, ¿ahora vais a acabar por la carne? ¿Tantas cosas habéis padecido en vano?, si es que realmente fue en vano. Aquel, pues, que os suministra el Espíritu, y hace maravillas entre vosotros, ¿lo hace por las obras de la ley, o por el oír con fe?» (Gálatas, 3: 1-5).

Capítulo 5

AFINIDAD ÁLMICA, FIN DEL MIEDO A LA MUERTE, LA FUERZA DEL PARÁCLITO Y LA EXPLOSIÓN DEL AMOR

LA AFINIDAD ÁLMICA: PRIORIDAD SOBRE LOS LAZOS FAMILIARES

Afinidad álmica y Amistad

La afinidad álmica es la amistad no en el sentido que está en boga hoy en día, sino tal como la han entendido generalmente las principales escuelas espirituales y filosóficas a lo largo de la historia de la humanidad.

Actualmente, la forma en que se suele entender la amistad se corresponde con la primera acepción que da para este vocablo el *Diccionario de la lengua española* de la RAE: «Afecto personal, puro y desinteresado, compartido con otra persona, que nace y se fortalece con el trato»; a menudo hay unas aficiones y unos gustos comunes, y las personas unidas por la amistad pueden tener la inclinación de compartir parte de su tiempo libre y sus actividades de ocio.

Sin embargo, para las escuelas mencionadas, la amistad tiene que ver con la cuarta de las acepciones que el *Diccionario* recoge: «Afinidad, conexión entre cosas», aunque es necesario efectuar una pequeña modificación para subrayar el papel del alma al respecto: «Afinidad y conexión entre almas».

Es el papel del alma lo que hace que la llamada *sabiduría primordial y perenne*, configurada históricamente por las aportaciones de las escuelas citadas, se centre en la Amistad con mayúscula, y la defina como *afinidad* álmica entre personas.

Características principales

De este modo, la Amistad o afinidad álmica tiene cinco características principales:

- La existencia de una íntima similitud o semejanza consciencial, con la consiguiente resonancia vibratoria. Esto, además, distingue la afinidad álmica de los pactos de amor entre almas, de los que también se ocupa la sabiduría primordial, puesto que tales pactos pueden darse entre almas con grados conscienciales y vibratorios diferentes y, por tanto, entre las que no existe afinidad.
- La predisposición espontánea entre las personas que la experimentan a apoyarse en el *labor-into* de cada una, es decir, a acompañarse y enriquecerse mutuamente en sus procesos conscienciales.
- La propensión a colaborar y cooperar en creaciones, iniciativas y proyectos con los que plasman parte de sus aspiraciones álmicas y que constituyen oportunidades de sacar lo mejor de cada uno y ponerlo al servicio de los demás.
- La posible llegada a la vida de cada cual de personas con las que se tiene afinidad álmica se produce de manera natural y, por ende, no hay que buscarla ni ansiarla. Puede acontecer una o varias veces y con personas distintas a lo largo de la vida física, pero siempre cuando corresponde exactamente y en el momento preciso en el marco del sendero espiritual que están recorriendo las almas encarnadas que experimentan la afinidad.
- La afinidad álmica no conlleva emociones de enamoramiento ni relaciones de perfil sexual, aunque a veces estos aspectos pueden

surgir entre personas que viven esta afinidad desde el Amor (que es mucho más que el enamoramiento) y la conexión sexual (que va más allá del deseo erótico y el simple fluir de la libido).

La prioridad de la afinidad álmica en nuestra vida

Tomadas en conjunto, las consideraciones que acabamos de realizar nos llevan a concluir que la afinidad álmica, con todo lo que implica, ha de ser la prioridad en nuestra vida si queremos avanzar en el proceso consciencial, en lugar de serlo las relaciones de tipo familiar, a las que suele dar tanto protagonismo la gente.

Con esta reflexión no pretendemos cuestionar la significación que en la vida de las personas tienen la familia y las relaciones familiares, muy importantes sin duda. Y no se puede olvidar que las almas, cuando van a encarnar, eligen a los que serán sus progenitores.

Las relaciones familiares

Ahora bien, en las relaciones familiares lo que priman son los lazos generados desde la apariencia del ser humano, esto es, desde el componente físico del pequeño yo: lo genético, lo sanguíneo, el parentesco... Y ojo con esto, porque muy a menudo, casi sin darnos cuenta, tales lazos nos enredan en vínculos que tienen estas características:

- Son estrictamente tribales, aunque se subliman emocionalmente para reinterpretarlos de otra manera.
- Dicho tribalismo origina la tendencia a sentirse muy ligado a un grupo de gente, al que se dice «pertenecer», y a situar a un nivel inferior al resto de los congéneres, entre los que están encarnadas las almas afines ajenas al propio entorno familiar.
- Nos introducen en una maraña de convenciones, celebraciones y eventos sociales que promueven la distracción estéril y el entretenimiento lelo a los que ya nos hemos referido.

Las relaciones familiares tienen su sitio en nuestra vida y sería absurdo poner en cuestión su gran relevancia. Pero desde un punto de vista espiritual y consciente, no pueden ser la prioridad, pues esta debe otorgarse a lo que nos ayuda a vivir más en coherencia con lo que somos y a avanzar por el sendero espiritual y, en última instancia, en la experiencia de Dios. Uno de los elementos que se inscriben en esta categoría es la Amistad, o afinidad álmica, con ciertas personas ajenas al ámbito familiar.

Las enseñanzas al respecto de Cristo Jesús

Determinados aspectos, fundamentales, de las enseñanzas de Cristo Jesús son difíciles de encajar en un modelo familiar basado en los vínculos legales y de sangre. Para él, efectivamente, las relaciones familiares (con padres, hermanos, etc.) no son lo decisivo. De hecho, en los evangelios hay muestras de que su vida familiar no fue idílica: sus padres «no comprendieron lo que les decía», se hace constar en el Evangelio de Lucas, 2: 50. En ocasiones, incluso, sus familiares se comportaron despectivamente con él: «Volvió a casa y de nuevo se reunió tanta gente que no podían ni comer. Sus parientes, al enterarse, fueron para llevarse a Jesús, pues decían que estaba trastornado» (Marcos, 3: 20-21). Pero no fueron estas circunstancias las que le motivaron a considerar que las relaciones familiares debían estar, a lo sumo, en segundo plano. Lo que le llevó a ello fue la rotunda prioridad que dio al tipo de conexión basada en la afinidad álmica. Así lo reflejan un mínimo de seis y repetitivos fragmentos de los evangelios:

* «¿Quién es mi madre y quiénes son mis hermanos? —Señalando a sus discípulos, Jesús dijo—: Estos son mi madre y mis hermanos. El que cumple la voluntad de mi Padre del cielo, ese es mi hermano, mi hermana y mi madre» (Mateo, 12: 48-50). (En la segunda parte del texto veremos con algo más de detalle el asunto de los hermanos de Jesús).

- «La gente estaba sentada a su alrededor y le decían: "Tu madre y tus hermanos están fuera y te buscan". Jesús les respondió: "¿Quiénes son mi madre y mis hermanos?". Mirando a los que estaban sentados a su alrededor dijo: "Estos son mi madre y mis hermanos. El que cumple la voluntad de Dios, ese es mi hermano, mi hermana y mi madre"» (Marcos, 3: 32-35).
- «Le comunicaron: "Tu madre y tus hermanos están fuera y quieren verte". Jesús respondió: "Mi madre y mis hermanos son los que escuchan la palabra de Dios y la practican"» (Lucas, 8: 20-21).
- «Todo el que hace la voluntad de Dios es mi hermano y mi hermana y mi madre» (Marcos, 3: 35).
- «... una mujer entre la multitud alzó la voz: "Dichoso el seno que te llevó y los pechos que te amamantaron". Pero Jesús dijo: "Mas bien, dichosos los que escuchan la palabra de Dios y la practican"» (Lucas, 11: 27-28).
- «Otro de sus discípulos le dijo: "Señor, permíteme que vaya antes a enterrar a mi padre". Pero Jesús le respondió: "Sígueme, y deja que los muertos entierren a sus muertos"» (Mateo, 8: 21-22).

Castidad: su significado

Es en este marco de prioridad de los lazos álmicos por encima de los lazos de sangre en el que se encuadra la castidad, que el cristianismo y otras muchas tradiciones espirituales ensalzan como valor en la práctica de vida.

Por tanto, la castidad no tiene nada que ver con el rechazo de la sexualidad ni con la culpa asociada a esta y al cuerpo, por más que las religiones dogmatizadas potencien, erróneamente, estas posturas, a la vez que entronizan las relaciones familiares y olvidan la Amistad o afinidad álmica.

La sexualidad no es pecaminosa de por sí, y tiene su sitio en la vida humana; desde luego, siempre que no se caiga en obsesiones que, con el telón de fondo del consumismo y la promiscuidad, lleven a cosificar a las otras personas como instrumento de satisfacción de los propios deseos pasionales. Y la castidad no es opuesta a la sexualidad, sino que conlleva la renuncia voluntaria a la descendencia, al linaje, para poder centrarse más plenamente en lo realmente importante: la transformación interna. Tenemos que enfocarnos en nacer de nuevo para ser nuestra mejor versión al servicio de los demás y de la vida.

EL FIN DE LA IDENTIFICACIÓN CON EL PEQUEÑO YO Y DEL MIEDO A LA MUERTE

La vida es un continuo

Dado que nacer de nuevo representa morir a una vida cuyo centro de mando está en el coche para resucitar a otra regida por el conductor, una de las consecuencias inmediatas del nacer de nuevo es la desidentificación respecto del pequeño yo. Dejamos de estar fascinados por él y aferrados a él, lo cual tiene unos impactos directos y extraordinarios en nuestra vida. Uno especialmente potente es el fin del miedo a la muerte. Y como el miedo a la muerte implica miedo a la vida, al dejar de temer la muerte dejamos de temer la vida también.

Cristo Jesús reitera en su magisterio que la muerte no existe, que es un imposible, un fantasma de la imaginación humana. La vida es un continuo y se extiende sin interrupciones: de la habitación de la vida en el plano físico pasamos, a través de ese corredor que es el tránsito, a la habitación de la vida en el plano de luz. El plano físico es el de la siembra, y el plano de luz es el de la cosecha: en él, conseguimos más aceite para echar en la lámpara. Pero la cantidad de aceite será muy poca si, estando encarnados, hemos sembrado «piedras», es decir, si en nuestra vida han predominado los actos egoicos de frecuencia vibratoria densa. Al cabo de un tiempo, volveremos a encarnar disponiendo del aceite que hayamos cosechado.

Nadie viene a este plano físico para quedarse en él. Y nadie lo abandona sino cuando corresponde exactamente, ni antes ni después, en función de las experiencias que decidió desplegar.

Cuando vivimos desde el conductor, ya no albergamos el miedo a la muerte que provoca el miedo a la vida y la desconfianza hacia esta, al verla como una francotiradora que puede darnos el gran susto en cualquier momento. Al vivir desde el conductor, tampoco hay lugar para el absurdo anhelo de que las almas encarnadas en nuestros seres queridos se vayan de este mundo después de la nuestra, para evitar sufrir nosotros y para nuestra propia conveniencia. ¡Esta postura refleja un egoísmo descomunal! Cada alma tiene su camino y sus experiencias a desarrollar; y, en este marco, desencarna cuando corresponde. Es imperativo, por lo tanto, que mostremos consideración y respeto por el camino consciencial y evolutivo de estas almas (y de todas las demás almas encarnadas, por supuesto).

No probar la muerte

Además, a aquellos que fraguan el nacer de nuevo y viven en coherencia con sus enseñanzas, Cristo Jesús les indica que no «probarán la muerte» antes de que el Reino de Dios sea establecido: «Les aseguro que algunos de los que están aquí de ninguna manera probarán la muerte sin antes ver el Reino de Dios ya establecido» (Evangelio de Marcos, 9: 1; también Lucas, 9: 27 y Mateo, 16: 28).

Esto significa que, en el proceso de reencarnaciones, tras cada fallecimiento físico y el discurrir por el tránsito, el plano de luz y el retorno al plano material, estas almas mantendrán plenamente la consciencia: experimentarán cada una de estas etapas estando vivas, esto es, discerniendo perfectamente lo que es y supone cada una de estas fases en el despliegue de la vida como un continuo.

RECIBIR LA FUERZA DEL PARÁCLITO

El Espíritu de la Verdad brilla cada vez más

Otra de las consecuencias del nacer de nuevo es que la persona que lo experimenta recibe la fuerza del Paráclito, del Espíritu de la Verdad, del Espíritu que, siendo uno, está en cada uno.

Ciertamente, como se explicó en el primer capítulo, el Paráclito no aporta nuevas verdades con relación a las enseñanzas de Cristo Jesús. Ahora bien, enmarcándose siempre en ellas, hace posible una mayor penetración y un mejor entendimiento de las mismas: «Pero la senda de los justos es como la luz brillante de la mañana, que brilla cada vez más hasta que es pleno día» (Proverbios, 4: 18).

El lavatorio de pies

Esta «brillantez» progresiva exige limpieza espiritual, a propósito de lo cual hay que rememorar el lavatorio de pies de los discípulos llevado a cabo por Cristo Jesús en la última cena: «... sabiendo Jesús que el Padre había puesto todo en sus manos y que él había venido de Dios y volvía a Dios, se levantó de la mesa, se sacó el manto y tomando una toalla se la ató a la cintura. Luego echó agua en un recipiente y empezó a lavar los pies a los discípulos y a secárselos con la toalla que tenía en la cintura» (Juan, 13: 3-5).

Esta escena suele interpretarse como ejemplo de humildad por parte de Jesús y de que él no encarnó para servirse, sino para dar servicio. Mas, siendo esto cierto, contiene también un mensaje potente sobre la importancia de la pureza derivada del nacer de nuevo y sobre el hecho de que la vida posterior al nacer de nuevo tiene que estar regida por la autenticidad y la impecabilidad.

Esto se puede entender mejor si conectamos el lavatorio mencionado con otras dos situaciones. Una de ellas es el lavado de pies que el propio Jesús le hace a una mujer calificada como pecadora (Lucas, 7: 36-50), que la Iglesia católica ha identificado durante siglos, de manera torticera, con María Magdalena. La otra situación hace referencia a otra María que escucha la palabra de Cristo Jesús postrada a sus pies (esta otra María sí que es, probablemente, María Magdalena, y es, junto con Marta, hermana de Lázaro). Esta postración indica acercamiento y atención a lo realmente sobresaliente en el ser humano, que es su esencia divina, magistralmente plasmada en vida por Jesús: «Mientras iban caminando, Jesús entró en un pueblo, y una mujer que se llamaba Marta lo recibió en su casa. Tenía una hermana llamada María, que sentada a los pies del Señor, escuchaba su Palabra. Marta, que estaba muy ocupada con los quehaceres de la casa, dijo a Jesús: "Señor, ¿no te importa que mi hermana me deje sola con todo el trabajo? Dile que me ayude". Pero el Señor le respondió: "Marta, Marta, te inquietas y te agitas por muchas cosas. Sin embargo, una sola es necesaria. María eligió la mejor parte, que no le será quitada"» (Lucas, 10: 38-42). Este pasaje, desde una perspectiva complementaria de la expresada, muestra igualmente la vida contemplativa, representada por María, frente a la vida activa, simbolizada por Marta. Lo mismo se refleja bellamente, por ejemplo, en esa joya literaria de la meditación cristiana que es *La nube del no saber*, texto anónimo inglés del siglo XIV centrado en la contemplación y en esa «nube» en la que el alma se une a Dios, «la amada en el Amado transformada» en palabras de Juan de la Cruz.

Reconocimiento de la divina presencia

Al lavar los pies a sus discípulos, Jesús muestra que eso que María percibe en él, la presencia divina, también él lo está viendo en sus discípulos. Es verdad que lo ve de la misma manera en los demás seres humanos, pero, en el caso de sus discípulos, de un modo muy especial. Y es que dicha presencia estaba más patente y viva en ellos, al haberlo acompañado y haber recibido directamente sus enseñanzas. Sin duda, el discipulado había alentado el nacer de nuevo en ellos (la resurrección en vida, una autotransformación profunda).

El lavatorio mencionado también anuncia lo que tendrá lugar con posterioridad a la muerte y resurrección de Jesús en el llamado Pentecostés,* cuando todos los discípulos quedarán «llenos del Espíritu Santo» (Hechos de los Apóstoles, 2: 4).

---

* En su etimología griega, la palabra *pentecostés* significa *quincuagésimo*: el día cincuenta del tiempo de Pascua y con el que esta culmina.

LA EXPLOSIÓN DEL AMOR

Al Amor nos convoca

La vida y la obra de Cristo Jesús suponen la plasmación del Amor con mayúscula a través de un servicio total y completo a la vida, nunca a sí mismo: lo vemos totalmente alineado con el sentido de la vida (muestra sensatez); nunca lo vemos en oposición a la vida (lo cual sería una muestra de insensatez). Esto quedó plenamente de manifiesto en su dedicación a los demás, al compartir de corazón su maestría; en la atención que brindó a los enfermos, afligidos, desfavorecidos y marginados; y en la explosión del Amor mismo que manifestó al entregar su propia vida física.

Y es al Amor a lo que nos convoca, situándolo como el nuevo mandamiento: «Les doy un nuevo mandamiento: que se amen unos a otros; que, así como yo los he amado, ustedes se amen unos a otros. De este modo todos sabrán que ustedes son mis discípulos: si se tienen amor unos a otros» (Juan, 13: 34-35).

No en balde, Dios es Amor y el amor es el vínculo de la unión con Él: «Dios es amor; y el que permanece en el amor, se mantiene en unión con Dios y Dios se mantiene en unión con él» (Primera Carta de Juan, 4: 16). Esta visión no tiene nada que ver con la versión de Yahveh o Jehová que aparece en ciertos pasajes del Antiguo Testamento y que, tal vez debido a la influencia de otras culturas geográficamente cercanas, lo muestran como un Dios pendenciero y hasta belicoso.

Y el Amor no es un sentimiento, una emoción o algo intelectual. San Juan de la Cruz dejó constancia de esto de forma muy bella en su *Cántico espiritual* al subrayar que el amor, si de verdad lo es, es una práctica de vida: «Mi alma se ha empleado, / y todo mi caudal en su servicio; [...] que ya solo en amar es mi ejercicio». Esto nos lleva a tratar el tema del amor al prójimo como a uno mismo; y cerraremos este capítulo, y esta parte del libro, con el «Himno al amor» de san Pablo.

Amor al prójimo y amor a uno mismo

«"Maestro, ¿cuál es el gran mandamiento en la ley?". Jesús le dijo: "Amarás al Señor tu Dios con todo tu corazón, y con toda tu alma, y con toda tu mente. Este es el primero y el más grande de los mandamientos. Y el segundo es semejante: amarás a tu prójimo como a ti mismo. De estos dos mandamientos dependen toda la ley y los profetas"» (Mateo, 22: 36-40).

Del mandamiento mismo se desprende que aquel que no se ama a sí mismo, en el sentido del compromiso con lo que realmente somos que se abordó en capítulos precedentes, no puede amar al prójimo. Ese teórico amor será una ficción, puro voluntarismo. Si tienes que amar al prójimo como a ti mismo, está claro que si a ti mismo te amas cero, amarás cero al prójimo también.

El «Himno al amor»

«Aunque yo hablara todas las lenguas de los hombres y de los ángeles, si no tengo amor, soy como una campana que resuena o un platillo que retiñe.

»Aunque tuviera el don de la profecía y conociera todos los misterios y toda la ciencia, aunque tuviera toda la fe, una fe capaz de trasladar montañas, si no tengo amor, no soy nada.

»Aunque repartiera todos mis bienes para alimentar a los pobres y entregara mi cuerpo a las llamas, si no tengo amor, no me sirve para nada.

»El amor es paciente, es servicial; el amor no es envidioso, no hace alarde, no se envanece, no procede con bajeza, no busca su propio interés, no se irrita, no tiene en cuenta el mal recibido, no se alegra de la injusticia, sino que se regocija con la verdad.

»El amor todo lo disculpa, todo lo cree, todo lo espera, todo lo soporta.

»El amor no pasará jamás. Las profecías acabarán, el don de lenguas terminará, la ciencia desaparecerá; porque nuestra ciencia es imperfecta y nuestras profecías, limitadas.

»Cuando llegue lo que es perfecto, cesará lo que es imperfecto.

»Mientras yo era niño, hablaba como un niño, sentía como un niño, razonaba como un niño, pero cuando me hice hombre, dejé a un lado las cosas de niño.

»Ahora vemos como en un espejo, confusamente; después veremos cara a cara.

»Ahora conozco todo imperfectamente; después conoceré como Dios me conoce a mí.

»En una palabra, ahora existen tres cosas: la fe, la esperanza y el amor, pero la más grande todas es el amor» (Corintios, 13: 1-13).

Parte II

JESÚS, CRISTO, LO CRÍSTICO Y LA CRISTIFICACIÓN

Capítulo 6

JESÚS DE NAZARET COMO PERSONAJE HISTÓRICO: APROXIMACIÓN A SU VIDA

NO UN MAESTRO MÁS, SINO UN HITO ÚNICO EN LA EVOLUCIÓN DE LA HUMANIDAD Y EL PLANETA

Como se comprobará a lo largo de esta segunda parte del texto, a Cristo Jesús no le son aplicables los parámetros de la historia, pues no tiene sentido hablar acerca de quién fue, de lo que hizo, de lo que representó... Él mismo nos dijo: «De verdad les aseguro que, antes de que Abrahán fuera, yo soy» (Juan, 8: 58). Y el Libro de los Proverbios (8: 22-30) indica: «Jehová me produjo como el principio de su actividad, el primero de sus logros de hace mucho tiempo [...] antes de que existiera la tierra [...] Cuando él preparó los cielos, yo estaba allí [...] cuando puso los cimientos de la tierra, yo estuve junto a Él como su obrero mayor». Esto le otorga, como se detallará en próximos apartados, el carácter de *primogénito* y *unigénito*.

Por tanto, Cristo Jesús no puede ser asociado a ninguna identidad, a ninguna forma, a ningún tiempo... Su esencia y su existencia pertenecen a la dimensión de lo eterno, del no tiempo, a eso que los evangelios llaman «los Cielos», que es una dimensión diferente del cielo al que se hace mención cuando se aborda la vida más allá de la muerte. Y su presencia en este espacio-tiempo y en este plano físico y material no es casual, sino un extraordinario regalo otorgado a la humanidad y la Madre Tierra en el momento oportuno dentro de la lógica temporal y evolutiva de ambos. Esta presencia no ha dejado de estar aquí desde entonces, a cada momento, y protagonizará la parusía con la que culminarán los tiempos finales de la actual generación humana, tal como se verá en la tercera parte de este texto.

Cristo no es un maestro más, sino la encarnación de lo crístico: un hito único en la evolución de la humanidad y del planeta; un acontecimiento cósmico que otorga un curso y un sentido completamente nuevos a la historia. Cristo constituye un punto de inflexión en la historia de la humanidad que marca un antes y un después y abre las puertas de par en par a un nuevo ser humano en una nueva Tierra. Y el cristianismo no es una religión, sino un evento, siendo Cristo su contenido y su razón de ser. Por todo ello, las enseñanzas de Jesús no pueden ser entendidas si no se comprende la entidad del personaje y su dimensión crística.

En el aquí-ahora de este plano, lo crístico encarnó en la Madre Tierra por medio de un ser humano, Jesús de Nazaret, que se transformó en Cristo para ser un vehículo de la consciencia pura e impregnar con ella tanto la consciencia como el cuerpo etérico del planeta y la humanidad. Jesús de Nazaret sí tuvo una historia, en la que nos adentraremos de inmediato, pero toda ella queda transcendida por la transformación crística que experimentó. No podemos entender la historia del personaje si no comprendemos e integramos el significado y la envergadura de dicha transformación.

Todo esto se irá abordando en las páginas que siguen. A efectos estrictamente didácticos, comenzaremos hablando del Jesús histórico (por calificarlo de alguna manera) en este capítulo. Dejaremos para el siguiente la indagación acerca del significado espiritual de Cristo y lo crístico y su encarnación en Jesús de Nazaret y en la Madre Tierra, y los efectos de dicha encarnación en ambos. Esta segunda parte del libro se completará con otros tres capítulos que, como adelantábamos en la Introducción, tratarán asuntos tan relevantes como el bautismo de Jesús y su transfiguración; el cuerpo místico y la transubstanciación; la pasión, muerte y resurrección de Cristo Jesús (nos detendremos especialmente en esta última, por todo lo que conlleva); y la ascensión y al magno rescate del género humano que logra Cristo Jesús (lo cual dará pie a hablar del pecado original y de Satanás).

¿EXISTIÓ JESÚS DE NAZARET? EL PERSONAJE HISTÓRICO

Mitos y símbolos creados para reflejar lo que la encarnación de lo crístico conllevaría

La pregunta que encabeza este apartado puede parecer absurda y, de hecho, lo es. Pero hay que detenerse en ella porque no son pocas las personas, incluso algunas que aseguran tener un sentido transcendente de la vida y conocimientos espirituales, que estiman que Jesús no existió. Para estas personas, la figura de Jesús fue una invención, en forma de relato, con la que plasmar y divulgar un conjunto de saberes previos ligados al avance en el devenir consciencial, en general, y a las diferentes fases de la iniciación, en particular. Verbigracia, la presencia en la vida de Jesús de hechos asociados a la de Osiris. O la pretensión de buscar similitudes con Krishna, algo francamente difícil de sostener (aunque haya gente que lo hace) a poco que se analice con cierto rigor lo que aporta el hinduismo sobre dicha figura. Ni siquiera los dos nombres presentan semejanzas: como ya se indicó, *Cristo* procede del hebreo *Mesías* y el griego *Khristós* y significa 'Ungido', mientras que *Krishna* es de origen sánscrito y significa 'negro' y 'piel oscura' o 'azul' y 'azul oscuro'.

El proceso fue exactamente el contrario. Históricamente, hace miles de años, sabios y sabias (grandes almas) accedieron de algún modo (por medio del discernimiento, la intuición, la inspiración, las premoniciones...) a la realidad de lo crístico. Supieron que en un momento dado lo crístico encarnaría en la Madre Tierra a través de un ser humano, lo cual tendría una serie de implicaciones. Y lo expresaron de la única manera en que era posible hacerlo en esos tiempos: de forma mitológica y simbólica. Por tanto, no es que Jesús fuera una invención destinada a generar un relato que reeditara mitos y símbolos anteriores y las fases iniciáticas a ellos asociadas, sino que tales mitos y símbolos fueron creados precisamente para reflejar lo que conllevaría lo crístico y su encarnación en el planeta y la humanidad.

Jesús de Nazaret en la historia

Por lo demás, Jesús de Nazaret, como personaje histórico, es citado repetidamente no solo en obras alineadas con su mensaje espiritual, sino también en las de autores y en textos que no solo son ajenos al cristianismo, sino contrarios a él. Es el caso de escritores romanos del siglo I como Tácito, Suetonio y Plinio el Joven. También hay referencias a Jesús en el entorno judío, como en obras de Flavio Josefo y el Talmud. Y, como indica *The New Encyclopaedia Britannica*:

> Estos relatos independientes demuestran que en la antigüedad ni siquiera los opositores del cristianismo dudaron de la historicidad de Jesús, que comenzó a ponerse en tela de juicio, sin base alguna, a finales del siglo XVIII, a lo largo del XIX y a principios del XX.

Para mayor detalle, se repasa a continuación lo que comparten sobre Cristo Jesús las mencionadas fuentes romanas y judías:

- Gayo o Publio Cornelio Tácito (55-120), político e historiador romano de la época flavia y antonina, escribió varias obras históricas, biográficas y etnográficas, entre las que destacan los *Anales* y las *Historias*. En la primera de ellas, que narra la historia del Imperio romano desde el año 14 hasta el 68, señala con relación al gran incendio, atribuido a Nerón, que devastó la ciudad de Roma en el año 64, que el emperador culpó del mismo a los cristianos «para acabar con los rumores». Y añade: «Aquel de quien tomaban el nombre, Cristo, había sido ejecutado en el reinado de Tiberio por el procurador Poncio Pilato» (*Anales*, XV, 44).

- Cayo Plinio Cecilio Segundo (61-112), conocido como Plinio el Joven, abogado, escritor y científico de la antigua Roma y gobernante de Bitinia (actual Turquía), redactó una serie de cartas que son un testimonio único de cómo eran la administración y la gestión públicas en la primera centuria. Y en una de ellas, dirigida al emperador Trajano, le pregunta a este cómo debe tratar a los cristianos. Tras informarle de que había intentado obligarlos a renegar de su fe y que había ejecutado a todos los que se negaron a hacerlo, agrega: «Quienes repitieron conmigo una invocación a los dioses [paganos] y ofrecieron ritos religiosos con vino e incienso delante de tu estatua [...] y maldijeron a Cristo [...] pensé apropiado absolverlos» (*Cartas,* Libro X, XCVI).

- Cayo o Gayo Suetonio Tranquilo (69-126), historiador y biógrafo romano en tiempos de Trajano y Adriano, tiene como obra más sobresaliente *Vidas de los césares*. En ella narra los sucesos acontecidos en los reinados de los primeros once emperadores, de Julio César a Domiciano. En la sección dedicada a Claudio, menciona unos disturbios protagonizados por los judíos de Roma, tal vez provocados por disputas a causa de Jesús: «Puesto que los judíos constantemente causaban disturbios por instigación de Cresto [Cristo], él [Claudio] los expulsó de Roma» («El divino Claudio», XXV, 4). Responsabilizó erróneamente a Jesús de generar los disturbios, pero no dudaba de su existencia. Esa expulsión de los judíos se recoge, igualmente, en Hechos de los Apóstoles (18, 2): «Allí encontró a un judío llamado Áquila, natural del Ponto. Recientemente había llegado de Italia con su esposa Priscila, porque Claudio había ordenado que todos los judíos se fueran de Roma».

- Tito Flavio Josefo (37-100), nacido como Yosef ben Matityahu, historiador judío nacido en Jerusalén en una familia de linaje sacerdotal, relató este episodio protagonizado por Anás (sumo sacerdote que, tras la crucifixión, continuó ostentando mucha influencia política): «Reunió el sanedrín. Llamó a juicio al hermano de Jesús que se llamó Cristo; su nombre era Jacobo [o Santiago]» (*Antigüedades judías*, XX, 200).

- El Talmud, colección de textos rabínicos judíos fechados entre los siglos tercero y sexto, indica en uno de sus pasajes que en «la Pascua, Yeshu [Jesús] el Nazareno fue colgado», dato que es históricamente correcto (El Talmud de Babilonia, Sanedrín 43a, según la lectura del Códice de Múnich). En otro se declara lo siguiente: «Que no tengamos hijo ni discípulo que se deje estropear en público como el Nazareno», título con el que se solía llamar a Jesús (El Talmud de Babilonia, Berajot 17b, nota, según la lectura del Códice de Múnich), tal como se constata en el Evangelio de Lucas (18: 37).

A todo lo precedente hay que sumarle el que se considera el texto más antiguo no cristiano que contiene una referencia directa a Jesús de Nazaret; en él se le califica como *rey de los judíos* y se dice que estos lo condenaron a muerte. También menciona, este texto, que fue un hombre sabio. Concretamente, se trata de una carta que, según la mayoría de los estudiosos, fue escrita poco después del año 73 d. C.; la redactó Mará bar Serapion, filósofo estoico de la provincia romana de Siria, y el destinatario era su hijo. Se conserva en un manuscrito del siglo VI o VII que está en poder de la Biblioteca Británica y reflexiona en torno a la injusticia que se cometió con «tres hombres sabios»: Sócrates, que fue asesinado; Pitágoras, que fue quemado; y el rey sabio de los judíos, que fue ejecutado. La hipótesis de que esta carta no pertenece a un contexto cristiano es apoyada por el hecho de que el apelativo *rey de los judíos* no era un título cristiano en la época en la que se escribió.

La carta de Mará bar Serapion

El siguiente texto está extraído de la carta, tomando como fuente la obra *Jesus outside the New Testament: an introduction to the ancient evidence*, de Robert E. Van Voorst:

«¿Qué más podemos decir, cuando los sabios están forzosamente arrastrados por tiranos, su sabiduría es capturada por los insultos y sus mentes están oprimidas y sin defensa? ¿Qué ventaja obtuvieron los atenienses cuando mataron a Sócrates? Carestía y destrucción les cayeron encima como un juicio por su crimen. ¿Qué ventaja obtuvieron los hombres de Samos cuando quemaron vivo a Pitágoras? En un instante su tierra fue cubierta por la arena. ¿Qué ventaja obtuvieron los judíos cuando condenaron a muerte a su rey sabio? Después de aquel hecho su reino fue abolido. Dios, de manera justa, vengó a aquellos tres hombres sabios: los atenienses murieron de hambre; los habitantes de Samos fueron arrollados por el mar; los judíos, destruidos y expulsados de su país, viven en la dispersión total. Pero Sócrates no murió definitivamente: continuó viviendo en la enseñanza de Platón. Pitágoras no murió: continuó viviendo en la estatua de Juno. Ni tampoco el rey sabio murió verdaderamente: continuó viviendo en la "nueva ley" que había dado».

Por tanto, como resaltó Michael Grant (1914-2004), filólogo, historiador, numismático y experto en antigüedad clásica:

Si, como debemos, aplicamos al Nuevo Testamento el mismo criterio que hay que aplicar a otros escritos antiguos que contienen información histórica, no podemos rechazar la existencia de Jesús, así como no podemos rechazar la existencia de muchísimos personajes paganos cuya historicidad nunca se pone en duda.

A todo ello conviene sumar el inquisitivo y esclarecedor argumento acerca de la veracidad de la existencia de Jesús de Nazaret formulado por el genial Albert Einstein. Así, habiendo declarado que «aunque soy judío, la figura del Nazareno me resulta fascinante», ante la pregunta de si consideraba a Jesús un personaje histórico, respondió: «¡Por supuesto! Nadie puede leer los evangelios sin sentir la presencia de Jesús. Su personalidad palpita en cada palabra. Ningún mito puede estar tan lleno de vida».

PROFECÍAS ANUNCIADAS Y CUMPLIDAS EN LA BIBLIA

Antiguo y Nuevo Testamento

Constatada la existencia de Jesús de Nazaret como personaje histórico, hay que subrayar igualmente, como circunstancia curiosa y también importante, que, en el marco de la Biblia, el Antiguo Testamento contiene hasta dieciocho profecías relativas al nacimiento, la vida, la obra, la muerte y la resurrección de Cristo Jesús que se ven cumplidas a tenor de lo recogido en el Nuevo Testamento. Se recopilan las mismas en el cuadro que sigue; se especifica el hecho profetizado y, bajo él, el pasaje del Antiguo Testamento en el que se anuncia. A renglón seguido, exponemos el pasaje del Nuevo Testamento en el que acontece lo profetizado.

- Es de la tribu de Judá:
  - Génesis, 49: 10.
  - Lucas, 3: 23-33.
- Nace de una mujer virgen:
  - Isaías, 7: 14.
  - Mateo, 1: 18-25.

- Es descendiente del rey David:
  - Isaías, 9: 7.
  - Mateo, 1: 1, 6-17.
- Nacerá en una pequeña ciudad llamada Belén:
  - Miqueas, 5: 2.
  - Mateo, 2: 1, 3-9.
- Será llamado y saldrá de Egipto:
  - Oseas, 11: 1.
  - Mateo, 2: 15.
- Jehová dice que Jesús es su Hijo:
  - Salmo 2: 7.
  - Mateo, 3: 17.
- Año del inicio de su vida pública (profecía de las 70 semanas):
  - Daniel, 9: 25.
  - Mateo, 3: 11-12; Marcos, 1: 9-11; Lucas, 3: 21-23.
- Muchos no creen que Jesús sea el Mesías:
  - Isaías, 53: 1.
  - Juan, 12: 37-38.
- Entra en Jerusalén montado en un burro:
  - Zacarías, 9: 9.
  - Mateo, 21: 1-9.
- Lo traiciona un amigo:
  - Salmo 41: 9.
  - Juan, 13: 18, 21-30.
- Lo traicionan por treinta monedas de plata:
  - Zacarías, 11: 12.
  - Mateo, 26: 14-16.
- No dice nada cuando lo acusan:
  - Isaías, 53: 7.
  - Mateo, 27: 11-14.
- Sortean su ropa:
  - Salmo 22: 18.
  - Mateo, 27: 35.

- Se burlan de él mientras está en el madero:
  - Salmo 22: 7-8.
  - Mateo, 27: 39-43.
- No le quiebran ningún hueso:
  - Salmo 34: 20.
  - Juan, 19: 33-36.
- Lo entierran con los ricos:
  - Isaías, 53: 9.
  - Mateo, 27: 57-60.
- Resucita:
  - Salmo 16: 10.
  - Hechos, 2: 24-27.
- Vuelve al cielo para estar a la derecha de Dios:
  - Salmo 110: 1.
  - Hechos, 7: 55-56.

(Fuente principal: ¿Qué nos enseña la Biblia? *Watchtower Bible and Tract Society of New York, Inc. Wallkill, New York, USA)*

Ayudar a identificar al Ungido

Con independencia de lo que se comentará sobre las profecías en la tercera parte del texto, a propósito de las realizadas por Cristo Jesús en torno a los últimos tiempos de la actual generación humana, estas que se acaban de apuntar las ofrecieron los denominados *profetas* para ayudar a identificar al Mesías en el momento en que llegara.

Entenderemos mejor estas pistas relativas a la identificación si imaginamos que alguien a quien no conocemos físicamente nos pide que lo recojamos en una estación de tren o en un aeropuerto lleno de gente: si nos ofrece detalles de su fisonomía y de cómo irá vestido, facilitará que podamos reconocerlo. De modo similar, la información aportada por los profetas es útil para comprobar que Jesús es el

Mesías o Cristo. (*Mesías* proviene del hebreo *Māšîah* y *Cristo* del griego *Khristós*; el significado de los dos términos es 'Ungido').

ISRAEL Y SU HISTORIA

Las dinastías de Moisés y Aarón y las estirpes de Benjamín y David

A lo largo de los siglos, Israel se ha considerado «el pueblo elegido». Tal convencimiento tiene su base en la singularidad de su historia remota. De forma sumamente sintética, hay que recordar el momento, allá por el año 1800 a. C., en que Abraham partió de Ur, en Caldea, para iniciar un prolongado periplo en el que participaron después sus descendientes, entre ellos Isaac, Jacob (que adoptó el nombre de Israel) y la docena de vástagos de este, que llegaron al centro del Egipto de entonces alrededor del 1650 a. C. Allí permanecieron durante cuatrocientos años, tiempo que les resultó más que suficiente para contrastar los saberes de sus ancestros con los del floreciente imperio de los faraones. (Durante el periodo denominado Imperio Medio [2000-1780 a. C.], dicho imperio se había expandido por Oriente Próximo; dentro de esta expansión, había conquistado Palestina bajo el mando de Sesostris III).

En la tierra de las pirámides, los judíos conocieron las denominadas enseñanzas herméticas y el complejo mundo religioso egipcio. Moisés, como el conjunto de los israelitas, supo de todo ello gracias a los egipcios y tuvo una especial capacidad para adaptar estos saberes a las costumbres y creencias hebreas. Bajo su dirección, el pueblo israelita inició el éxodo en el año 1250 a. C., en tiempos de Ramsés II. Y en su seno se conformaron dos «dinastías» paralelas e íntimamente entrelazadas (como elemento de diferenciación frente a Egipto, donde el faraón ostentaba el poder político y religioso cual uno solo): la de Aarón, el sumo sacerdote, a la que se confía el conocimiento místico y la influencia religiosa; y la que se llamará con el tiempo *davídica*, que se corresponde con la realeza y asume el poder político. Esta dupla de dinastías jugará un papel importante en tiempos de Cristo Jesús y explicará la especial relación entre Jesús y Juan el Bautista, perteneciente al «linaje aarónico».

El primer monarca israelita, como tal, fue Saúl, de la casa de Benjamín (antes Josué, ya en la Tierra Prometida, había sucedido a Moisés), aunque mucho mayor fue la impronta tanto del segundo soberano, David, de la tribu de Judá, como de su hijo Salomón. El hecho de que el trono pasara de la casa de Benjamín a la de Judá hizo que se arrastraran durante siglos problemas de legitimidad que en la época de Jesús, perteneciente a la estirpe de David, se intentarán resolver mediante su posible enlace matrimonial con María Magdalena, del linaje de Benjamín.

De David a Jesús

El reinado de David duró cuarenta años (se extendió entre los años 1010 y 970 a. C. aproximadamente) y sirvió para conquistar Jerusalén, que hasta ese momento había sido la capital de los jebuseos. Salomón, por su parte, fue el rey sabio que edificó el primer templo de Jerusalén, donde guardó el arca de la alianza que Dios ordenó construir a Moisés. Y dio muestras de una elevada tolerancia religiosa en todo momento; permitió que se rindiera culto a otros dioses (Primer Libro de los Reyes, 11: 4-10), como la femenina Astarté, coincidente con la divinidad egipcia Isis, lo que constituye una prueba más de la interconexión de la fe judía de entonces con el misticismo egipcio.

Posteriormente, el reino gozó de momentos de esplendor, como el vivido durante el gobierno de Jeroboam II (784 a 744 a. C.), pero terminó partiéndose en dos; Israel quedó en el norte y Judá en el sur. El reino de Israel estuvo a punto de desaparecer cuando los asirios tomaron Samaria, mientras que el de Judá contó con reinados como el de Ezequías (715 a 689 a. C.), que restableció el culto a Moisés abandonado por su padre Acaz. Mas la división debilitó el reino y fue decisiva para que el rey caldeo Nabucodonosor II (684 a 582 a. C.) lo conquistara: tomó Jerusalén en dos ocasiones; la primera, en el año 597 a. C.; la segunda, en el año 587 a. C. En el contexto de esta segunda invasión, el templo fue destruido y aconteció la diáspora (dispersión); el pueblo judío fue deportado a Babilonia.

Así, los israelitas se vieron forzados a conocer de manera directa las ricas culturas mesopotámica, sumeria, hitita y asiria y sus sistemas de creencias, y bastantes de sus doctrinas y ritos quedaron incorporados a la tradición hebrea: el jardín del edén, la torre de Babel (el zigurat E-Temen-an-Ki, de siete pisos, construido durante el reinado de Nabucodonosor II), el diluvio universal... De hecho, es muy probable que la idea de la preeminencia de un dios masculino surgiera entre los judíos durante su cautiverio en Babilonia (la mayoría de los libros que componen la Biblia se elaboraron en esa época). Igualmente, de esas décadas deriva el concepto del Mesías: un gran rey y líder que liberaría al pueblo judío, lo unificaría y lo engrandecería.

En el año 538 a. C., Ciro II, rey persa que se había anexionado Babilonia un año antes, promulgó un edicto por el que se autorizaba el retorno de los judíos a sus tierras, donde construyeron el segundo templo. No obstante, la independencia política y religiosa no duró demasiado, pues en el año 332 a. C. se produjo la conquista por parte de Alejandro Magno (quien moriría nueve años más tarde), lo que intensificó la presencia del pensamiento clásico griego en el mundo hebreo. A este respecto, una fecha significativa sobre la que no hay consenso es el año 210 a. C.: presumiblemente, ese año la Biblia fue traducida al griego mediante el trabajo de setenta y dos sabios a lo largo de setenta y dos días, acontecimiento de contenido legendario (así lo relata Aristeo) que permite pensar en traducciones parciales finalmente recopiladas bajo el nombre de Versión de los Setenta, asumida por el cristianismo.

Tras la dominación griega, se suceden liberaciones y nuevas conquistas. Ya en el año 197 a. C., Antíoco III de Siria somete Judea y le reconoce, a través de una carta, el estatuto teocrático, si bien su hijo, el seléucida Antíoco IV Epifanio, abrogó la carta y se empeñó en helenizar al pueblo hebreo; entre otras cosas, profanó el templo y lo dedicó a Zeus. Este acto provocó una sublevación armada encabezada por la familia de los macabeos, es decir, el sacerdote Matatías y sus cinco hijos.

En el año 142 a. C., el último superviviente de la familia, Simón Macabeo, consiguió del seléucida Demetrio II Nicator el reconocimiento de la independencia judía. A partir de ese momento, la función de sumo sacerdote volvió a convertirse en hereditaria, y se originó la dinastía asmonea. No obstante, el hijo de Simón, Juan Hircano I, acumuló el liderazgo religioso y político entre los años 134 y 104 a. C., e intentó reconstruir el reinado de Salomón. Esta doble condición de jefe político y espiritual la mantuvieron tanto su hijo Aristóbulo I Filelenos, que solo gobernó unos pocos meses, como el hermano de este, Alejandro Janeas, que sostuvo una lucha encarnizada contra los fariseos durante su mandato (vigente entre los años 103 y 76 a. C.). Tras su muerte, le sucedió su esposa, Salomé Alejandra (del 76 al 67 a. C.).

Entre tantas convulsiones, un número indefinido de judíos, caracterizados por su espiritualidad y sabiduría, se retiraron, aproximadamente en el año 140 a. C., a la soledad del desierto de Qumrán, a orillas del mar Muerto. Allí fundaron la secta de los esenios, auténticos precursores del cristianismo, como demuestran los manuscritos que redactaron a partir del año 70 a. C., algunos de los cuales fueron hallados casualmente en 1947.

En el año 67 a. C., Aristóbulo II heredó el trono de su madre Salomé y entró en conflicto con su hermano Hircano II. Los romanos sacaron provecho de ello: por medio de Pompeyo conquistaron Jerusalén e incorporaron Israel a su imperio en el año 63 a. C. (en lo que supuso el final del reinado de Aristóbulo II). Los romanos confirmaron inmediatamente a Hircano II como sumo sacerdote. Lustros después, proclamaron a un intendente suyo como soberano de Judea: Herodes I el Grande, que mantuvo una confrontación con el asmoneo Antígono Matatías, que acabó ejecutado. Herodes gobernó entre los años 37 y 4 a. C.

Herodes conformó un Gobierno prorromano que se esmeró en eliminar a los descendientes de la dinastía asmonea, helenizar las ciudades y embellecer Jerusalén: Herodes hizo reconstruir el templo (labor en la que participaron un millar de carros y diez mil obreros, entre los años 20 y 10 a. C.) y edificó monumentos como la fortaleza de Antonia. También ordenó la famosa «matanza de los inocentes». Cuando murió Herodes I, en el año 4 a. C., su reino quedó dividido entre sus hijos: Arquelao, etnarca de Judea; Herodes Antipas, tetrarca de Galilea y Persia; y Filipo, tetrarca de los territorios transjordanos.

SOBRE EL NACIMIENTO DE JESÚS, LOS «AÑOS PERDIDOS» Y EL CUMPLIMIENTO DE SU MISIÓN

¿Cuándo nació Jesús?

La fecha de nacimiento de Jesús de Nazaret tradicionalmente admitida es el 25 de diciembre del año 753 de Roma.

Sobre esta base, en torno a ese día del duodécimo mes del año se celebra lo que llamamos Navidad, esto es, el tiempo comprendido entre Nochebuena (el 24 de diciembre) y la festividad de los Reyes Magos (el 6 de enero).

Igualmente, ese año romano se transformó en el año cero de la era cristiana. A partir de ese punto de referencia se data la historia y se enumeran los años en el calendario que, hoy, utiliza la mayoría de la humanidad.

Ahora bien, por extraño que pueda parecer, Jesús de Nazaret no nació en el año 753 de Roma ni un 25 de diciembre.

El año

En lo relativo al año, bajo el Imperio romano los años se contaban *ad Urbe condita* ('desde la fundación de Roma'). No fue hasta el siglo VI, en el 532 d. C., cuando un monje bizantino llamado Dionisio el Exiguo pensó que había que separar la era pagana de la cristiana tomando como referencia el nacimiento de Jesucristo. Sus cálculos lo llevaron a fijar el natalicio en el año 753 de la cronología romana. A partir del siglo x, esta estimación se hizo común en el mundo cristiano.

Sin embargo, el monje se equivocó si acudimos a los tres hechos históricos citados en los evangelios que pueden servir de anclaje para determinar el verdadero año de nacimiento: la estrella que orienta a los magos, según el Evangelio de Mateo, que se dirigen a reverenciar al Jesús niño; el reinado de Herodes el Grande, que se inició treinta y siete años antes del nacimiento; y el Edicto del Censo, mencionado en el Evangelio de Lucas en alusión al censo realizado bajo el mandato del emperador Augusto.

Estos tres hechos refutan los cálculos de Dionisio el Exiguo, pero presentan el problema de que no concuerdan cronológicamente entre sí:

- Según los estudios astronómicos realizados por Kepler, la estrella no fue tal, sino la conjunción de Júpiter y Saturno. Y tuvo lugar, según las estimaciones de este gran astrónomo y matemático, en el año 7 a. C.
- Herodes el Grande falleció en el 4 a. C., y ahí finalizó, por tanto, su reinado. Son varias las referencias a él en los evangelios, que indican, además, que murió poco después de nacer Jesús, por lo que la venida de este al mundo tuvo que producirse antes del año 4 a. C.
- En cuanto al censo, Publio Sulpicio Quirinio llegó a Siria, enviado por César Augusto tras ser destituido Arquelao, para elaborarlo con el fin de que ello facilitase el cobro de los impuestos. Con él fue enviado Coponio para gobernar a los judíos. Y como Judea había sido anexionada a Siria, Quirinio la incluyó en el censo. ¿En qué año se elaboró exactamente? Flavio Josefo, el historiador judío ya citado, indica que treinta y siete años después de la batalla naval de Accio, en la que Octavio derrotó a Marco Antonio. Dado que la misma tuvo lugar en el año 31 a. C., el censo se realizó en el año 6 d. C.

En definitiva, estos tres hechos divergen entre sí unos trece años, al tener lugar entre los años 7 a. C. y el 6 d. C. Se ahondará en estas aparentes contradicciones en el próximo capítulo.

El día

En cuanto al día de la natividad, no pudo ser un día de invierno; tuvo que ser un día de verano. Esta conclusión se fundamenta en dos hechos:

- Por un lado, la descripción del entorno del nacimiento que expone el Evangelio de Lucas (2: 7-8). Se indica en este texto que se envuelve con bandas de tela al niño recién nacido y se le acuesta en un pesebre fuera del espacio destinado a los huéspedes, porque no había espacio dentro; en esa misma zona había, en esos momentos, pastores viviendo al aire libre y vigilando sus rebaños por la noche. Teniendo en cuenta las características climáticas de Belén, estas circunstancias no son posibles en invierno; solo en meses más cálidos.

El clima de Belén

El noveno mes del calendario judío es *kislev*, que cae entre noviembre y diciembre y es frío y lluvioso. Luego viene *tebet*, entre diciembre y enero; es el mes con las temperaturas más bajas del año, e incluso se produce alguna nevada en las zonas altas. Hay textos de la Biblia —Esdras, 10: 9 y Jeremías, 36: 22— que aportan datos sobre el clima en el mes de *kislev*. En Esdras se señala que el día 20 de este mes la gente estaba tiritando a causa de las abundantes lluvias y que comentaba que esa era la estación de las lluvias y no era posible permanecer fuera. Esas condiciones climáticas se endurecían en *tebet*; la temperatura

---

bajaba, lo cual hacía que los pastores mantuvieran sus rebaños recogidos y no pasaran la noche al aire libre.

Por otra parte, y aunque existan variaciones debido al tiempo transcurrido desde el nacimiento de Jesús, la climatología actual de Belén puede servirnos de referencia para aproximarnos a la de entonces.

Así, la temporada cálida se extiende desde la última semana de mayo hasta la primera de octubre, siendo agosto el mes más caluroso, con una temperatura promedio que oscila desde mínimas de 19 grados hasta máximas de 30. Y la temporada fría discurre desde la primera semana de diciembre hasta la primera de marzo, siendo enero el mes más frío.

En diciembre, la temperatura promedio alcanza un máximo de 14 grados y desciende a una mínima de 7, siendo esta, por tanto, la temperatura más probable para la madrugada del 25 de diciembre.

• Por otro lado, la mencionada datación realizada por Kepler de la estrella que guio a los magos de Oriente, que, además de fijar el nacimiento de Jesús en el 7 a. C., lo sitúa exactamente entre los meses de junio y octubre.

¿Por qué entonces lo del 25 de diciembre? Veamos...

Sin referencias hasta el siglo IV

No hay constancia alguna (nada dice al respecto, por ejemplo, el Nuevo Testamento) de que los primeros cristianos celebraran el nacimiento de Jesús.

Sí se encuentran en el siglo II las primeras menciones a la llamada «Epifanía del Señor» (el término *epifanía* tiene su origen en el griego, idioma en el que significa 'manifestación'), que se estableció entre los días 6 y 10 de enero, preferentemente el primero de estos días, que es cuando se festeja en el presente.

Epifanías

En la actualidad, el mundo cristiano celebra tres epifanías o manifestaciones en las que Jesús se da a conocer a diferentes personas:

- La epifanía ante los magos de Oriente, el tradicional 6 de enero o, en algunos cultos, el domingo situado entre el 2 y el 8 de enero.
- La epifanía a san Juan Bautista en el río Jordán, que se celebra el domingo siguiente (entre el 9 y el 13 de enero) o el lunes siguiente (entre el 8 y el 9 de enero, si la Epifanía se celebra el 7 o el 8 de enero).
- La epifanía a sus discípulos y comienzo de su vida pública con el milagro de Caná, que se conmemora dos domingos después.

En la primera mitad del siglo III, el papa Fabián tildó de sacrílegos a los que trataban de datar la fecha de la natividad de Jesús, lo que parecía poner fin al asunto.

Sin embargo, todo esto cambió radicalmente a partir del año 354, cuando el papa Liberio determinó que Jesús había nacido un 25 de diciembre.

El porqué de la decisión papal

¿Qué motivó a Liberio a adoptar tal decisión?

Hay quienes consideran que quizá se basó en una antigua tradición judía según la cual los profetas morían el mismo día en que habían sido concebidos. Por aquel entonces, se pensaba que Jesús había muerto un 25 de marzo.* Si, según esa tradición, ese era también el día en que había sido concebido, el cómputo de nueve meses correspondiente a la gestación típica conduce al 25 de diciembre.

Pero hay otra razón más inmediata y potente que pudo impulsar a Liberio: su deseo de asociar la natividad de Jesús a la celebración del solsticio de invierno.

Para comprender esta posible motivación, conviene detenerse en las cuatro consideraciones que se exponen a renglón seguido.

El 25 de diciembre y el solsticio de invierno

En aquella época –el ecuador de la cuarta centuria–, el 25 de diciembre coincidía con el solsticio de invierno.

Como señala el antropólogo James George Frazer en *La rama dorada: un estudio sobre magia y religión*, una extensa obra sobre mitología y religión comparada, el 25 de diciembre era la fecha por entonces ligada al solsticio de invierno y se consideraba, por tanto, que correspondía a la «natividad del Sol». La noche más larga del año constituía un punto de inflexión a partir del cual el Sol comenzaba a renacer e iba aumentando su poder, al ser progresivamente más largo el periodo diurno.

Con anterioridad, en el calendario juliano (introducido por Julio César en el año 46 a. C.), el solsticio de invierno era el 1 de enero. Y siglos después, en el calendario gregoriano (establecido en 1582 por la bula Inter Gravissimas del papa Gregorio XIII y que es el más usado actualmente en todo el mundo), se retrasó al 21 de diciembre, debido a los desfases que finalmente han dado lugar a los años bisiestos.

La gran significación del «nacimiento del Sol»: relevancia del solsticio de invierno en los siglos III y IV

El solsticio de invierno, el «nacimiento del Sol», era un momento muy significativo desde la antigüedad.

---

* Actualmente, el día 25 de marzo se conmemora la anunciación a María.

Por ejemplo, en ese día se fijaron los nacimientos de Osiris, Adonis y Dionisos y del dios precristiano Mitras –llamado «Hijo de Dios» y «Luz del Mundo», el emperador Cómodo decidió que había que rendirle culto–. Igualmente, los ritos de adoración a Apolo tenían lugar alrededor del solsticio de invierno.

Este solsticio era objeto de múltiples festividades, que en el discurrir histórico del Imperio romano fueron a más. Concretamente, la celebración de este evento adquirió mucha relevancia en el Imperio romano tardío, en el que se fue imponiendo como un acontecimiento destacado en el calendario anual.

Así, se sabe que:

• El culto al dios Sol Invictus era ya popular entre los soldados romanos en el siglo III.

• El emperador Marco Aurelio Antonino Augusto, más conocido hoy como Heliogábalo, que antes de acceder al sillón imperial en el año 218 había sido sacerdote del dios sirio El-Gabal, reemplazó al dios Júpiter, cabeza del panteón romano, por el dios romano Sol Invictus (el dios sirio fue asimilado al dios Sol romano).

• Medio siglo después, otro emperador, Aureliano, fortaleció la posición del dios del sol como principal divinidad romana. Su intención era dar a todos los pueblos del Imperio, civiles o guerreros, occidentales u orientales, un solo dios en el que poder creer sin traicionar a sus propios dioses. El centro del culto al dios Sol Invictus fue un nuevo templo que se construyó en el año 271 en el Campus Agrippae de Roma.

«Un dios, un imperio»

La idea de «un dios, un imperio» presente en la política de Aureliano la hizo suya Constantino el Grande, emperador a partir del año 306 y educado igualmente en la adoración al dios Sol, cuyo símbolo portaba y cuyo culto estaba asociado a él de manera oficial.

Sin embargo, fue el primer emperador en detener la persecución de los cristianos, a los que otorgó libertad de culto por medio del Edicto de Milán, en 313. Sobre las razones que lo motivaron a ello, diversos investigadores[*] indican que se trató de una respuesta astuta de Constantino ante el crecimiento exponencial del número de cristianos, que en un siglo y medio (del año 150 al 300) habían pasado de ser 40.000 a ser casi 6.300.000, cifra que representaba más del 10 por ciento de la población a principios del siglo IV.

El acercamiento de Constantino al cristianismo, probablemente bajo el principio antes señalado de «un dios, un imperio», lo llevó a propiciar la convocatoria, doce años después, del Primer Concilio de Nicea. De ahí surgió la declaración de fe cristiana conocida como Credo de Nicea, esencial para la expansión del cristianismo. Constantino fue bautizado en esta religión poco antes de morir.

Primer Concilio de Nicea

El Primer Concilio de Nicea fue convocado en el año 325 por el obispo Osio de Córdoba, y Constantino lo apoyó.

Hay que considerarlo el primer concilio ecuménico de la historia de la Iglesia si no se tiene en cuenta como concilio el llamado Concilio de Jerusalén: celebrado en el siglo I, este último había reunido a Pablo de Tarso y sus colaboradores más allegados con los apóstoles encabezados por Pedro y Santiago o Jacobo el Justo, líder de la comunidad judeocristiana de Jerusalén y, como se verá en el tramo final de este capítulo, hermano de Jesús de Nazaret.

Dada su idea de impulsar un único credo como religión preponderante del imperio con el fin de fortalecer su cohesión,

---

[*] Por ejemplo, Rodney Stark en obras como *El auge del cristianismo* y *La expansión del cristianismo: un estudio sociológico*.

a Constantino le preocupaban las numerosas divisiones que existían en el seno del cristianismo. Por eso, y siguiendo la recomendación de un sínodo dirigido por Osio en ese mismo año, decidió convocar un concilio ecuménico de obispos en la ciudad de Nicea (denominada İznik, en la provincia turca de Bursa) con el propósito de promover la unidad de la Iglesia católica.

A estos efectos, el concilio promulgó una veintena de nuevas leyes de la Iglesia o «cánones», declaradas reglas inmutables de obligada observancia.

Todo ello fue determinante para que pocas décadas más tarde, el 27 de febrero del año 380, el emperador romano de Oriente Teodosio (en presencia del emperador romano de Occidente, Valentiniano, y de su cogobernante medio hermano, Graciano) firmara el decreto Cunctos Populos por el que declaró al cristianismo religión del Estado y se estipuló un castigo para quienes practicaran cultos paganos. Quedó así confirmado el lugar preeminente del cristianismo y la persecución contra quienes no lo practicaran:

Todos los pueblos, sobre los que lideramos un suave y mesurado regimiento, deberán adoptar la religión que el divino apóstol Pedro hizo llegar a los romanos, que profesan el pontífice de Damasco así como el obispo Pedro de Alejandría [...] Solo quienes obedezcan este decreto podrán ser llamados cristianos católicos. Los restantes, a quienes declaramos dementes y locos, tienen la vergüenza de seguir la doctrina hereje. Sus lugares de reunión no podrán ser considerados templos.

Poco después de este acontecimiento, en el año 381, tuvo lugar el Primer Concilio de Constantinopla, el segundo de los siete primeros concilios ecuménicos reconocidos por la Iglesia católica. La gran medida que se adoptó en el mismo fue la revisión del Credo de Nicea mediante la adición de otros siete cánones, aunque la Iglesia católica solo acepta cuatro de ellos en la actualidad.

Dies Natalis o Nativitas

Con el telón de fondo de las cuatro consideraciones efectuadas en los apartados precedentes, se entiende bien que el papa Liberio estuviera sumamente interesado en fomentar todo lo posible la creciente hegemonía política del cristianismo y viera en el sincretismo y la conciliación con determinados usos, costumbres, ritos y símbolos paganos una manera de facilitarlo.

En este marco, en el año 352 decide asociar el nacimiento de Jesús al solsticio de invierno, fijado por entonces en el 25 de diciembre. Una fecha de gran abolengo y que estaba ya plenamente afincada como sobresaliente festejo romano: el Dies Natalis o Nativitas, origen de nuestra palabra *Navidad*. Ambrosio de Milán, uno de los cuatro padres de la Iglesia, describió a Cristo en aquellos mismos años como «el verdadero sol, que eclipsó a los dioses caídos del antiguo orden».

La fiesta del dios Sol Invictus coincidía con las fiestas brumales, o las brumalias, y las saturnales. Las primeras fueron instituidas nada menos que por Rómulo, fundador y primer rey de Roma, y su nombre proviene de la palabra *bruma*, que en latín significa 'el día más corto', pues terminaban el día 25 de diciembre. Y las saturnales comenzaban el 17 de diciembre y se extendían hasta el 25, el día de la bruma, cuando empalmaban con las fiestas dedicadas a Sol Invictus.

Saturnales

Las saturnales eran la principal fiesta romana y se hacían en honor a Saturno, dios de la agricultura. Según la mitología romana, Saturno había regido el mundo en una época dichosa en la que no había hambre, enfermedades ni maldad; por eso, la fiesta a él dedicada debía tener un carácter muy alegre. Y, en efecto, los romanos lo pasaban muy bien. El principio de las fiestas lo marcaba un sacrificio que se realizaba en el templo de Saturno (que estaba situado en el foro romano), a lo que seguía un banquete público, un intercambio de regalos en el que los más agasajados eran los niños y una gran fiesta de siete días de duración. Durante esta fiesta había juegos, bacanales y bailes de máscaras, se encendían velas en las casas con intención decorativa y se ponían adornos en los árboles para celebrar el retorno del verdor y de la luz.

Además, los esclavos eran liberados temporalmente y se producía un intercambio de roles en una atmósfera carnavalesca; los amos servían a los esclavos en banquetes y estos tenían derecho a criticar los defectos de los amos. Esto se hacía para recordar la época gobernada por Saturno en la que todos los seres humanos eran iguales.

Según algunos historiadores, las saturnales marcaban el final de los trabajos en el campo (a causa de los rigores invernales) y también el principio de las vacaciones escolares y judiciales; asimismo, las guerras y los negocios quedaban suspendidos. La gente vestía de manera más informal y muchos romanos iban paseando hasta el monte Aventino, para solazarse. Con las saturnales finalizaba el predominio de la oscuridad y empezaba un nuevo año.

(*Fuente:* Sol Invictus, *artículo de Mariano Navas Contreras publicado en la web Prodavinci el 22 de diciembre de 2018*)

Con todo, buena parte de los cristianos de Oriente se mantuvieron ajenos durante un tiempo a la decisión de ligar el nacimiento de Jesús al solsticio de invierno y celebraron el 6 de enero, fecha relacionada con el bautizo en el río Jordán, como festividad fundamental de su calendario. Y, en cualquier caso, la Navidad no se convirtió en una fiesta cristiana importante hasta el siglo IX.

Próximamente se ahondará en el verdadero significado de la Navidad y en las enseñanzas espirituales que aporta.

Descendencia davídica

Por otra parte, Jesús nació en una cadena de descendencia que lo entronca con el rey David. Como se verá con detalle en el próximo capítulo, los evangelistas ponen un gran énfasis en lo relativo a esta genealogía davídica: el Evangelio de Mateo (1: 1-17) se remonta hasta Abraham a través de cuarenta y dos generaciones; y el Evangelio de Lucas (3: 23-38) llega incluso hasta Adán.

Por tanto, Jesús perteneció a la estirpe real de David y tenía, posiblemente, derecho a ocupar un trono, el de Israel, desde el punto de vista dinástico. Pero los romanos habían usurpado dicho trono y habían puesto a un rey títere en él. Por eso, aunque Jesús insistió en que su reino no era «de este mundo» (Juan, 18: 36), no pocas personas se acercaron a él atraídas por esa dimensión política, a la que asociaban su papel como mesías capaz de sacar al pueblo hebreo de la opresión. Incluso algunos de sus discípulos podrían haber estado a la expectativa de que, en un momento determinado, Jesús actuara como liberador, máxime habiendo siendo testigos de sus «poderes» y sus capacidades milagrosas.

Este fue, por ejemplo, el caso de Judas, quien esperaba que con la entrada de Jesús en Jerusalén se precipitaran los acontecimientos insurgentes. Al no suceder así, entregó a Jesús con la convicción de que al verse apresado y ante la amenaza de la crucifixión reaccionaría y desencadenaría el estallido revolucionario. Como tal cosa no ocurrió, pues nada tenía que ver con la verdadera misión de Cristo Jesús, los remordimientos le condujeron al suicidio.

Los «años perdidos»

Por lo demás, en los evangelios canónicos encontramos algunas referencias a la infancia de Jesús y abundante información acerca de su vida y obra desde el bautizo en el río Jordán, momento en el que arranca su ministerio público, que durará tres años y medio, aproximadamente. Pero entre la infancia y ese bautizo hay una laguna de más de tres lustros: son los llamados «años perdidos» de Jesús, con relación a los cuales solo tenemos una alusión genérica a que Jesús avanzaba en sabiduría, estatura y en el favor de Dios y el hombre (Lucas, 2: 52).

En el marco de su infancia, el último hecho que se describe —la visita de José, María y Jesús a la ciudad de Jerusalén para celebrar la Pascua (Lucas, 2: 41-50)— ocurre cuando contaba 12 años. A partir de ahí no hay ningún otro reporte hasta la escena del Jordán, cuando tenía ya 29 años. Por tanto, nos encontramos con un lapsus histórico de unos 17 años.

Al tratarse de un periodo tan dilatado, se han barajado muchas hipótesis en cuanto a las vivencias de Jesús durante el mismo, bastantes de ellas meras especulaciones carentes de fundamento. Sí es sensato suponer que fue educado conforme a las pautas judías de la época, según las cuales lo habitual era que los niños se formaran en la sinagoga —en el caso de Jesús, en la de Nazaret, ciudad en la que transcurrieron sus primeros años de vida—.

Más concretamente, la educación escolar estaba dividida en dos niveles. Primero, se estudiaba en la Casa del Libro, una especie de escuela primaria donde también se aprendía a leer los libros sagrados en hebreo: se empezaba con el alfabeto en un pizarrón y después los niños memorizaban la Torá. Seguía a continuación un nivel secundario, la Casa de la Interpretación, que era opcional. Allí se enseñaban los elementos básicos para cumplir las leyes judías y la manera de interpretarlas. Es muy probable que Jesús se formara en las dos Casas, incluso que se desplazara varias veces al templo de Jerusalén, que se encontraba a poco más de cien kilómetros de Nazaret. Ahora bien, atendiendo a su manera de expresarse y a sus argumentaciones, parece obvio que no se quedó ahí y que profundizó en otros ámbitos: en el estudio de las Escrituras de la mano de algún maestro o rabino; en saberes procedentes de la Grecia clásica, a los que pudo acceder gracias a la notable presencia de escuelas helenísticas en la Galilea de entonces; y en conocimientos del antiguo Egipto, lugar al que ya fue de niño (Mateo, 2: 13) y al que probablemente volvió de adulto, haciendo cierta la profecía ya indicada: «... de Egipto llamé a mi Hijo» (Oseas, 11: 1). Hay que añadir a todo ello su más que probable conexión con la comunidad esenia antes mencionada y con sus saberes y prácticas de vida.

En cualquier caso, acudiendo a los hechos narrados en los cuatro evangelios oficiales, es posible dilucidar el recorrido de la vida de Jesús de Nazaret hasta cierto punto; lo que está claro es que su trayectoria vital está presidida por su amor a las personas y a la vida en todas sus manifestaciones, que hace de él un hombre excepcional. Examinaremos esta trayectoria en un próximo apartado.

Un ser humano sumamente especial volcado en el cumplimiento de su misión

Jesús fue, sin duda, un ser humano sumamente especial y singular. Todas las referencias disponibles subrayan su personalidad fuerte, generosa y muy atractiva; su carácter cariñoso, afable y equilibrado; su hablar reposado e incisivo, y su gesticulación educada y tranquila. Un perfil de claro liderazgo que acentuó con un mensaje lleno de paz y de una frecuencia vibratoria altísima. No es de extrañar, pues, que a la gente le gustara hablar con él; incluso los niños estaban a gusto a su lado (Marcos, 10: 13-16). Siempre actuaba de manera justa, insistía en repudiar la corrupción y las injusticias (Mateo, 21: 12-13) y ejercía la humildad: ejemplifica esto último el pasaje en el que lava los pies a sus apóstoles, tarea que, por lo general, realizaban los sirvientes (Juan, 13: 2-5, 12-17).

Viviendo en un tiempo en el que las mujeres carecían de derechos y no se las trataba con respeto, Jesús siempre las consideró como iguales con independencia de etnias y credos (Juan, 4: 9, 27). En el grupo primigenio de seguidores de Jesús había un buen número de mujeres, a las que se valoraba por su mayor sensibilidad, intuición y predisposición a la práctica espiritual. (En Hechos de los Apóstoles, 9: 1-2 se llama «los del Camino» a este grupo primigenio; fueron los paganos de Antioquía los autores del apelativo «cristianos»).

El corazón de Jesús se movilizaba compasivo ante el dolor y el sufrimiento, lo que le llevó a realizar muchos de sus milagros para sanar a la gente (Mateo, 14: 14). Valga este botón de muestra: «Un hombre que tenía lepra se acercó a Jesús y le dijo: "Yo sé que si tú quieres me puedes limpiar". El dolor y el sufrimiento de ese hombre le llegaron al corazón a Jesús. Así que se compadeció de él y lo ayudó. Extendió la mano, lo tocó y le dijo: "Yo quiero. Queda limpio"» (Marcos, 1: 40-41).

Jesús dedicó mucho tiempo a divulgar sus enseñanzas impulsado por esa compasión (Mateo, 9: 35-36) y porque ello estaba directamente relacionado con su misión. Y compartía en cualquier lugar: en el campo, en las ciudades, en los pueblos, en los mercados, en el templo, en las sinagogas y en las casas de la gente. No esperaba que las personas fueran a él, sino que él iba a buscarlas (Lucas, 19: 5-6 y Marcos, 6: 56).

La ejemplaridad que mostró en el cumplimiento de su misión pone vivamente de manifiesto su lealtad al Padre a pesar de todo lo que le pasó y de todo lo que le hicieron sus enemigos. Por ejemplo, cuando Satanás lo tentó, Jesús no cedió (Mateo, 4: 1-11). Además, algunos de sus familiares no creían que fuera el Mesías y decían que se había vuelto loco. Aun así, Jesús siguió fiel a su misión y fiel al Padre (Marcos, 3: 21). Incluso cuando sus enemigos lo trataron con crueldad, él permaneció leal a Dios y nunca se vengó de ellos (Primera Carta de Pedro, 2: 21-23), sino que aceptó afrontar una muerte cruel y dolorosa (Filipenses, 2: 8). Cuando estaba a punto de morir, dijo: «¡Se ha cumplido!». Lo único que le preocupaba era que se cumpliera la voluntad de Dios (Juan, 19: 30).

EL VERDADERO SIGNIFICADO DE LA NAVIDAD: SUS ENSEÑANZAS ESPIRITUALES

Las fiestas navideñas, celebraciones anticrísticas

Tras todo lo explicado en apartados anteriores, que pone de manifiesto que Jesús de Nazaret no nació en diciembre y que el establecimiento de la natividad el día 25 de tal mes fue una decisión papal interesada dirigida a hacerla coincidir con el solsticito de invierno, es obligado preguntarse: ¿es la Navidad un fraude, una festividad vacía de fundamentos y contenido real?

Pues sí, sin duda lo es si con ella se conmemora el nacimiento de Jesús, que, como se ha reiterado, no tuvo lugar en el mes de diciembre, sino en el extremo opuesto del calendario.

También es una engañifa utilizar tal conmemoración como excusa para realizar unas celebraciones que no solo son ajenas a las enseñanzas de Cristo Jesús, sino rotundamente contrarias a ellas: radicalmente frívolas, triviales y superficiales, mayoritariamente carentes de sentido transcendente; rebosantes de consumismo, folclore, excesos de todo tipo y matanza por gula de seres inocentes; repletas de hipocresía, fingimiento y palabras y deseos vanos que chocan categóricamente con lo que se hace y practica en la vida diaria; y enaltecedoras hasta la sublimación de unos lazos y relaciones familiares y de sangre cuya importancia, como se vio en la primera parte de este texto, fue manifiestamente relativizada por Cristo Jesús, quien priorizó la afinidad álmica.

Siendo consecuentes, hay que concluir que las fiestas navideñas, tal como se han extendido y vulgarizado, nada tienen que ver con Cristo y son claramente anticrísticas.

La Navidad: su sabiduría escondida

Ahora bien, sin menoscabo de lo precedente, la Navidad contiene una honda sabiduría espiritual que es evidente para quien goce de discernimiento consciente para advertirla, mientras permanece absolutamente escondida para los que no tienen ojos para verla.

Esta sabiduría se asienta en el significado profundo de los seis hitos principales que la Navidad abarca:

1. El solsticio de invierno en el hemisferio norte, entre el 21 y el 22 de diciembre de cada año.
2. Nochebuena y Navidad, el 25 de diciembre.
3. El día de los Santos Inocentes, el 28 de diciembre.
4. Nochevieja y Año Nuevo, el 1 de enero.
5. Epifanía o manifestación ante los magos de Oriente, el 6 de enero (como ya se indicó, en algunos cultos la Epifanía se ubica en el domingo que se encuentra entre el 2 y el 8 de enero).
6. Epifanía a san Juan Bautista, el domingo siguiente a la fecha anterior: por tanto, entre el 7 de enero (si la primera Epifanía cae en sábado, como en 2024) y el 12 (si el 6 de enero cae en lunes, como sucederá en 2025). (Como ocurre con la Epifanía anterior, las fechas pueden cambiar según los cultos y ámbitos geográficos).

Conviene detenerse, aunque sea con brevedad, en cada uno de estos seis hitos.

21 de diciembre: solsticio de invierno
En lo referente al solsticio de invierno y en concordancia con lo ya comentado sobre él, representa el punto máximo de introspección de la naturaleza: el día con menos horas de sol y mayor duración de la oscuridad. Por eso, está simbólicamente asociado a la muerte y, en el marco de las enseñanzas de Cristo Jesús, a la imprescindible necesidad, en nuestro camino espiritual, de morir a una forma de vida: la basada en nuestro pequeño yo perecedero (el yo físico, emocional y mental y la personalidad a él asociada), con todo lo que implica en cuanto a egoísmo, egocentrismo, materialismo e incapacidad de percepción transcendente de la vida y la existencia.

25 de diciembre: Navidad

Esta muerte posibilita que, cual ave fénix, resurjamos de las cenizas para nacer de nuevo, lo cual, como hemos visto, es el pilar crucial de las enseñanzas de Cristo Jesús: tras morir, debemos resucitar en vida para pasar a vivir muy conscientes de lo que somos realmente (nuestro ser imperecedero) y de forma plenamente coherente y consistente con esta toma de conciencia.

28 de diciembre: Día de los Santos Inocentes

La conmemoración de la matanza de los niños menores de dos años nacidos en Belén ordenada por Herodes I para deshacerse de Jesús, recién nacido, constituye una potente llamada a vivir sin hacer daño a otros seres sintientes. Esta es una de las primeras y más sobresalientes plasmaciones de la práctica de vida derivada del nacer de nuevo. Representa la reverencia por la vida y enlaza con la expresión «pequeñuelos» ya comentada y usada por Jesús para referirse a todas las formas de vida inocentes.[*] Esto implica, entre otras cosas, llevar una alimentación consciente que no incluya la ingestión de cadáveres de animales, asesinados después de una vida de cautiverio y vejaciones continuas. Esta carne está llena de dolor.

1 de enero: Nochevieja y Año Nuevo

El siguiente paso inefable, tan necesario como decisivo, en la dinámica que abre el nacer de nuevo, es la constancia. Porque el nacer de nuevo, si es auténtico, conlleva una práctica de vida plena, no intermitente o esporádica, que vaya impregnando e inundando nuestra cotidianeidad. El inicio del año nuevo representa el firme compromiso con nosotros mismos, desde nuestro verdadero ser, de que esto sea así de instante en instante y en cada momento del nuevo ciclo anual.

---

[*] «Les aseguro que cada vez que lo hicieron con el más pequeñuelo de mis hermanos, lo hicieron conmigo» (Mateo, 25: 40).

6 de enero: Epifanía ante los magos de Oriente
El ser humano que haga suyo todo lo anterior (el hondo y potente proceso espiritual que las fechas hasta aquí reseñadas sintetizan y significan) se irá llenando de discernimiento y de un estado de consciencia cada vez más avanzado. Lo cual terminará dando, como fruto natural, la sabiduría-compasión: la auténtica maestría que posibilita la vivencia íntima de la experiencia de Dios y los ojos nuevos que permiten ver a Dios en todas las cosas. Esta es la maestría que los magos de Oriente simbolizan. El hecho de que se concrete en una tríada de personajes enlaza con la figura de Hermes Trismegisto (el tres veces Grande, el tres veces Mago, el tres veces Maestro), como veremos en detalle al final del capítulo 7.

Domingo siguiente (12 de enero como máximo): Epifanía a san Juan Bautista
Esta fecha señalada conmemora el bautismo de Jesús en el río Jordán por parte de Juan el Bautista. Este es un momento crucial a partir del cual la gran alma encarnada en Jesús, al haber plasmado en vida todo su potencial, recibe la fuerza crística que transformará a Jesús de Nazaret en Cristo Jesús (lo veremos con mayor detalle al principio del capítulo 8). En la concatenación de fechas abarcadas por la Navidad, señala la culminación del Camino al que todos estamos llamados: la práctica de vida real y constante derivada del nacer de nuevo, que va amplificando la divinal experiencia hasta el punto de que no solo vemos a Dios en todas las cosas, sino que vemos todas las cosas con los ojos de Dios. Es a esto a lo que se refiere Pablo de Tarso cuando afirma «vivo yo, pero no soy yo; es Cristo quien vive en mí» (Gálatas, 2: 20). Es la transformación en Dios de la que habla san Juan de la Cruz a partir de la cual, dice, «ya solo en amar es mi ejercicio».

Vivir la Navidad con consciencia

Sabiendo todo lo anterior, vivir la Navidad con consciencia conlleva dos cosas. Por un lado, no dejarse arrastrar, en su contexto, por la superficialidad y la falta de contenido espiritual que, bajo el influjo de la sociedad de consumo, la caracterizan. Por otro lado, conlleva desplegar, en las semanas que abarca, una práctica de vida que gire en torno a los fundamentos siguientes (los cuales cada uno deberá adaptar a sus circunstancias personales, familiares y laborales):

- Del 17 al 24 de diciembre, mantenernos en la mayor introspección posible, dedicando tiempo al silencio, la reflexión, la meditación y las lecturas de tipo transcendente.
- Del 24 al 31 de diciembre, ir saliendo del recogimiento para celebrar la llegada del nacer de nuevo. Debemos recordar su hondo significado y hacer nuestro el compromiso de plasmarlo en el nuevo ciclo anual que se avecina, con las iniciativas y los proyectos conscientes que podamos sentir en el corazón y desde el alma.
- Del 31 de diciembre al 6 de enero: abrirnos a la sabiduría-compasión que la nueva práctica de vida trae consigo.
- Del 6 de enero al domingo siguiente: centrarnos en la hondura de la dimensión crística y en lo que representó su encarnación en Cristo Jesús. Al tener lugar este acontecimiento, la dimensión crística impregnó el consciente colectivo humano y la consciencia planetaria. Desde esta toma de conciencia se trata de que afiancemos, desde la sencillez y la modestia, nuestra voluntad de llegar a hacer real el «vivo yo, pero no soy yo; es Cristo quien vive en mí».

CRONOLOGÍA DE LA VIDA DE JESÚS A LA LUZ DE LOS EVANGELIOS

Introducción

Como se apuntó párrafos atrás, se relata y detalla a continuación la vida de Jesús de Nazaret a la luz de los hechos narrados por los cuatro evangelios canónicos y tomando como base de referencia la cronología recogida en la web de la Diócesis de Canarias.

Infancia

- Año 6 a. C. (748 de Roma): Gabriel anuncia a Zacarías el nacimiento de Juan.
- Año 5 a. C. (749 de Roma): Gabriel anuncia a María el nacimiento de Jesús. Visitación de nuestra Señora a su prima santa Isabel. Nacimiento de Juan. El ángel revela a José la concepción virginal de Jesús. Nace en Belén. Adoración de los pastores.
- Año 4 a. C. (750 de Roma): circuncisión del Señor. Presentación del niño en el templo. Adoración de los magos. Huida de la «sagrada familia» a Egipto y martirio de los santos inocentes. Muerto Herodes a principios de abril, vuelven y se establecen en Nazaret.
- Año 9 d. C. (762 de Roma): el «niño» perdido y hallado en el templo.
- Año 12 d. C. (765 de Roma), enero: Augusto asocia a Tiberio a su Gobierno.
- Año 14 d. C. (767 de Roma), agosto: muere Augusto y le sucede Tiberio.
- Año 26 d. C. (779 de Roma): Poncio Pilato es nombrado procurador de Palestina.
- Año 27 d. C. (780 de Roma), octubre: Juan el Bautista comienza su predicación (Mt, 3: 1-6; Mc, 1: 1-6; Lc, 3: 1-6; Mt, 3: 7-10; Lc, 3: 7-9; Lc, 3: 10-14; Mt, 3: 11-12; Mc, 1: 7-8; Lc, 3: 15-18).

Primer año de su vida pública (27 d. C., 780-781 de Roma)

a) A principios de año, en Judea, cerca de Jerusalén (Mt, 3-4; Mc, 1; Lc, 1-2):

- En enero, Jesús es bautizado por Juan, en el Jordán, cerca de Betania (Mt, 3: 11-12; Mc, 1: 9-11; Lc, 3: 21-23).
- Entre enero y febrero, pasa cuarenta días en el desierto y tiene las llamadas «tentaciones» (Mt, 4: 1-11; Mc, 1: 12-13; Lc, 4: 1-13).
- En marzo, llama a los primeros discípulos (Juan, Andrés, Pedro, Santiago, Felipe y Natanael) (Jn, 1: 35-51).

b) Viaje a Galilea, hacia Caná (Lc, 1-2; Jn, 2: 12):

- Bodas de Caná y primer milagro (conversión del agua en vino).
- Va a Cafarnaúm, acompañado de María, su madre.

c) Viaje a Jerusalén para la Pascua (Jn, 2: 13 a 4: 43):

- Sube con los seis discípulos conocidos (quizá había llamado ya a Santiago el Menor y a Judas Tadeo, en Nazaret, después de Caná). Pasa unas seis semanas en Judea.
- 31 de marzo: Pascua.
- En abril: charla con Nicodemo (Jn, 3: 1-21).
- Los discípulos empiezan a bautizar. Primeros sermones sobre el Reino. Comienzan a acercarse las multitudes. Informan a Juan el Bautista de los hechos de Cristo.
- Entre mayo y junio, Juan es encarcelado por Herodes a instancias de los fariseos (Mt, 4: 12; Mc, 1: 14; Lc, 3: 19-20; Jn, 4: 1-3).
- A finales de mayo o principios de junio, Jesús deja Judea y vuelve a Galilea, cruzando Samaria: conversación con la samaritana en Sicar (Jn, 4: 4-42).

d) En Galilea (Lc, 4-5; Mc, 1-2):

- Primero va a Nazaret: allí enseña en la sinagoga. Intentan despeñarlo. Después se establece en Cafarnaúm, en cuyos contornos pasa nueve o diez meses (Mt, 4: 13-17; Mc, 1: 16-20; Lc, 5: 1-11).
- Primera pesca milagrosa. Vocación de los cuatro primeros apóstoles (Mt, 4: 18-22; Mc, 1: 16-20; Lc, 5: 1-11).
- Enseña en la sinagoga.
- Primer exorcismo.
- Sana a la suegra de Pedro.
- Recorre Galilea predicando. Sanación de leproso (Lc, 5: 12; Mc, 1: 41).
- En Cafarnaúm, curación de paralítico.
- Vocación de Mateo (banquete de publicanos). Cuestión sobre el ayuno.
- Noviembre: parábolas del Reino.
- Diciembre: tempestad en el lago (Mt, 8: 18, 23-27; Mc, 4: 35-41; Lc, 8: 22-25). Endemoniados de Gerasa (Mt, 8: 28-34; Mc, 5: 1-20; Lc, 8: 26-39).

Segundo año de su vida pública (28 d. C., 781-782 de Roma)

a) En Jerusalén (Jn, 5; Mt, 12: 1-8; Mc, 2: 23-28; Lc, 6: 1-5):

- En enero, expulsan a Jesús de Nazaret.
- En febrero, instruye a los discípulos y los manda a predicar.
- En marzo vuelven los discípulos.
- 19 de abril: segunda Pascua. Sana a paralítico junto a la piscina de Betesda.
- De regreso a Galilea, los discípulos arrancan algunas espigas en sábado: disputas con los fariseos.

b) En Galilea (Mt, 12: 4, 10: 5-9, 13-14; Mc, 2-6; Lc, 6-9; Jn, 6):

- Elección de los doce.
- Sermón de la montaña.

- Al entrar en Cafarnaúm: curación del siervo del centurión.
- Resurrección del hijo de la viuda de Naim.
- Embajada del Bautista.
- Comida en casa de Simón el fariseo.
- Parábolas del Reino: sembrador, lámpara, grano de mostaza.
- Vuelve a Cafarnaúm: hemorroísa y resurrección de la hija de Jairo.
- Febrero: misión de los doce; quizá se acerca a Nazaret.
- Marzo: vuelven los discípulos; muerte del Bautista; primera «multiplicación» de los panes. Aquella misma noche: tormenta en el lago; Jesús va hacia ellos caminando sobre las aguas.
- Anuncio de la eucaristía en Cafarnaúm.

Tercer año de su vida pública (29 d. C., 782-783 de Roma)

a) En Fenicia, Decápolis, Iturea (Mt, 15-16; Mc, 7-8; Lc, 9: 18-27):

- Continúan las intrigas de los fariseos. Jesús se dirige a tierra de gentiles, quizá para que dejen de hostigarlo y pueda dedicarse con más tranquilidad a la formación de los discípulos.
- En junio, se encamina hacia Tiro: la mujer cananea. Va a Sidón. Tuerce al este y luego baja hacia el sur, cruza Galilea y entra en Decápolis: sana a un sordomudo y tiene lugar la segunda «multiplicación» de los panes.
- Llega en barca a las costas de Magedán, por la parte de Dalmanuta: en Galilea de nuevo. Los fariseos le piden una señal del cielo. Cruza el lago, hacia Betsaida, y se dirige a Traconítide e Iturea: en el camino cura a un ciego.
- En julio, en Cesarea de Filipo, confesión de Pedro y promesa del «primado»; Jesús anuncia su muerte y resurrección por primera vez.

b) En Galilea (Mt, 17; Mc, 9; Lc, 9; Jn, 7: 2-9):

- A comienzos de agosto, una semana después del episodio con Pedro, tiene lugar la transfiguración en el Tabor.
- Curación de un endemoniado.
- Llega el momento de ir a Jerusalén para la fiesta de los tabernáculos: sus hermanos quieren que se muestre ya al mundo, pero Jesús les responde que su tiempo «todavía no ha llegado».

c) En Judea (Jn, 7: 10 a 10: 21):

- En octubre, fiesta de los tabernáculos (mediados de octubre). Enseña por primera vez en el templo.
- Escena de la adúltera.
- Jesús se declara mayor que Abraham: intentan lapidarlo. El sanedrín decide matarlo.
- Sanación del ciego de nacimiento (piscina de Siloé).
- Parábola del buen pastor.

d) En Galilea (Mt, 17: 21 a 18: 35; Mc, 9: 29-49; Lc, 9: 44-50):

- Segunda predicción de la pasión.
- En Cafarnaúm: el didracma en la boca del pez.
- Tiempo dedicado a la formación de los apóstoles (cada uno ha de considerarse el menor; ser como niños; libertad en el apostolado; «dejad que los niños se acerquen a mí»; parábola de la oveja perdida; cuántas veces hay que perdonar).

e) Hacia Jerusalén (Lc, 9: 5 a 11: 4; Mc, 12: 28-34; Jn, 10: 22-39):

- En Samaria son rechazados los mensajeros de Jesús.
- Misión de los 72.
- Maldición de Corozaín, Betsaida y Cafarnaúm.
- Vuelta de los discípulos; júbilo del corazón de Jesús.
- Parábola del buen samaritano (¿en Jericó?).
- En Betania: Marta y María.

- El primer mandamiento. El Padre Nuestro.
- En diciembre, fiesta de la dedicación: «El Padre y yo somos uno».

Cuarto año de su vida pública: últimos meses (enero a junio 30 d. C., 783-784 de Roma)

a) En Perea (Jn, 10: 40-42; Lc, 11-16):

- El endemoniado mudo. Nuevas calumnias de los fariseos. Aclamación ingenua de una mujer. El signo de Jonás.
- Comida en casa de un fariseo. Invectivas contra los fariseos.
- Parábolas: rico necio; siervo fiel y siervo infiel; los tiempos mesiánicos; higuera que no da fruto.
- La mujer encorvada. Parábolas del grano de mostaza y la levadura.
- Mensaje de Marta y María. La puerta angosta. Amenazas de Herodes. Vaticinio de la destrucción de Jerusalén. Invitación de un príncipe de los fariseos. Sanación del hidrópico en sábado. Parábolas de los invitados a la cena, la oveja descarriada, la dracma perdida, el hijo pródigo, el administrador inicuo, el hombre rico versus el mendigo Lázaro.

b) En Judea (Mt, 19: 1-2; Mc, 10: 1; Lc, 17: 1-11; Jn, 11: 54):

- En marzo, en Betania, resucita a Lázaro.
- Retiro en Efrén (a 25 kilómetros de Jerusalén): «¡Ay del mundo por los escándalos!». Corrección fraterna. Parábola del siervo cruel. Eficacia de la fe. «Somos siervos inútiles».

c) Último viaje a Jerusalén (Lc, 17-19; Mt, 19; Mc, 10-11; Jn, 12):

- Por Samaria y Galilea: los diez leprosos. Advenimiento repentino del Reino de Dios. Parábolas del juez inicuo y la viuda, del fariseo y el publicano.

- En Perea, indisolubilidad del matrimonio. Jesús acaricia y bendice a los niños. El joven rico. Parábola de los obreros llamados a la viña.
- En Jericó, tercera predicción de la pasión. La madre de los hijos de Zebedeo. Bartimeo. Zaqueo. Parábola de las minas.
- En Betania, sábado, 9 o 10 de nisán (1 o 2 de abril): cena en casa de Simón el leproso. María unge a Jesús.

d) En Jerusalén (Mt, 21-28; Mc, 11-16; Lc, 19-24; Jn, 11-20):
- Domingo, 10 u 11 de nisán (2 o 3 de abril): entrada en Jerusalén. Por la noche, retorno a Betania.
- Lunes 3 de abril: maldición de la higuera estéril. Expulsión de los mercaderes del templo. Gentiles que desean ver a Jesús.
- Martes 4 de abril: la higuera seca. Fe en la oración. Controversia con los sanedritas. Parábolas de los dos hijos, los viñadores homicidas y el banquete nupcial. El tributo al César. La resurrección de los muertos. El primer mandamiento. Maldición de los fariseos. El óbolo de la viuda. Apocalipsis sinóptica. Parábolas del mal siervo, las vírgenes y los talentos.
- Miércoles 5 de abril: conspiración del sanedrín. Traición de Judas.
- Jueves 14 de nisán (6 de abril): preparativos de la última cena. A las 18-19 horas, la cena pascual. Entre las 19:00 h y las 20:00 h, institución de la eucaristía; el mandamiento nuevo; oración sacerdotal. Hacia las 21:00 h, oración en el huerto. A las 22:00 h, comienza la agonía en Getsemaní. Y a las 23:00 h se produce el prendimiento.
- Viernes, 7 de abril:
  » Entre las 00:00 y las 3:00 horas, proceso religioso: Anás, Caifás, primera sesión del sanedrín. Negaciones de Pedro. Insultos a Jesús.

» A las 6:00 h, segunda sesión del sanedrín.

» Entre las 7:00 h y las 8:00 h, proceso civil: primera presentación a Pilato, acusación pública, interrogatorio secreto, nueva acusación pública.

» Entre las 8:00 y 9:00 horas, a Herodes: Jesús vestido de blanco.

» De las 9.00 a las 11.00 horas, aproximadamente, segunda presentación a Pilato: Jesús pospuesto a Barrabás; intervención de la mujer de Pilato; flagelación y coronación de espinas.

» A las 11.00 h, sentencia final: «Ecce homo». Nuevo interrogatorio secreto: «Ecce rex vester». Pilato se lava las manos. Sentencia de crucifixión.

» 11:00 h a 12:00 h: Vía dolorosa; el cireneo; las hijas de Jerusalén.

» 12.00 h, crucifixión: Vino mirrado; levantamiento de la cruz y crucifixión; repartición de las vestiduras. En el madero: insultos, tinieblas, vinagre. Las siete últimas palabras.

» A las 15.00 h, muerte: milagros, lanzada en el costado.

» 17.00 h: descendimiento y unción del cadáver; sepultura; guardias junto al sepulcro.

• Domingo 17 de nisán (9 de abril): resurrección, muy temprano (7 de la mañana, aproximadamente). Se aparece primeramente a María Magdalena. Después a las santas mujeres, a Pedro, a los de Emaús y a los apóstoles, con la ausencia de Tomás.

• Domingo 24 de nisán (16 de abril): en Jerusalén. Se presenta ante los once apóstoles.

e) En Galilea (Mt, 28; Jn, 21):

• Durante los 40 días antes de la ascensión, se aparece a los apóstoles en el mar de Galilea; a los once en una montaña; a más de 500 discípulos; a Santiago el Menor.

f) En Jerusalén (Mc, 16; Lc, 24):

- Jueves, 18 de mayo: Ascensión, ante todos los discípulos.

LA VIRGINIDAD DE MARÍA Y LA RELACIÓN
DE JESÚS CON MARÍA MAGDALENA

María madre

Para concluir este capítulo, se reflexiona seguidamente sobre el nacimiento virginal de Jesús y su relación personal con María Magdalena.

En lo relativo a la virginidad de María, la Iglesia primitiva sostenía la concepción virginal de Jesús, primer hijo de María, pero no la virginidad absoluta de esta. Solo a partir de san Jerónimo, en el siglo IV, se empezó a defender la virginidad física y total de María.

De hecho, los cuatro evangelios canónicos dejan claro que Jesús tuvo hermanos: evangelios de Lucas, 8: 19; Marcos, 3: 31 y 6: 3; Mateo, 12: 46 y 13: 55; y Juan, 2: 12 y 7: 3. También se hace mención de ello en Hechos de los Apóstoles (1: 14), en la Carta a los Gálatas (1: 19) y en la Primera Carta a los Corintios (9: 5). Incluso se menciona el nombre de los hermanos varones (Jacobo [Santiago], José, Simón y Judas), pero no el de las hermanas; valga al respecto este pasaje del Evangelio de Marcos (6: 3): «¿No es este el carpintero, hijo de María, hermano de Santiago, de José, de Judas y de Simón? ¿No están también aquí con nosotros sus hermanas?». Jesús fue el mayor de todos ellos, siendo virginal su concepción, no así las posteriores, las de sus hermanos.

Más específicamente, lo que postulan los evangelios es que la vida de Cristo Jesús se hizo presente en el vientre de una joven virgen llamada María sin necesidad de que hubiese un padre humano. La concepción no tuvo lugar a través de relaciones sexuales, sino por mediación del Espíritu Santo y el envolvimiento de María en la sombra del Altísimo: «Así que el ángel le dijo: "No tengas miedo, María, porque cuentas con el favor de Dios. Mira, quedarás embarazada y darás a luz un hijo, y tienes que llamarlo Jesús. Él será grande y será llamado

Hijo del Altísimo. Y Jehová Dios le dará el trono de David su padre, y él reinará sobre la casa de Jacob para siempre. Su Reino no tendrá fin". Pero María le preguntó al ángel: "¿Cómo puede ser eso, si yo no conozco varón?". El ángel le contestó: "Sobre ti vendrá el Espíritu Santo y el poder del Altísimo te envolverá con su sombra. Por eso el que va a nacer será llamado santo, Hijo de Dios"» (Lucas, 1: 30-35).

Ciertamente, lo de la mediación del Espíritu Santo y el envolvimiento por el Altísimo chocan con los estrechos límites impuestos por la «racionalidad» imperante. Más adelante, cuando abordemos lo crístico, se entenderá lo irreal de esos límites. El caso es que la concepción virginal de Jesús no fue un milagro que rompiera las leyes de la naturaleza, sino la manifestación de fuerzas y capacidades presentes en las primeras humanidades; especialmente la polar, la hiperbórea y, en parte, la lemuriana. Estas facultades se fueron perdiendo a lo largo del proceso evolutivo y consciencial humano, a la par que se fueron ganando otras.

No entraremos en detalles en lo que respecta a las razas porque ello nos obligaría a extendernos en el campo de la antropogénesis; de todos modos, nos referiremos a ellas en el próximo capítulo. En cuanto a las «fuerzas y capacidades» que se manifestaron en la concepción virginal de Jesús, nos estamos refiriendo en particular al denominado *sueño sagrado* o *sueño procreador*. El proceso es el siguiente: para empezar, tiene lugar un acuerdo álmico entre las tres almas protagonistas, es decir, las encarnadas en el padre y la madre y la que va a encarnar como hijo o hija. Como soporte fundamental de lo que será el cuerpo del hijo o la hija, se conforma su cuerpo etérico o energético. Este cuerpo proporciona el molde sobre el que se va a ir configurando el feto y también pone en marcha, en el seno de la madre, el proceso celular que hace que surjan los «materiales» que harán que el feto se desarrolle según el molde indicado.

En la Biblia y en otros textos sagrados —verbigracia, escritos orientales relativos al nacimiento de Krishna— se alude a embarazos milagrosos en tiempos remotos que podrían tener esta misma base, siempre referidos a personas que mantuvieron una gran pureza. A lo que hay que unir el hecho de que al especial nacimiento de Jesús se le añaden, en época cercana a él, otras gestaciones también sorprendentes, como la de Juan el Bautista, a cuya labor de «adelantado» de Jesús se hará especial mención en el capítulo 8. Y es que los padres de Juan, Zacarías e Isabel, no podían ya tener hijos pues «eran personas de avanzada edad» (Lucas, 1: 5-7, 13).

María era una mujer humilde y paciente que tenía, indudablemente, cualidades espirituales, ya que engendró y dio a luz a Jesús, y lo acompañó en su labor como Cristo. Pero la Iglesia fue moldeando y manipulando su imagen a través de los siglos, conforme a sus conveniencias. En el año 754, el emperador Constantino V impuso que se le rindiera culto. Su inmaculada concepción se convirtió en artículo de fe en una fecha relativamente reciente, en 1854, porque así lo determinó el papa Pío IX. Su ascensión física a los Cielos fue fruto de la especulación de los fieles entre los siglos IV y V, reflejada en los llamados evangelios de ficción, y no se configuró como dogma hasta 1950, por decisión del papa Pío XII. Y su conversión en Reina de los Cielos —que coincide con la otorgada históricamente a figuras como Isis o Istar—, aun iniciándose en la Iglesia primitiva, no alcanzó reconocimiento oficial hasta 1954.

María Magdalena

En cuanto a María Magdalena, una pregunta que se formulan bastantes personas acerca de la vida de Jesús de Nazaret es si estuvo casado. Los evangelios sinópticos nada determinan al respecto, más allá de la descripción de unas bodas, las de Caná, que algunos consideran que corresponden a su propia boda con María Magdalena. Ahí realiza su primer milagro público ante la insistencia de su madre, aunque le recuerda que aún no ha llegado su hora. Y llama la atención el hecho de que María tome decisiones en el banquete nupcial: «Su madre les dijo a los que estaban sirviendo: "Hagan todo lo que él les diga"» (Juan, 2: 5). En cualquier caso, a nadie podría extrañar que Jesús, como todo judío devoto, se casase. En nada contradeciría la esencia de su misión crística. Además, las pautas sociales judías de la época prácticamente prohibían que un hombre fuese soltero. El celibato era censurable en la tradición hebrea, y el padre tenía la obligación de buscar una esposa adecuada para sus hijos. Y en los escritos apócrifos hay referencias a que Jesús y María Magdalena mantenían una relación especial. Por ejemplo, en la sentencia 55 del Evangelio de Felipe se señala: «La compañera del Salvador es María Magdalena; Cristo la amaba más que a todos sus discípulos y solía besarla en la boca».

Según diversos autores, María Magdalena o de Magdala (localidad cercana a Cafarnaúm) era un mujer sabia y muy centrada en asuntos espirituales que pertenecía a la tribu de Benjamín, y el linaje al que pertenecía la entroncaba directamente con el rey Saúl: recuérdense al respecto los problemas de legitimidad ya enunciados derivados del paso del trono de Israel de Saúl, de la casa de Benjamín, a David, de la tribu de Judá, con lo que, en el supuesto de que Jesús y María Magdalena se hubieran casado, se habrían vinculado estas dos líneas de sangre separadas y enfrentadas un milenio antes.

La Iglesia, por sus propios intereses y sus tabúes sexuales, habría ocultado este hecho con mentiras; incluso llegó a hacer de María Magdalena una prostituta redimida: esta ocurrencia la tuvo el papa Gregorio I en el año 591, y su error no fue corregido oficialmente hasta 1969. Actualmente la consideran santa las Iglesias católica, ortodoxa y anglicana, que celebran su festividad el 22 de julio como patrona de la vida contemplativa;* y en 1988 el papa Juan Pablo II, en la carta Mulieris Dignitatem, la calificó como «apóstol de los apóstoles».

Lo que resulta indudable, teniendo en cuenta su presencia al lado de Jesús durante la crucifixión y su protagonismo, como se detallará, en el momento de la resurrección, es que María Magdalena

---

* Tal vez en reconocimiento de que históricamente fue la María hermana de Marta y Lázaro, el resucitado que algunos identifican con el apóstol Juan.

formó parte del círculo más íntimo de Jesús, aquel con el que experimentaba una mayor conexión espiritual, tal como se señala en el texto egipcio *Pistis Sophia*: «María Magdalena, Juan y mi madre descollarán sobre todos mis discípulos y los hombres que recibirán los misterios del Inefable». También pertenecieron a este grupo máximamente cercano Nicodemo y José de Arimatea, discípulo suyo en secreto (como se indica en el Evangelio de Juan, 19: 38).

Capítulo 7

CRISTO Y LO CRÍSTICO

APROXIMACIÓN ESPIRITUAL

Las enseñanzas de la cosmogénesis

El análisis exhaustivo de lo que Cristo y lo crístico representan e implican constituye uno de los ejes centrales de la cosmogénesis. La cosmogénesis es la rama de la ciencia de la consciencia que aborda el examen conjunto y sinérgico de la cosmogonía o cosmología, por un lado, y la metafísica, por otro. La cosmogonía está centrada en el estudio del origen y la evolución del universo. Y la metafísica está enfocada en las causas primarias del cosmos (sus principios y su razón de ser), la existencia y la vida. De esta manera, la cosmogénesis enlaza holísticamente las formulaciones de vanguardia de la física y la astrofísica contemporáneas, por una parte, y la sabiduría proporcionada a lo largo de la historia por las distintas tradiciones espirituales y escuelas filosóficas orientadas a la transcendencia, por otra parte.

Obviamente, no es objeto de este texto ahondar en todo ello, pero sí será pertinente exponer unos breves apuntes que sitúen adecuadamente el tema en lo que aquí nos ocupa.

La cosmogénesis arranca con el análisis de lo Absoluto («Aquello que no tiene origen» o «causa primera»). A partir de ahí, indaga en los estados en los que se presenta lo Absoluto (todos ellos están aconteciendo a la vez): por un lado, lo inmanifestado, que carece de los atributos y propiedades de lo que llamamos «realidad», configurando una especie de vacío inefable o «nadeidad» (un sutilísimo espacio suprainfinito de insubstancia primordial). El otro estado en que se presenta lo Absoluto es lo manifestado, que abarca e integra la creación y el cosmos («todo lo causado» o «todo lo originado» desde Aquello que no tiene origen). Finalmente, en cuanto a lo que nos interesa en este libro, la cosmogénesis explica la naturaleza vibratoria de ese espacio suprainfinito y cómo en su seno acontece la vibración pura y primigenia o Verbo. El Verbo causa lo manifestado desde lo inmanifestado. Pues bien, Cristo y lo crístico son esta vibración o Verbo.

Para ayudar a la mente humana a vislumbrar de alguna manera cómo de la «nada» puede emanar todo y de la insubstancia la substancia, conviene recordar lo que en matemáticas es el cero, pues este cuenta con la singular cualidad de contener todos los números, sin excepción, siempre que estén presentes al mismo tiempo con signo positivo y negativo: $0 = 1 - 1/0 = 2 - 2/0 = 1.000 - 1.000/0 = 1.000.000 - 1.000.000$... y así sucesivamente, hasta el infinito. Por lo que el cero, siendo nada (vacío), contiene en potencia la totalidad: todas las cifras pueden ser reducidas a cero, por mínimas o gigantescas que sean; están perfectamente equilibradas por sus opuestos y no se ven afectadas por nada.

Si, por analogía, aplicamos esta propiedad del cero a Aquello, vemos que es posible que exista una Realidad última que tenga la propiedad de contener un número infinito de sistemas potenciales de cualquier magnitud y envergadura. No habría ningún límite en cuanto al tipo de elementos, su número y su tamaño, siempre que rija la simetría y cada elemento esté equilibrado por su igual y opuesto. Esta Realidad conforma algo semejante al vacío *plenum*: un vacío que es tal aunque en él estén presentes múltiples contenidos. Aunque lo contenga todo, esta Realidad es nada.

La Realidad última constituye un marco inefable que transciende los conceptos humanos de la realidad. Hay textos antiguos que, metafóricamente, la asocian al Silencio y la califican de Padre/Madre.

De esta Realidad emerge la vibración pura y primigenia o Verbo, que, también en términos metafóricos, se denomina Voz (la Voz del Silencio) e Hijo. Esta vibración posibilita que lo manifestado emane de lo inmanifestado.

Para comprenderlo, puede valer la imagen de un rayo de luz blanca que, al atravesar un prisma, provoca la banda coloreada que la ciencia denomina *espectro*: la luz blanca es dispersada por el prisma; y todas las vibraciones, visibles e invisibles, quedan separadas unas de otras de acuerdo con su propia longitud de onda, formando un espectro continuo. En este escenario, puede observarse que las condiciones que hay a cada lado del prisma son muy diferentes: en el lado por el que entra la luz, rige la unicidad y solo tenemos luz blanca; no se pueden percibir los colores, al estar perfectamente integrados en dicha luz (estado de integración). En el lado por el que sale la luz, se contempla la diversidad manifestada en los distintos colores (estado de diferenciación). Alguien que viviera exclusivamente en el lado de los colores no tendría ni la más mínima idea de lo que es la luz blanca, por más que aquellos deriven de esta, e incluso llamaría *tinieblas* u *oscuridad* a esa situación de ausencia de colores. Y alguien que hubiese vivido siempre en el lado de la luz blanca carecería de cualquier tipo de noción acerca de los colores, por más que la luz blanca implique, ineludiblemente, la presencia de todos ellos, pero de una forma integrada.

«En el principio existía el Verbo, y el Verbo estaba junto a Dios, y el Verbo era Dios»

Por tanto, el Verbo aflora vibratoriamente en ese estado de lo Absoluto que es lo inmanifestado, un estado de integración y simetría que carece de atributos (colores). Y su emanación es la fuente esencial de todos aquellos principios y fuerzas que otorgan atributos a todas las cosas en el dominio de ese otro estado de lo Absoluto que es lo manifestado (en el que se da la diversidad, la diferenciación). Y ambos estados acontecen al mismo tiempo, por más que la mente humana tienda a verlos como sucesivos: la luz blanca incidente no se ve mermada en ningún porcentaje, ni afectada, cuando en su propagación atraviesa un prisma y es fraccionada en colores por el otro lado (de la misma manera que lo Absoluto no se ve afectado por la manifestación).

Usando conceptos e ideas para una Realidad que las transciende, se puede afirmar que lo manifestado es una especie de alfombra de colores que se despliega sobre el «suelo» de luz blanca del espacio suprainfinito de insubstancia primordial. En este marco, la emanación del Verbo –la Voz del Silencio que, según la tradición oriental, se manifiesta como la vibración «OM»– delimita en su expansión hasta dónde llega la alfombra de la manifestación –el «huevo de la creación» o campo de juego de esta que se «superpone» sobre el espacio inmanifestado–. Y establece y compone la creación y todo lo que existe en ella en una amplia gama de frecuencias vibratorias –*planos de existencia* en el argot de las escuelas espirituales y *dimensiones* en el lenguaje científico–. Estas frecuencias vibratorias o dimensiones pueden verse como la cadena de ecos provocada por la reverberación del Verbo («OM») en el seno del referido «huevo de la creación»: «om», «om», «om»... Cada «om» sucesivo presenta una frecuencia vibratoria menor y, por ende, es más denso, hasta que queda conformada la materia en sus diversas modalidades vibratorias (la energía oscura, la materia oscura y la materia ordinaria que estudia la astrofísica).

El Evangelio de Juan empieza de una forma coherente con las consideraciones que acabamos de efectuar: «En el principio existía el Verbo, y el Verbo estaba junto a Dios, y el Verbo era Dios. Este era en el principio con Dios. Por medio de él todas las cosas fueron hechas; y sin él nada hubiera llegado a existir. En él estaba la vida» (1: 1-4). También son congruentes con ello estas hermosas palabras del Libro de los Proverbios (8: 22-23 y 27) relativas al Verbo (denominado *sabiduría* en este texto) en las que se afirma que fue producido por la divinidad «como el principio de su actividad, el primero de sus logros de hace mucho tiempo [...] antes de que existiera la Tierra. [...] Cuando él preparó los cielos, yo estaba allí».

La física de vanguardia va en la misma línea: afirma que el vacío vibra y que una «fluctuación del vacío» provocó una colosal «inflación cósmica» (similar al huevo de la creación). Explica también que en el seno de la inflación cósmica, debido a un recalentamiento (parecido a la aludida reverberación), aconteció el *big bang* que dio lugar al universo.

La presencia inherente e inseparable de Cristo en todo lo originado

Por último, para terminar esta síntesis de los postulados fundamentales de la cosmogénesis en lo que a este libro respecta, hay que dejar algo claro: Aquello que no tiene origen, al ser causa y origen de todo lo originado, tiene que estar presente e inmanente en todo lo originado y, por tanto, también en el ser humano. En efecto, configura su esencia más íntima y lo dota de una naturaleza divina. Más concretamente, es el ser verdadero e imperecedero del ser humano el que tiene una naturaleza divina, el que merece ser llamado «Hijo de Dios».

Al hilo de esto, en el ámbito de la cosmogénesis se denomina Ātman o Espíritu a esta presencia divina. El cristianismo la denomina Espíritu Santo para remarcar la idea de que el Espíritu, aun siendo uno (pues Aquello es radicalmente Uno y su presencia no admite división alguna), está en cada uno (como el aire que respiramos es uno y a la vez, al inspirar, se halla en cada cual).

La cosmogénesis concluye señalando que, siendo la vibración pura y primigenia la que establece y compone la creación y todo lo que hay en ella, la razón de ser y base existencial del Espíritu ha de ser, forzosamente, esta vibración o Verbo. O, lo que es lo mismo, la presencia de Aquello que no tiene origen en todo lo originado implica la presencia inherente e inseparable de Cristo y lo crístico en todo lo originado, incluidos los seres humanos.

Por todo ello, Cristo y lo crístico presentan una doble dimensión:

* Primeramente, la de «fuerza» vibratoria cosmogónica que desde lo que no tiene origen –lo inmanifestado– genera, impulsa y

sostiene lo originado: lo manifestado, la creación, el cosmos... Esta fuerza cosmogónica puede ser contemplada tanto de manera impersonal como personal. En el aspecto impersonal, es una «fuerza» en sentido estricto, lo que encaja con el concepto hinduista de *nirguna*. En el aspecto personal, es un «ser espiritual» (*saguna*). Es este segundo aspecto lo que posibilitó su «encarnación» en la Madre Tierra por medio de un ser humano hace dos mil años.

- En estrecha relación con lo anterior, Cristo es la cualidad inefable de la presencia de Aquello en todo lo originado, pues Aquello origina la manifestación, precisamente, por medio de la vibración pura y primigenia que es lo crístico. Esto explica las siguientes palabras de san Pablo y san Juan de la Cruz, en las que se ahondará en el siguiente capítulo: «vivo yo, pero no soy yo; es Cristo quien vive en mí», dice san Pablo. Por su parte, san Juan de la Cruz manifiesta: «Del Verbo divino / la Virgen preñada / viene de camino: / ¡si le dais posada!».

Imagen de Dios, unigénito, primogénito, instrumento de creación, piedra filosofal y orden natural

A la luz de lo recogido en el apartado anterior, es factible penetrar en las ocho cualidades innatas de Cristo y lo crístico (Verbo o vibración pura y primigenia) reveladas por las tradiciones espirituales, en general, y el cristianismo, en particular: ser «imagen» de Dios; unigénito; distinto de lo Absoluto; primogénito; instrumento de creación; piedra filosofal; orden y sentido natural de la manifestación; y ostentar la doble dimensión impersonal y personal que también poseen todas las fuerzas espirituales que operan en lo manifestado.

- «Imagen» de Dios: «Él es la imagen del Dios invisible» (Colosenses, 1: 15). La expresión *imagen* conecta, como se ha enunciado, con la «emanación» expresada por tradiciones espirituales orientales y la «vibración» formulada por la ciencia actual. Así, en consonancia con lo que acabamos de ver, Cristo es la vibración pura y primigenia o Verbo (la fluctuación del vacío de la que habla la astrofísica) que, desde lo inmanifestado, desencadena la emanación (la inflación cósmica descrita por la ciencia como antesala del *big bang*) y, con ella, todo el proceso de la manifestación (la creación).

- Unigénito: En coherencia con lo precedente, *unigénito* significa que Cristo es lo único generado directamente desde lo Absoluto y lo único que hay en lo manifestado que ha sido desencadenado desde lo Absoluto a través de lo inmanifestado. A propósito de esto, afirma el Evangelio de Juan (3: 16): «Porque Dios amó tanto al mundo que entregó a su Hijo unigénito para que nadie que demuestre tener fe en él sea destruido, sino que tenga vida eterna». El hecho de que esto sea así define un vínculo exclusivo y fundamental entre lo divino y Cristo. Este vínculo conlleva que, en sentido estricto, Cristo no fue exactamente *creado*, sino *engendrado*, como afirma el credo católico, o *emanado*, usando una expresión de la espiritualidad oriental. Para hacer una analogía, podemos pensar en la voz de una persona que, saliendo hacia fuera de ella, es parte intrínseca de la misma; no podemos decir que sea su «creación». (En este ejemplo, la voz corresponde al Verbo, y el entorno en el que se expande es lo manifestado).

- Lo Absoluto y Cristo no son lo mismo: Lo precedente aclara el hecho de que Dios y Cristo no son lo mismo, como mucha gente piensa, por más que exista la íntima interconexión que se acaba de enunciar. Por esto, Jesús nunca trató de ser igual a su Padre: «Oyeron que les dije: "Me voy y volveré a ustedes". Si me aman, les alegrará que vaya al Padre, porque el Padre es más que yo» (Juan, 14: 28). «Jesús le dijo: "Deja de agarrarte de mí, porque todavía no he subido al Padre. Vete adonde están mis hermanos y diles: 'Voy a subir a mi Padre y Padre de ustedes, a mi Dios y Dios de ustedes'"» (Juan, 20: 17). No obstante, siendo la imagen del Padre (su vibración, su «voz»), pudo afirmar: «Yo y el Padre somos uno» (Juan, 10: 30). «Jesús le contestó: "Felipe, con todo el tiempo que llevo con ustedes, ¿todavía no me conoces? El que me ha visto a mí ha visto al Padre también. ¿Cómo es que me dices 'muéstranos al Padre'?"» (Juan, 14: 9). Y el Padre es el Dios sobre el que Pablo de Tarso habla a los atenienses: «Entonces Pablo se puso de pie en medio del areópago y dijo: "Hombres de Atenas, veo que en todas las cosas ustedes parecen ser más devotos de los dioses que otros [...], incluso encontré un altar que tenía la siguiente inscripción: 'A un Dios Desconocido'. Pues yo les estoy hablando de aquel a quien ustedes adoran sin conocerlo. El Dios que hizo el mundo y todas las cosas que hay en él es Señor del cielo y de la tierra, así que no vive en templos hechos por hombres. Tampoco pide que le sirvan manos humanas, como si necesitara algo, porque él mismo les da a todas las personas vida, aliento y todas las cosas. De un solo hombre creó todas las naciones humanas para que poblaran toda la superficie de la tierra y decretó los tiempos fijados y estableció los límites dentro de los que vivirían los hombres. Lo hizo para que buscaran a Dios, aunque fuera a tientas, y de veras lo encontraran, pues lo cierto es que él no está muy lejos de cada uno de nosotros. Porque por él tenemos vida, nos movemos y existimos. Como han dicho algunos de los poetas de ustedes: 'Porque nosotros también somos hijos de él'"». (Hechos de los Apóstoles, 17: 22-28)

- Primogénito: Indica que fue lo primero en la creación. Él es «el primogénito de toda la creación» (Colosenses, 1: 15), «el principio de la creación de Dios» (Apocalipsis, 3: 14). Esta condición de primogénito se halla íntimamente ligada a la de unigénito. Si bien todos somos hijos de Dios (los ángeles y Adán lo son, incluso Satanás) (Evangelio de Lucas, 3: 38; Job, 1: 6), Cristo, siendo igualmente hijo de Dios (Lucas, 3: 38), lo es de un modo muy especial.

- Instrumento de creación: Cristo es el instrumento inefable para que toda la creación sea posible: «Porque por medio de él todo lo demás fue creado en los cielos y en la tierra, las cosas visibles y las cosas invisibles, ya sean tronos, dominios, gobiernos o autoridades. Todo lo demás ha sido creado mediante él y para él» (Colosenses, 1: 16).

- Piedra filosofal: Cristo es el medio (el camino, la verdad y la vida) para que cada componente de la creación viva y plasme la divinidad que constituye su esencia, pues «nadie viene al Padre sino por mí», y cuando se le conoce a él, también se conoce al Padre (Juan, 14: 6-7). San Juan de la Cruz, en el contexto de la transformación en Dios a la que nos anima, se refiere precisamente a este papel de Cristo como piedra: «... y juntará sus pequeños, / y a mí, porque en ti lloraba, / a la piedra, que era Cristo».[*] Se volverá a ello en próximas páginas.

- Orden y sentido natural: Cristo, como Verbo y vibración pura y primigenia que, emanando de lo inmanifestado, establece y compone lo manifestado, es el principio primordial que impulsa la creación, el aspecto fundamental del cosmos y la esencia de la vida. Y los dota de un orden natural, un camino y un sentido. Se trata del *tao* oriental (vocablo chino que significa literalmente 'camino' o 'vía', lo que señala, igualmente, un sentido) y del *ordo amoris* u orden del amor expuesto por san Agustín de Hipona.

- Impersonal y personal: A Cristo y lo crístico le es enteramente aplicable lo antes compartido acerca de que puede ser contemplado tanto de modo impersonal (nirguna) como personal (saguna).

Habiéndose dedicado hasta ahora el presente capítulo a la vertiente impersonal de Cristo, es el momento de centrarse en su dimensión personal; en concreto, en su encarnación en la Madre Tierra a través de un ser humano excepcional.

---

[*] Versos pertenecientes al poema *Otro del mismo que va por «Super flumina Babylonis»*, composición que es una paráfrasis del salmo 137.

La encarnación de Cristo en Jesús de Nazaret y la Madre Tierra

El desenvolvimiento y la acción de la dimensión personal de lo crístico llega, incluso, a su encarnación en el mundo material (no la encarnación de un alma, sino del Verbo mismo) cuando se dan las condiciones cíclicas y conscienciales que lo hacen necesario y posible: así fue en el caso de su encarnación en Jesús de Nazaret.

Esto constituye un evento absolutamente único y singular que acontece exactamente cuando corresponde: lo crístico (nirguna) se manifestó como persona (saguna) por primera y única vez en la historia planetaria y humana en el momento preciso y pertinente. Ese momento tuvo que ver tanto con los ciclos evolutivos mayores (los de los seres vivos Sol y Tierra, fundamentalmente) como con el ciclo menor del devenir evolutivo de la humanidad. Y el receptor directo de esta encarnación crística fue Jesús de Nazaret.

Como todo ser humano, Jesús contaba desde su nacimiento con los tres componentes mencionados por multitud de escuelas filosóficas y espirituales; para los filósofos de la Grecia clásica eran cuerpo, *psike* y *pneuma*, mientras que Pablo de Tarso los identifica como «espíritu, alma y cuerpo» en la Primera Carta a los Tesalonicenses (5: 23). En esta tríada, el espíritu es la presencia divina ya comentada; el alma, el vehículo que utiliza el espíritu para poder plasmar esa presencia en el mundo material (en nuestro caso, en el plano humano); y el cuerpo, la parte física, emocional y mental, de naturaleza efímera, de la persona. En este marco, el alma es la llamada a evolucionar en autoconsciencia. Es a esto a lo que se refería Jesús cuando habló de ir echando aceite a la lámpara (en el capítulo 25 del Evangelio de Mateo). Esta evolución acontece a través de una cadena de vidas o reencarnaciones y su velocidad dependerá de lo que vaya sembrando la persona en cada vida. O, dicho de otro modo, la mayor o menor cantidad de aceite que se saque de cada encarnación dependerá de la entidad y calidad de la cosecha a que dé lugar esa siembra.

Es precisamente el nivel evolutivo del alma que en él encarna (la cantidad de aceite de la lámpara) lo que distingue a Jesús de Nazaret de los demás seres humanos, pues se trató del alma más madura, noble y elevada que ha encarnado jamás en el ámbito humano.

Las grandes almas

Hay que distinguir entre los seres espirituales evolutivos (el conjunto de la jerarquía celestial y, por supuesto, Cristo) y las grandes almas que encarnan en la humanidad y, por medio de ella, en la Madre Tierra.

Las grandes almas (llamadas *mahatmas* en la tradición hinduista, *bodhisatvas* en la budista, *maestros* en Occidente, etc.) cuentan con un gran desarrollo en autoconsciencia. Expresado gráficamente, la lámpara de aceite ya la tienen llena, y no encarnan porque tengan la necesidad dhármica de continuar «recolectando aceite», sino por amor al género humano, al planeta y a todas las formas de vida sintientes; contribuyen, así, a la evolución espiritual colectiva. Por esto, se suele indicar que más que «reencarnaciones» lo que llevan a cabo son «incorporaciones». En este marco, distintas escuelas y autores (por ejemplo, Rudolf Steiner) mencionan la existencia de *bodhisatvas* que sirven directamente al espíritu del Cristo. Uno de ellos encarnó en el siglo VI a. C. como Siddhartha Gautama y ascendió al rango de *buddha* para, una vez desencarnado, cooperar estrechamente con la misión de Cristo Jesús. Igualmente, hay otro *bodhisatva* que viene encarnando al servicio de Cristo y en pro de la parusía, y está llamado a ser el Maitreya Buddha cuando la sexta humanidad (de la que hablaremos inmediatamente) sea una realidad.

En sus años de vida física, Jesús plasmó real y plenamente todo ese potencial álmico, hasta estar en condiciones de recibir la fuerza crística. Esto aconteció a partir de su bautismo en el río Jordán y se fue completando a lo largo de sus más de tres años de vida pública. La transfiguración que describen los evangelios, acontecida treinta y dos meses después del bautismo, refleja la plenitud de la encarnación crística en él, y su fallecimiento físico en el Gólgota es un colofón que abre las puertas a su resurrección y ascensión.

Es atendiendo a la cualidad crística de Jesús como hay que entender la afirmación del profeta Miqueas acerca de que el Mesías sería una persona que ya existía desde «tiempos antiguos» (Miqueas, 5: 2) y la aseveración, por parte del propio Jesús, de que había vivido en el cielo antes de nacer como humano, tal como se recoge en múltiples ocasiones en el Evangelio de Juan: «Además, ningún hombre ha subido al cielo excepto el que bajó del cielo, el Hijo del Hombre» (3: 13). «Porque no bajé del cielo para hacer mi voluntad, sino la voluntad del que me envió» (6: 38). «¿Qué pasaría entonces si vieran al Hijo del Hombre subir adonde estaba antes?» (6: 62). «Yo te he glorificado en la tierra; he completado la obra que me encargaste. Así que ahora, Padre, glorifícame a tu lado con aquella gloria que yo tenía junto a ti antes de que el mundo existiera» (17: 4-5). «El que viene de arriba está por encima de todos los demás. El que es de la tierra es de la tierra y habla de cosas de la tierra. El que viene del cielo está por encima de todos los demás. Y da testimonio de lo que ha visto y oído, pero nadie acepta su testimonio. El que ha aceptado su testimonio ha confirmado que Dios es fiel a la verdad. Es que aquel a quien Dios envió dice las palabras de Dios, porque Dios da el espíritu generosamente. El Padre ama al Hijo y ha entregado en sus manos todas las cosas» (3: 31-35).

Es por esto por lo que Cristo Jesús, como ya se remarcó, no puede ser etiquetado como *maestro* ni asociado a ninguna identidad, a ninguna forma, a ningún tiempo... Su esencia y su existencia pertenecen a la dimensión de lo eterno. Y su presencia en este espacio-tiempo y en este plano físico y material no es casual, sino un hito único y un evento extraordinario que la humanidad y la Madre Tierra recibieron como regalo en el momento oportuno dentro de la lógica temporal y evolutiva de ambos. La presencia crística se ha desarrollado de momento en momento desde hace dos mil años y protagonizará, en el contexto de ese desenvolvimiento, la parusía con la que culminarán los tiempos finales de la actual generación humana, a partir de lo cual habrá una nueva humanidad de superior nivel vibratorio en una Tierra restaurada.

Es así como Cristo Jesús, cual encarnación de la Consciencia más sutil e inefable, impregna con ella tanto la consciencia y el cuerpo etérico del planeta (lo cual tiene unos efectos vibratorios en su componente físico) como el consciente colectivo del ser humano y la base etérico-energética de su corporeidad. De este modo, la encarnación crística supone la conclusión de una larga etapa evolutiva y el comienzo de otra de connotaciones radicalmente distintas. Con ella, se abren las puertas para que el ser humano pueda alcanzar la plenitud espiritual a partir de una práctica de vida coherente con su divinidad esencial, y para que la Madre Tierra pueda elevar su frecuencia vibratoria hasta dar lugar a una nueva Tierra poblada por una nueva humanidad.

Se necesitaron millones de años para que la humanidad y el planeta pudieran recibir una proyección vibratoria y espiritual de tal calado y transcendencia.

Millones de años de preparación

Como enseña la antropogénesis, otra de las ramas principales de la ciencia de la consciencia, la humanidad es la modalidad de vida dotada de *manas* (término sanscrito para la esfera mental) y aquella en la que pueden encarnar almas individualizadas. La fase conocida como protohistoria de la Tierra empezó hace más de 4.500 millones de años y terminó hace menos de 60 millones de años. Una cantidad de tiempo tan vasta sirvió para preparar el terreno para la aparición en el planeta de una forma de existencia dotada de autoconsciencia, que es lo que representa la vida humana. A partir de que esto ocurriera, se han ido sucediendo en el tiempo cinco grandes humanidades, que se han ido pasando el testigo evolutivo. Cada una ha cumplido muy bien con su papel dentro de la dinámica general.

Estas cinco humanidades son las que se recogen en el cuadro siguiente (la actual es la quinta) junto a otras dos, la sexta y la séptima. Estas últimas seguirán a la hoy vigente en el contexto del proceso evolutivo humano y la culminación del mismo en la Madre Tierra.

Humanidades sobre las que enseña la antropogénesis

1. Polar.
2. Hiperbórea.
3. Lemuriana.
4. Atlante.
5. Aria (humanidad actual).
6. Búddhica.
7. Átmica.

Desde sus orígenes, el ser humano ha estado sujeto a esta dinámica: el yo superior e imperecedero ha ido encarnando en un yo perecedero para tener la experiencia de la vivencia humana.

En lo relativo al yo imperecedero, las tradiciones que más han profundizado en él perciben tres grandes componentes en su seno, por lo que lo denominan *ternario superior*. La base de esta tríada son el espíritu y el alma, a los que ya se ha hecho mención, pero en lo álmico cabe distinguir entre el alma universal y el alma individual. (Sin ser este el marco para entrar en detalles y expresándolo metafóricamente, el alma universal es como un árbol; y las almas individualizadas, sus hojas). Además, el alma individual está incluida en el cuerpo causal. Esto hace que, de encarnación en encarnación, las almas individualizadas lleven consigo no solo el nivel de aceite alcanzado por cada una en el conjunto de encarnaciones previas, sino también las relaciones de causa-efecto (lo que en Oriente se llama *karma*) provenientes de las vidas anteriores.

En cuanto al yo perecedero, esas mismas tradiciones distinguen cuatro componentes principales, por lo que lo llaman *cuaternario inferior*: el cuerpo etérico o energético (chakras, nadis...), el cuerpo físico (el etérico le sirve de molde), el ámbito emocional y el plano mental. Y en este distinguen los dos niveles que ya se indicaron: uno de ellos es el inferior o mente concreta, que se encarga de lo cotidiano y ordinario de nuestro día a día. El otro es el superior o mente abstracta, que está capacitada para ocuparse de las cuestiones de tipo transcendente que puedan interesarnos: materias de tipo científico, artístico, filosófico o espiritual. (Las personas muestran grados de interés muy distintos por estos asuntos, en función de su momento evolutivo). Los dos niveles de la mente, el inferior y el superior, están conectados entre sí por un nexo de unión conocido como *antakarana*.

El ternario superior y el cuaternario inferior interactúan permanentemente en la persona, conformando la constitución septenaria del ser humano.

La constitución septenaria del ser humano

Ternario superior o yo superior
- Espíritu o *atma.*
- Alma universal o *buddhi.*
- Cuerpo causal (mente abstracta, alma individual y relaciones de causa y efecto).

Cuaternario inferior o pequeño yo (personalidad)
- Aspecto mental (mente concreta).
- Ámbito emocional o astral.
- Cuerpo físico denso.
- Cuerpo etérico o vital.

Con este telón de fondo, las cuatro humanidades que han existido y la actual han gozado y gozan de esta constitución septenaria de manera latente. Ahora bien, se diferencian entre sí en función de los componentes del cuaternario inferior que van haciéndose patentes. Así, la primera humanidad (la polar) moldeó lo etérico; la segunda (la hiperbórea) le sumó lo físico; la tercera (la lemuriana) cuajó lo emocional; la cuarta (la atlante) añadió el nivel inferior de lo mental; y a la quinta (la actual) le compete cristalizar la mente abstracta. La sexta humanidad, que sucederá a la vigente, tendrá todo el cuaternario inferior perfectamente configurado, y le corresponderá ponerlo al servicio de una vida que tendrá en el alma su centro de mando. La sexta humanidad plasmará los atributos y cualidades álmicos en la vida cotidiana y dejará definitivamente atrás los comportamientos egoicos y egocéntricos que primaban en el ser humano hasta ese momento. Por último, la séptima humanidad vivirá desde el espíritu, es decir, desde la esencia divina que todos atesoramos (seamos o no conscientes de ella en la actualidad), en lo que supondrá la culminación del proceso evolutivo.

En este escenario global es importante poner de manifiesto que la humanidad actual, la quinta, ya ha cumplido su cometido evolutivo: hacer patente la mente abstracta e incorporarla a la consciencia humana. Lo hizo especialmente entre los siglos VIII y II a. C. en el contexto de la denominada *Era Axial*.

La Era Axial

La plasmación de la mente abstracta se produjo hace más de dos mil años, en el contexto de la quinta subhumanidad dentro de la quinta humanidad. Sucedió especialmente en lo que Karl Jaspers, a partir de los tres volúmenes de su obra *Filosofía*, definió como «Era Axial» («La Gran Transformación», en la acepción aportada por Karen Armstrong en su libro así titulado). Se trató de un periodo histórico fecundo que se extendió entre los años 800 y 200 a. C. aproximadamente. En este periodo, de manera simultánea y sin que hubiese una conexión visible entre sí, surgieron grandes sabios que tuvieron un impacto semejante. Estas figuras definieron una línea transcendente de reflexión, pensamiento y acción muy similar en los ámbitos espiritual, filosófico y científico en tres zonas geográficas ubicadas entre los paralelos 20 y 40 del hemisferio planetario:

- China: con el taoísmo, el confucianismo, el moísmo y las cien escuelas de pensamiento;
- la India: con las derivaciones de los textos védicos, los Upanishads, el brahmanismo, el budismo, el jainismo, el yoga, etc.; y
- el área comprendida entre Oriente Medio (zoroastrismo, etc.) y el Mediterráneo helénico (los grandes filósofos griegos) y hebreo (los profetas del judaísmo).

Las generaciones posteriores jamás han dejado de beber de estas fuentes primigenias. Es ahí, en esos lugares y a lo largo de esos seiscientos años, donde nace lo humano tal como hoy lo concebimos: el ser humano se hace consciente de sí mismo y de sus limitaciones; toma protagonismo la actividad reflexiva y los filósofos aparecen en público por primera vez en la historia; lo mitológico y simbólico pierde protagonismo frente a lo introspectivo, deductivo e inductivo; y surgen todas las corrientes sobre las que se asienta el pensamiento contemporáneo. Se trata, por tanto, de una fase histórica en la que emergen y convergen brillantes personajes, verdaderos rayos de sabiduría que, lejos de cualquier fanatismo, hacen suyos los conocimientos legados hasta entonces por otros, los expanden, elevan sus contenidos y potencian sus implicaciones. Y, por supuesto, ponen todo ello a disposición de las generaciones futuras. Establecen así los cimientos para una potente expansión de la mente abstracta, que había estado presente como semilla en la cuarta raza. Así, la quinta subhumanidad de la quinta humanidad ha hecho realidad la configuración plena de la mente abstracta.

Plasmada la mente abstracta y, por tanto, culminada la manifestación íntegra del cuaternario inferior, llegó el momento evolutivo de poner las bases para una nueva humanidad que, como se ha señalado, vivirá desde lo álmico, es decir, desde el yo superior, y para una Tierra que, vibratoriamente, pueda promover e integrar este hecho. Es precisamente en relación con esto que la encarnación crística entra en escena del modo ya expuesto.

Efectos en la Tierra y la humanidad

Como antes se apuntó, este acontecimiento, tan único como colosal, impregna de lo crístico tanto la consciencia como el cuerpo etérico de la Madre Tierra: sin este impulso, el devenir consciencial del planeta —y, en su seno, de la humanidad y las demás modalidades de vida— se habría estancado.

En lo relativo a la humanidad, la encarnación crística provoca la apertura de una puerta transcendente para que la «lluvia sagrada» provenga del espíritu en lugar de proceder, solamente, del cuerpo causal (el alma individual). (Recordemos que la «lluvia sagrada» empapa al pequeño yo cuando se expande la mente abstracta y se desarrolla antakarana). La puerta a lo álmico ya estaba abierta en el consciente colectivo, pero no la puerta al espíritu. Fue la encarnación crística la que le abrió de par en par la puerta a este, con todas las repercusiones que ello tiene.

Esta apertura queda sutilmente reflejada en la rotura de arriba abajo de la cortina del santuario en el momento de la expiración de Jesús en el madero: «Jesús volvió a gritar con fuerza y entregó su espíritu. De pronto, la cortina del santuario se rasgó en dos, de arriba abajo, y la tierra tembló y las rocas se partieron» (Mateo, 27: 50-51). La cortina del templo separaba dentro del mismo el llamado *sanctasanctórum*, esto es, la parte interior y más sagrada, a la que solo tenían acceso los sacerdotes. Es por esto que san Pablo indica: «Por lo tanto, hermanos, ya que tenemos valor para usar el camino de entrada al lugar santo por medio de la sangre de Jesús, un camino nuevo y vivo que él abrió para nosotros a través de la cortina...» (Hebreos, 10: 19-20).

Hasta ese momento, la vivencia del Espíritu Santo o Paráclito se había producido en algunas figuras de calado, como Buda (Siddhartha Gautama). Pero había sido de una manera personal y avanzando, por expresarlo de algún modo, con el viento en contra. La encarnación crística en Jesús hace que, aunque el recorrido por el sendero espiritual siga siendo el de cada cual y no sea «transferible», aquel que progrese en él lo haga ya con el viento a favor de un consciente colectivo que facilita el «consejo» del Paráclito y la vivencia del Espíritu. Pablo de Tarso se refiere a esto en su Carta a los Hebreos cuando dice: «Porque la palabra de Dios está viva y actúa con poder [...] y penetra hasta separar el alma del espíritu» (4: 12).

Como se subrayará más adelante, todos los hombres y mujeres estamos convocados a ser Cristo. Esto marca la vocación y el destino de cada alma encarnada y de la humanidad en su conjunto. Porque ser Cristo, como lo fue Jesús, es la vocación y el fruto natural que todo humano tiene la capacidad esencial de dar de sí, aunque a tanta gente le parezca un imposible: Cristo Jesús es, como ahora se enunciará, el primogénito de una multitud de hermanos convocados a plasmar la divinidad en este plano humano y material, a los que sirve de modelo como Hijo del Hombre. Esto implica necesariamente que nos corresponde «hacer nuestro lo crístico», como también se expondrá.

LA LARGA PREPARACIÓN DEL RECEPTOR FÍSICO Y EL NACIMIENTO DE JESÚS

La preparación del receptor de la encarnación crística

La preparación de las condiciones conscienciales (consciencia planetaria y consciente colectivo humano) y del cuerpo etérico (etérico-energético) y físico (genético-biológico) para que la encarnación crística se produjera necesitó una prolongada preparación. A lo largo de un proceso de generaciones, se fueron poniendo los cimientos genéticos, físicos, energéticos y conscienciales para que llegado el momento oportuno naciera un cuerpo humano que tuviera la capacidad y la pureza requeridas para recibir la encarnación crística.

Desde el punto de vista consciencial, la Era Axial ya comentada es el gran hito final de esa preparación. En cuanto al receptor etérico y físico, los evangelios de Lucas y Mateo se refieren indirectamente a esta preparación cuando describen con detalle la genealogía de Jesús, aunque con diferencias significativas en cuanto a los nombres y el número de generaciones que cada uno recoge:

- Lucas efectúa su relato generacional de adelante hacia atrás (3: 23-38), comenzando desde Jesús, «punto cero» del arranque hacia la nueva humanidad, y remontándose hasta Adán, que se sitúa, como se detallará cuando se aborde el pecado original, en el inicio de la humanidad atlante: 22 generaciones de Jesús a Sealtiel, hijo de Nerí, en cuyo reinado se produjo la deportación a Babilonia (año 587 a. C.); 20 de Nerí al rey Salomón (988-928 a. C.), hijo de David y Betsabé; 14 de David (1040-966 a. C.) a Abraham, ambos incluidos; y otras 20 hasta Adán. En total, 76 generaciones, 56 de ellas de Abraham a Jesús.
- En cambio, Mateo (1: 2-16) comienza con Abraham, que coincide con el comienzo de la quinta humanidad actual, y va de atrás hacia delante a lo largo de esta, hasta culminar en Jesús, quien, como se acaba de indicar, representa el «punto cero» del proceso que desembocará en la nueva humanidad: 14 generaciones

CRISTO Y LO CRÍSTICO

desde Abraham hasta David; otras 14 desde el profeta Natán, otro hijo de David y Betsabé y hermano menor de Salomón, hasta el padre de Sealtiel (al que llama Jeconías); y 13 desde Sealtiel hasta Jesús. En total, 41 generaciones. No obstante, Mateo se contradice asimismo inmediatamente después (1: 17) al indicar que entre la deportación y Jesús hubo 14 generaciones.

En los evangelios canónicos encontramos alguna referencia al abuelo paterno de Jesús: según Mateo, su nombre sería Jacob, aunque Lucas lo llama Helí. Los cuatro evangelistas no dicen nada de los abuelos maternos, aunque una tradición muy difundida, cuyo origen se halla en el apócrifo Evangelio de Santiago, señala que fueron Joaquín y Ana. Las Iglesias católica, ortodoxa y anglicana han dado este dato como cierto.

El nacimiento

En cuanto al nacimiento de Jesús, también son Lucas y Mateo los únicos evangelistas que se ocupan del mismo, si bien con divergencias importantes:

- En el Evangelio de Lucas, la revelación la ofrece un ángel que se presenta a María; debido a la necesidad de censarse, la familia viaja de Nazaret a Belén; el bebé nace en un pesebre; pastores adoran al niño; no hay matanza de niños inocentes ni huida a Egipto; y, finalmente, la familia retorna a su lugar de residencia, Nazaret.
- En el Evangelio de Mateo, la revelación la ofrece un ángel a José en sueños; no hay desplazamiento de Nazaret a Belén, sino que la familia ya se encuentra en esta localidad; no se menciona que el bebé naciera en un pesebre; los magos de Oriente adoran al niño; hay matanza de niños inocentes y huida a Egipto; y, a su regreso, la familia fija la residencia en Nazaret.

Atendiendo a lo anterior, es evidente que los relatos que han llegado hasta nuestros días sobre el nacimiento de Jesús y que se rememoran anualmente en Navidad constituyen una suma y mezcla de los que presentan los dos evangelistas, sin tener en cuenta las claras disonancias que hay entre ambos.

¿Por qué estas contradicciones?: la antigua tradición apócrifa de «los dos Jesús»

¿Por qué se dan unas divergencias genealógicas tan notables entre Lucas y Mateo, tanto en lo que respecta a los nombres como en lo relativo al número de generaciones desde Abraham hasta Jesús? ¿Por qué Mateo menciona trece generaciones desde la deportación a Babilonia hasta Jesús, pero a renglón seguido afirma que son catorce? ¿Por qué el linaje davídico de Jesús tiene su origen en el rey Salomón, según Lucas, y en su profeta y hermano Natán en el texto de Mateo? ¿Por qué hay discrepancias argumentales tan importantes entre los dos evangelistas en la narración del nacimiento de Jesús en cuanto a la revelación del ángel, la referencia al censo, el viaje de Nazaret a Belén, el pesebre, la adoración por parte de pastores o de los magos, la matanza de inocentes y el viaje a Egipto?

¿Por qué, tal como se indicó en el capítulo anterior, el nacimiento de Jesús tuvo lugar, para Lucas, en el 6 d. C. (en coincidencia con el Edicto del Censo), mientras que Mateo lo sitúa en el 7 a. C. (coincidiendo con la conjunción de Júpiter con Saturno estudiada por Kepler)?

¿Obedece todo ello a errores de uno de los dos evangelistas o, incluso, de ambos o hay algún motivo que justifique las discrepancias? Dado que los evangelios se escriben inspirados por el Espíritu de la Verdad, hay que descartar la existencia de errores en ellos. Y el modo adecuado de proceder cuando no coinciden al relatar determinados hechos o circunstancias no es rechazar ninguna versión, sino juntar todas a partir de la comprensión de que están describiendo la misma realidad desde distintas perspectivas complementarias entre sí.

Esto también es aplicable a lo que aquí nos ocupa. Y nos invita a recordar una antigua tradición considerada apócrifa y sostenida por personajes de indudable peso intelectual y espiritual, como Rudolf Steiner (véase su obra *El quinto Evangelio*; sobre todo, dentro de la misma, la conferencia que impartió en Colonia el 17 de diciembre de 1913) o Emil Bock (*La infancia y juventud de Jesús*). Según dicha tradición, la encarnación de Cristo cristalizó por medio de la interacción con dos seres humanos:

- Uno es el que centra la atención del Evangelio de Mateo, nacido en torno al año 7 a. C. de María y José y de genealogía real, vía Salomón. En él encarna el alma referida páginas atrás: la más madura, noble y elevada que ha encarnado jamás en el ámbito humano. Este ser había transcendido, en el curso de sus reencarnaciones, el pecado original (cuyo contenido y cuyas repercusiones examinaremos en el capítulo 10) y había llenado totalmente la lámpara de aceite (es decir, había completado la evolución álmica).
- Y el Evangelio de Lucas se ocupa del segundo personaje, nacido de otros padres, aunque haya coincidencia de nombres, y perteneciente a un linaje sacerdotal, vía Natán. En este ser humano encarna un alma que no lo había hecho desde mucho antes del mencionado pecado original, lo que posibilita que su cuerpo etérico, y por ende también el físico, fuera sumamente puro y semejante al arquetipo inicial y celestial de la primera humanidad, la polar antes citada.

¿En qué año nació este segundo Jesús? Lucas señala: «En aquellos días, César Augusto emitió un decreto para que toda la población se registrara. Este primer censo se hizo cuando Quirinio [o Cirenio] era el gobernador de Siria» (Lucas, 2: 1-2). Este dato conduce en primera instancia, como vimos páginas atrás, al año 6 d. C. Pero ¿cabe la posibilidad de que haga referencia a un hecho anterior? No se sabe de la existencia de otro censo por aquel entonces, pero Lucas se refiere a un «primer» censo. ¿Puede significar esto que antes del 6 d. C. ya se realizaran unos primeros trabajos censales entre la población que culminaron en el censo final de dicho año? Podría haber sido así, especialmente si se tienen en cuenta las circunstancias de la época y los medios humanos y materiales con los que se contaba para acometer la tarea.

Ahora bien, esto choca con la condición de Quirinio como gobernador de Siria, cargo que asumió tras haber sido destituido Arquelano en el año 6. Sin embargo, no se puede descartar que Quirinio ya hubiera estado presente años antes en Siria, gobernando conjuntamente con Saturnino o con Quintilio Varo, y que hubiese impulsado unos trabajos censales preparatorios (un «primer censo») que no solo abarcaron Siria, sino también la cercana Judea, incluida territorialmente en el censo ordenado por César Augusto.

Por todo ello, no es verosímil que los hechos relatados por Lucas coincidan en el tiempo con los narrados por Mateo (año 7 a. C.), pero sí podrían coincidir con la fecha formulada por Dionisio el Exiguo: el año cero de la era cristiana, 753 de Roma.

Cuando el primer Jesús tenía casi veinte años y su gran alma había enraizado ya en su gran potencial en el plano humano, transfirió su esencia álmica al segundo, que tenía entonces doce años: así, el primer Jesús se fusionó álmicamente con el segundo, después de lo cual falleció físicamente. Por tanto, la sutileza ya reseñada del alma del segundo Jesús permitió que el alma del primer Jesús, que sí contaba con un recorrido a través de encarnaciones que la había llevado a transformarse en la más madura y elevada de la historia de la humanidad, se «fusionara» con ella. En definitiva: el alma del primer Jesús se transfirió al alma del segundo, con la que se fusionó, y quedó configurada una unidad álmica encarnada en un cuerpo etérico y físico de gran pureza.

Esta transferencia tiene que ver con el pasaje del Evangelio de Lucas (2: 41-50) conocido como «el niño Jesús entre los maestros» o «el Niño perdido y hallado en el templo». Y sobre ella y la consiguiente «fusión» hay que repetir lo que decíamos acerca de la virginidad de María, en cuanto a que no se trata de un milagro que rompiera las leyes de la naturaleza, sino de la manifestación de fuerzas y capacidades que se hallaban en las primeras humanidades y se fueron perdiendo.

El niño Jesús entre los maestros

«Todos los años, sus padres tenían la costumbre de ir a Jerusalén a la fiesta de la Pascua. Cuando él tenía 12 años, subieron a Jerusalén, como era costumbre en la fiesta. Al terminar los días de la fiesta, ellos comenzaron el viaje de regreso, pero Jesús se quedó atrás, en Jerusalén, sin que sus padres se dieran cuenta. Dando por sentado que el niño estaba en el grupo que viajaba junto, estuvieron todo un día viajando. Entonces se pusieron a buscarlo entre los parientes y conocidos. Pero, como no lo encontraron, volvieron a Jerusalén y lo buscaron por todas partes. Al final, después de tres días, lo encontraron en el templo sentado en medio de los maestros. Estaba escuchándolos y haciéndoles preguntas. Y todos los que lo escuchaban se quedaban asombrados al ver su entendimiento de los asuntos y las respuestas que daba. Cuando lo vieron, sus padres se sorprendieron muchísimo, y su madre le dijo: "Hijo, ¿por qué nos hiciste esto? Piensa que tu padre y yo te hemos estado buscando desesperados". Pero él les contestó: "¿Por qué me estaban buscando? ¿No sabían que tengo que estar en la casa de mi Padre?". Con todo, ellos no entendieron lo que les estaba diciendo».

El hecho de que la encarnación crística requiriera del papel y la interacción de los dos Jesús no tiene nada que ver con una especie de plan B ni con fuerzas oscuras. Sencillamente, fue el modo de dar lugar a un ser humano física, energética y espiritualmente adecuado para recibir el Verbo. Como se ha expuesto, en el primer Jesús encarnó el alma más elevada y madura que nunca ha habido en la historia de la humanidad. En el segundo, un alma muy primigenia, que no encarnaba desde los albores de la humanidad, pero que precisamente por ello tenía un cuerpo físico y etérico muy puro. Y cuando el primero tenía cerca de 20 años, su alma se transfirió y fusionó con la del segundo, que contaba con 12 años. Tras ello, el primer Jesús falleció. Y el que quedó aunó en él esa alma tan elevada y madura y un cuerpo físico y etérico de gran pureza. Este Jesús «renovado» (con el alma del primero y el sostén físico y etérico del segundo) desarrolló, con su práctica de vida, todo su potencial. Ello posibilitó que con 29 años, tras el bautizo en el Jordán, recibiese la proyección de la fuerza crística y se transformase en Cristo Jesús. Esto marcó el inicio de su vida pública: «Cuando Jesús comenzó su labor, tenía unos 30 años» (Lucas, 3: 23).

Dos Jesús, dos madres

Las madres de los dos Jesús tuvieron una concepción virginal y eran grandes mujeres, en el sentido espiritual.

No obstante, como el primer Jesús falleció tras fusionarse con el segundo, es a la madre del segundo Jesús a la que está asociada la figura de la Virgen María.

Los Reyes Magos y Hermes Trismegisto

Solo el Evangelio de Mateo menciona a los «magos de Oriente» o «astrólogos de las partes orientales» (según las traducciones) que viajaron para rendir homenaje al niño Jesús (2: 1-12). E indica tan poco —ni siquiera especifica cuántos eran— que las tradiciones posteriores inventaron casi todo.

Fue en el siglo III cuando Quinto Septimio Tertuliano, padre de la Iglesia, los transformó en reyes de Oriente, al objeto de evitar la mala fama de los magos persas, si bien originariamente se los representaba con el gorro frigio de mago. Llegó a la conclusión de que dichos personajes eran de estirpe noble tras leer el salmo 72, incluido en uno de los libros sagrados: «Que los reyes de Sabá y Arabia le traigan presentes, que le rindan homenaje todos los reyes». Y quien generalizó esta idea fue Santiago de la Vorágine en el siglo XIII a través de su obra *La leyenda dorada*. Concretamente, el autor dejó escrito que los magos «eran al mismo tiempo reyes y magos».

En el primer cuarto del mismo siglo III, Orígenes, influido quizá por el número de regalos que había recibido el Niño según el Evangelio de Mateo, afirmó taxativamente que estos personajes habían sido tres, aunque hasta ese momento había existido una gran disparidad a este respecto entre las diversas fuentes: entre dos y sesenta magos. Así lo recoge, por ejemplo, el historiador José Javier Azanza López en su dosier *¡Ya vienen los Reyes! Historia, leyenda y arte en torno a los Magos de Oriente*, quien también indica que el número de tres acabó por imponerse atendiendo a razones bíblicas, litúrgicas y simbólicas, siendo confirmado por la Iglesia en el siglo V mediante una declaración del papa León I el Magno en sus Sermones para la Epifanía. Posteriormente, en el *Liber Pontificalis* (una recopilación fechada a mediados del siglo IX de varias historias y leyendas relacionadas con la religión cristiana) se insiste en la misma cifra.

Esta misma obra fue la que popularizó el nombre de Sus Majestades: Melchor (Melchior), Baltasar (Bithisarca) y Gaspar (Gathaspa). No obstante, Azanza afirma que ya habían sido nombrados de esta forma antes: «Los nombres de Melchor, Gaspar y Baltasar aparecieron por primera vez en el Evangelio Armenio de la Infancia del siglo IV; pero no serán aceptados definitivamente hasta su inclusión en el *Liber Pontificalis*». De hecho, sus nombres aparecen en un mosaico bizantino de mediados del siglo VI, en la Basilica di Sant'Apollinare Nuovo, en Rávena (Italia). Y Baltasar fue blanco hasta el siglo XVI, época a partir de la cual se le representó de raza negra por necesidades estratégicas de la Iglesia. En la centuria anterior, la XV, incluso se les puso edad. Se encargó de ello Petrus de Natalibus, quien, haciendo caso omiso de las descripciones físicas de las narraciones existentes hasta la época, fijó 60 años para Melchor, 40 para Gaspar y 20 para Baltasar.

Otro asunto controvertido en relación con estos personajes es si Mateo, el autor del evangelio, consideraba que eran magos. João Scognamiglio, autor de *Lo inédito sobre los evangelios*, afirma en su obra que «el nombre *magos* no debe ser entendido con las connotaciones de nuestro tiempo, pues en aquella época significaba personas de cierto poderío y que se distinguían especialmente en los conocimientos científicos, sobre todo astronómicos». El historiador de la religión cristiana James Dixon Douglas es de la misma opinión. En su extensa obra *Diccionario bíblico del mundo hispano* sentencia que, en aquellos años, la palabra *mago* hacía referencia a una «casta religiosa entre los persas» que profesaba una gran devoción por la astrología. Estas consideraciones llevan a concluir que se trataba de sabios, es decir, astrólogos y alquimistas conocedores de los misterios desde el uso de la mente abstracta, tal como refleja su denominación en inglés: *The Three Wise Men* ('Los Tres Hombres Sabios').

En cuanto a la celebración del evento, no fue hasta el siglo v cuando empezó a festejarse «la adoración de los magos». Y hay una bella simbología en los presentes que le llevan al Niño al «portal de Belén»: oro, incienso y mirra. A los profanos les parece una bella historia de adoración, pero hay un significado oculto: la mirra es el regalo que se le hace a un hombre; el oro, el que se le da a un rey; y el incienso es propio de un dios. Aunados los tres en la figura de Jesús, se está indicando a la vez que es un hombre, un rey (de Israel, por su linaje davídico) y también el Hijo de Dios, un ser de luz. De estos presentes con los que obsequiaron al Niño los sabios arrancó la costumbre de traer juguetes, pero ya a mediados del siglo XIX; a la vez, se popularizó la «carta a los Reyes», elemento imprescindible en la actualidad.

Hasta aquí la tradición navideña. Pero tras ella se encierra otra realidad que, como ocurre con otros muchos de los símbolos y mitos de la Navidad, enlaza con prácticas muy anteriores al nacimiento de Jesús.

En este caso, se trata de una conmemoración que se remonta a la noche de los tiempos: la de Hermes Trismegisto, esto es, el «tres veces Mago», el «tres veces Grande», el «tres veces Maestro», quien está presente en bastantes culturas con distintas denominaciones; por ejemplo, es el Mercurio latino o el Idris árabe. Por lo tanto, referirse a la tríada de Reyes Magos es hacerlo a una única figura, la de Hermes Trismegisto. A él está dedicado el 6 de enero en realidad, aunque se haya perdido la conciencia al respecto.

Su nombre es un sincretismo entre el Hermes heleno y el dios egipcio Dyehuty, al que los griegos llamaron Thot. Dyehuty representaba la sabiduría y se le relaciona con un personaje de épocas muy remotas considerado autor y recopilador de la mayor parte de los textos y papiros acumulados en el templo de la diosa Neit, en Sais. Según narra Platón en *Timeo* y *Critias*, las salas de este templo contenían registros históricos secretos que se habían mantenido durante nueve mil años. Para algunos, Hermes, Dyehuty o Thot (da igual cómo lo llamemos) fue el inventor de la escritura, y fue el primero en dejar constancia de conocimientos y saberes provenientes del mundo atlante, para que no se perdieran.

Clemente de Alejandría estimaba que los egipcios poseían cuarenta y dos escritos sagrados de Hermes, que encerraban toda la información atesorada durante milenios por los sacerdotes y que hoy podemos encontrar volcada y resumida en textos como *El Kybalión*. En el presente, son muchos los textos impresos que afirman tener a Hermes Trismegisto como autor remoto.

Capítulo 8

BAUTIZO Y TRANSFIGURACIÓN; CUERPO MÍSTICO Y TRANSUBSTANCIACIÓN: ESTAR EN CRISTO Y ESTAR CON DIOS

EL BAUTIZO Y LA TRANSFIGURACIÓN

El bautizo

Hay referencias al parentesco de Juan el Bautista con Jesús (sus madres, Isabel y María, pudieron ser primas) e indicios de que pertenecía al linaje sacerdotal proveniente de Aarón. Y entre ambos no hubo mucha diferencia de edad, pues cuando María recibió el anuncio de su inminente concepción, Isabel estaba embarazada de seis meses: «Pero María le preguntó al ángel: "¿Cómo puede ser eso, si yo no tengo relaciones sexuales con ningún hombre?"». El ángel le contestó: "Sobre ti vendrá el Espíritu Santo, y el poder del Altísimo te envolverá con su sombra. Por eso el que va a nacer será llamado santo, Hijo de Dios. Y, mira, tu pariente Elisabet, que ya está en su vejez, también ha concebido un hijo. Ella, a la que llamaban estéril, ya está en su sexto mes"» (Lucas, 1: 34-36).

Juan actuó como «adelantado» de Jesús para abrirle el camino: «En el año 15 del reinado de Tiberio César [...] Juan, el hijo de

Zacarías, recibió en el desierto un mensaje de Dios. De modo que él fue por toda la región del Jordán predicando el bautismo en señal de arrepentimiento para el perdón de pecados. Sucedió tal como está escrito en el libro del profeta Isaías: "La voz de alguien grita en el desierto: '¡Preparen el camino de Dios! Hagan que los caminos de él queden rectos. Todo valle tiene que ser rellenado, y toda montaña y colina tiene que ser allanada; los caminos torcidos tienen que hacerse rectos y los caminos accidentados tienen que hacerse llanos...'"» (Lucas, 3: 1-5).

Tiberio sucedió a Augusto el 19 de agosto del año 767 de la fundación de Roma (año 14 d. C., según la cronología oficial). Lucas pudo seguir el calendario sirio, en que el año empieza el 1 de octubre, o bien el calendario romano, en que el año comienza en marzo. Así, la fecha aproximada del inicio de la actividad del Bautista estaría en torno al año 28 de la era común, cuando tenía ya 29 años o estaba pronto a cumplirlos, y Jesús tenía entre 27 y 28 años.

Durante el año y medio siguiente Juan alcanzó notoriedad pública, antes, por tanto, de que Jesús iniciara su labor (como se señaló en el cierre del capítulo anterior, la inició cuando tenía cerca de 30 años). De hecho, varios de los discípulos de Jesús, como Andrés, fueron antes seguidores de Juan, que perteneció a un grupo de índole espiritual y política denominado los *nazarenos*, que posteriormente siguió a Jesús (el apelativo *Nazareno* que se dio a Jesús procedería de este hecho). Hay abundantes referencias históricas a la existencia de este grupo, y en Hechos de los Apóstoles (24: 5) se señala que, tras la muerte de Jesús, san Pablo llegó a ser su cabeza visible. También consta que este grupo presentaba conexiones con los esenios, que vivían en pequeñas comunidades (Nazaret era, probablemente, una de ellas, y de ahí surgió el calificativo *nazarenos*).

Juan había recibido la promesa de que se le daría una señal para que pudiera reconocer al Mesías. Y como descendiente de una dinastía de sacerdotes, Juan bautizó a Jesús. Lo que vio y oyó Juan al hacerlo le convenció de que él era el Ungido (Juan, 1: 32-34) y le confirió públicamente la investidura necesaria para que el pueblo lo reconociera como Mesías. Este fue el principal motivo[*] por el que Herodes Antipas hizo encarcelar a Juan pocos meses después de haber bautizado a Jesús, a instancias de los fariseos (evangelios de Mateo, 4: 12, Marcos, 1: 14, Lucas, 3: 19-20 y Juan, 4: 1-3), y, finalmente, mandó decapitarlo.

Así describe el Evangelio de Mateo (3: 16-17) lo que aconteció en el bautismo: «En cuanto Jesús fue bautizado, salió del agua, y en aquel momento los cielos se abrieron y él vio el Espíritu de Dios bajando como una paloma y viniendo sobre Jesús. Y entonces una voz dijo desde los cielos: "Este es mi Hijo amado; él tiene mi aprobación"».

Concretamente, el bautizo tuvo lugar en el río Jordán, cerca de Betania, probablemente en el año 783 de Roma, a comienzos de enero, y con él arranca la vida pública de Jesús. Inmediatamente después del bautismo, entre enero y febrero, pasa cuarenta días en el desierto, donde tiene las llamadas «tentaciones» (Mateo, 4: 1-11, Marcos, 1: 12-13 y Lucas, 4: 1-13), siendo ya en marzo cuando convoca a los primeros discípulos (Juan, Andrés, Pedro, Santiago, Felipe y Natanael) (Juan, 1: 35-51). Poco más tarde viaja a Galilea y en las bodas de Caná realiza su primer milagro (la conversión del agua en vino).

Como ya se señaló, lo crístico encarnó en Jesús de Nazaret a partir de su bautismo en el río Jordán y por medio de un proceso que se completó plenamente antes de su fallecimiento físico en el Gólgota. Este proceso tuvo otro hito determinante en la transfiguración, como veremos de inmediato. En definitiva: a partir del bautismo, Jesús de Nazaret se transformó inefablemente en Cristo Jesús, y en la persona elegida por Dios para ser Rey y Líder (Salmos, 2: 6; Isaías, 55: 4).

---

[*] Además, Juan había criticado la conducta de la princesa Herodias, que había abandonado a su marido Herodes Filipo para vivir con su tío y cuñado Herodes Antipas.

La transfiguración

Jesús pasa a ser Cristo Jesús desde el momento en que recibe la encarnación crística; este hecho marca también el comienzo de su vida pública. Y en el tercer año de la misma, a comienzos de agosto, cuando falta poco más de medio año para su detención, martirio y ejecución, tiene lugar un hecho extraordinario que recogen varios evangelios (Mateo, 17: 1-6, Marcos, 9: 1-8 y Lucas, 9: 28-36). En este episodio, una voz similar a la del bautismo en el Jordán se vuelve a referir a Cristo como «mi Hijo amado»: es la *transfiguración*, ocurrida probablemente en el monte Tabor (se barajan otras posibles ubicaciones, como el monte Hermón o el Merón), en la que cambia la figura de Cristo Jesús, no la sustancia. Es decir, Cristo Jesús, en lo esencial, seguirá siendo el mismo. Pero su apariencia cambia ante los ojos de tres de sus discípulos.

El Evangelio de Mateo narra así este episodio (17: 1-5): «Seis días después, Jesús tomó a Pedro, a Santiago y a Juan, el hermano de Santiago, y se fue aparte con ellos a un cerro muy alto. Allí, delante de ellos, cambió la apariencia de Jesús. Su cara brillaba como el sol, y su ropa se volvió blanca como la luz. En esto vieron a Moisés y a Elías conversando con Jesús. Pedro le dijo a Jesús: "Señor, ¡qué bien que estemos aquí! Si quieres, haré tres chozas: una para ti, otra para Moisés y otra para Elías". Mientras Pedro estaba hablando, una nube luminosa se posó sobre ellos, y de la nube salió una voz, que dijo: "Este es mi Hijo amado, a quien he elegido: escúchenlo"».

Tal como destacó Tomás de Aquino, la transfiguración complementa el bautismo. Y deja claro que la vida y la obra de Jesús son perfectas, pues él no solo cuenta con la aprobación del Padre (como quedó patente en la escena del bautismo) sino que, además, es el elegido y debe ser escuchado.

La transfiguración es un momento crucial, antesala del comienzo de la pasión, desde el dolor en el huerto de los Olivos hasta el asesinato en martirio. En la escena relatada, Moisés y Elías se retiran tras conversar con Cristo Jesús: han cumplido su misión y Cristo es ya la referencia última (Pedro, que no entiende lo que está ocurriendo, pretende hacer tres chozas para que Moisés y Elías puedan seguir desenvolviéndose en el plano terrestre). Y la montaña en la que tiene lugar el episodio ha de ser contemplada no como un lugar físico solamente, sino sobre todo y fundamentalmente como un punto de conexión entre los Cielos y la Tierra con Cristo Jesús como protagonista. Aquí cuaja y se concreta el encuentro de la naturaleza humana con la íntima divinidad que brilla en su esencia, como espacio en el que toma cuerpo la máxima expresión del nacer de nuevo: la transformación en Dios. Los tres discípulos tienen la ocasión de descubrir en Jesús lo que se mostrará abiertamente después de su muerte y resurrección.

Jesús de Nazaret y Cristo Jesús

Por todo lo expuesto, no es posible entender la figura de Jesús de Nazaret ni su vida si antes no se entiende lo crístico, pues transformarse en Cristo Jesús fue la inefable misión de Jesús de Nazaret y la sublime aportación que hizo a la evolución de la Madre Tierra y la humanidad.

Los apóstoles y discípulos fueron llevados de Jesús de Nazaret a Cristo Jesús, pero no alcanzaron a comprender lo que representa lo segundo hasta que, en Pentecostés, la fuerza del Paráclito actuó en ellos.

Pablo de Tarso, que no perteneció al círculo inicial de los doce apóstoles, recorrió el camino del discernimiento a la inversa, del vislumbre de lo crístico y del hondo significado de Cristo Jesús a Jesús de Nazaret.

Los cuatro evangelios, en particular, y el Nuevo Testamento que con ellos se inicia, en general, marcan un patrón esotérico íntimamente relacionado con la progresión de la toma de conciencia de lo crístico:

- El primero, el Evangelio de Mateo, empieza con el nacimiento de Jesús (en la tradición apócrifa, el «primer Jesús»); y está presidido por la Ética en forma de práctica de vida para nacer de nuevo.

- El segundo, el Evangelio de Marcos, arranca con el bautismo, esto es, con lo crístico, con el evento con el que se desencadena la transformación en Cristo Jesús; y está lleno de Sabiduría-Compasión.
- El tercero, el Evangelio de Lucas, vuelve a comenzar con los hechos en torno al nacimiento de Jesús (en este caso, según la misma tradición apócrifa, el «segundo Jesús»); y muestra la Fuerza del Espíritu de Vida y de Verdad.
- El cuarto y último, el Evangelio de Juan, se inicia con lo crístico en su expresión más sutil como Verbo; y desde la Fuerza del Paráclito nos prepara para la culminación de los tiempos.
- Esta culminación cristaliza en el tramo final del Nuevo Testamento en el Libro del Apocalipsis, que contiene las revelaciones sobre los signos de los tiempos y la conclusión de la actual generación humana.

CUERPO MÍSTICO Y TRANSUBSTANCIACIÓN

Cuerpo místico de Cristo

Entendiendo la naturaleza de la fuerza crística y la colosal envergadura de su encarnación en Jesús de Nazaret, se puede comprender la figura del cuerpo de Cristo o cuerpo místico de Cristo.

En el Nuevo Testamento hay diversas referencias a él (Colosenses, 1: 18; Colosenses, 1: 24; Romanos, 12: 5; Efesios, 3: 6 y 5: 23), aunque es en la Primera Carta a los Corintios (12: 12-26) donde se describe con mayor precisión: «Así como el cuerpo tiene muchos miembros y, sin embargo, es uno, y estos miembros, a pesar de ser muchos, no forman sino un solo cuerpo, así también sucede con Cristo. Porque todos hemos sido bautizados en un solo Espíritu para formar un solo Cuerpo; judíos y griegos, esclavos y hombres libres y todos hemos bebido de un mismo Espíritu. El cuerpo no se compone de un solo miembro sino de muchos. Si el pie dijera: "Como no soy mano, no formo parte del cuerpo", ¿acaso por eso no seguiría siendo parte de él? Y si el oído dijera: "Ya que no soy ojo, no formo parte del cuerpo", ¿acaso dejaría de ser parte de él? Si todo el cuerpo fuera ojo, ¿dónde estaría el oído? Y si todo fuera oído, ¿dónde estaría el olfato? Pero Dios ha dispuesto a cada uno de los miembros en el cuerpo, según un plan establecido. Porque si todos fueran un solo miembro, ¿dónde estaría el cuerpo? De hecho, hay muchos miembros, pero el cuerpo es uno solo. El ojo no puede decir a la mano: "No te necesito", ni la cabeza, a los pies: "No tengo necesidad de ustedes". Más aún, los miembros del cuerpo que consideramos más débiles también son necesarios, y los que consideramos menos decorosos son los que tratamos más decorosamente. Así nuestros miembros menos dignos son tratados con mayor respeto, ya que los otros no necesitan ser tratados de esa manera. Pero Dios dispuso el cuerpo, dando mayor honor a los miembros que más lo necesitan, a fin de que no haya divisiones en el cuerpo, sino que todos los miembros sean mutuamente solidarios. ¿Un miembro sufre? Todos los demás sufren con él. ¿Un miembro es enaltecido? Todos los demás participan de su alegría».

La Iglesia católica ha intentado ligar a ella misma este cuerpo de Cristo, pero resulta obvio que el verdadero significado de este va mucho más allá y no tiene que ver con ninguna organización humana. Es más, el cuerpo místico de Cristo aglutina no solo a la humanidad en su conjunto, sino a la Madre Tierra en su totalidad* y a cada una de las modalidades de vida, sin excepción de ningún tipo, que la habitan.

A partir de que lo crístico encarnó en Jesús y de que este cumplió su misión, el consciente colectivo y planetario quedó impregnado de lo crístico. Y estamos todos invitados a participar del cuerpo de Cristo y, por ende, de esta impregnación crística.

---

* No en balde, como ya se ha expuesto, el cuerpo etérico y la consciencia planetarios quedan impregnados de la fuerza crística debido a la encarnación de esta en un ser humano.

Transubstanciación

Y con esta transcendencia hay que entender el *corpus verum*, *corpus christi* o *corpus naturale*, según lo descrito por el propio Jesús con la simbología del pan y el vino: «Luego tomó el pan, dio gracias, lo partió y lo dio a sus discípulos, diciendo: "Esto es mi Cuerpo, que se entrega por ustedes. Hagan esto en memoria mía". Después de la cena hizo lo mismo con la copa, diciendo: "Esta copa es la Nueva Alianza sellada con mi Sangre, que se derrama por ustedes"» (Lucas, 22: 19-20).

Se trata de la *transubstanciación* o *transustanciación* (transformación de una substancia en otra, cambio interno), basada en el sentido literal e inmediato de las palabras de Cristo en la última cena: las ya citadas del Evangelio de Lucas o las que se encuentran en el Evangelio de Mateo (26: 26-28) y en el Evangelio de Marcos (14: 22-25). En el Evangelio de Juan (6: 51-58) se dice que comer la carne de Cristo (a través del pan consagrado, por supuesto) aporta la vida eterna.

La esencia, la naturaleza, la causa y las consecuencias de la transubstanciación son radicalmente inaccesibles e incompresibles para los seres humanos en los que lo crístico no ha empezado a brotar, a manar, a hacerse presente de algún modo. Desde luego, permanecen inalteradas las características sensibles del pan y del vino, esto es, las «especies eucarísticas» (color, gusto, cantidad...). Sin embargo, en la plegaria eucarística de la consagración, mediante la eficacia de la palabra de Cristo y de la acción del Espíritu Santo, acontece la inefable transfiguración de toda la sustancia del pan en la sustancia del cuerpo de Cristo; y de toda la sustancia del vino en la sustancia de su sangre. Y el ser humano que eucarísticamente come y bebe no solo hace memoria de Cristo Jesús, sino que entra en sutil común-unión con él, desde él y por él.

Así:

- En las bodas de Caná tiene lugar la transformación del agua en vino, lo que se correlaciona con el bautizo en el Jordán y el descenso del Espíritu de Dios, que también provocará la transfiguración.

- En la última cena, con la simbología del cuerpo (pan) y la sangre (cáliz), acontece la transformación del agua en sangre, lo que se correlaciona con la muerte en el madero, con el signo de la lanzada sobre el cuerpo, en el costado, de donde manan sangre y agua: «Uno de los soldados le clavó una lanza en el costado, y al instante salió sangre y agua» (Juan, 19: 34).

- En la eucaristía y la común-unión se integran las bodas de Caná y la última cena, el bautismo y la muerte, la transfiguración y la resurrección, todo interactuando en la explosión de Amor de la transubstanciación (transformación interna).

La transubstanciación se halla estrechamente relacionada con el apelativo más frecuente de los evangelios para referirse a Cristo Jesús: el «Hijo del Hombre». Se dedicará un apartado próximo a este epíteto, que tiene que ver con el hecho de que todos y cada uno de los seres humanos estamos convocados a plasmar lo crístico en nosotros. Y es que, esotéricamente, el Hijo del Hombre es el «Hombre Espiritual», en expresión de Rudolf Steiner. Lo espiritual tiene que cristalizar también en los componentes efímeros del ser humano (incluidos el componente etérico y el cuerpo físico) a partir de la «lluvia sagrada» que mana y cae desde el yo superior:

- La plasmación de lo espiritual en lo etérico es el «espíritu vital»; este es el significado profundo de «beber la sangre de Cristo».

- Y la plasmación de lo espiritual en lo físico es el «hombre espíritu»; este es el hondo simbolismo de «comer el cuerpo de Cristo».

Por último, hay que destacar que Cristo Jesús, en las palabras antes recogidas sobre el pan y el vino, indica: «Hagan esto en memoria mía». No hay que entenderlo como una indicación de que le recordemos como persona o personaje solamente, sino, sobre todo, como la instrucción de que hagamos presente su condición crística.

Se trata de que traigamos a nosotros y nos hagamos nuestra la «memoria iluminada»* de lo que realmente somos por medio de Cristo. Por lo que tal memoria es venir a Cristo, hacerlo presente en la propia vida, lo que enlaza con el «vivo yo, pero no soy yo; es Cristo quien vive en mí», que se examina a continuación.

Orientaciones para la práctica de la transubstanciación grupal o individual

Se ofrecen a continuación unos breves consejos, a modo de orientaciones que han de ser adaptadas a las circunstancias y al entorno concreto, para la práctica grupal o individual de la transubstanciación en memoria iluminada de Cristo Jesús:

1. Situarse de pie o sentado en un lugar tranquilo y propicio para el recogimiento interior.
2. Tener a mano un trozo pequeño de pan y una copa (o un vaso) con un poco de vino.
3. Tener muy presente que vamos a realizar un acto sagrado, en el sentido estricto de la palabra: no es un rito más ni, por supuesto, algo que se hace por entretenimiento o diversión.
4. Guardar unos 5 o 7 minutos de silencio, respirando de forma consciente, percibiendo como se van serenando las emociones y los pensamientos; y, poco a poco, centrarse mentalmente y de corazón en la figura, la fuerza y la presencia de Cristo Jesús.
5. A partir de ahí, pronunciar sin prisas y con íntimo respeto la siguiente oración:

---

* Expresión relacionada con la formulación platónica de la anamnesis o reminiscencia.

«Siguiendo tus enseñanzas, Cristo Jesús, tomo este pan (*agarrarlo entre las manos con reverencia*) y lo como cual representación de tu cuerpo y de la plasmación del hombre espíritu en mi dimensión física. (*Masticar el trozo de pan con calma, con conciencia de la transcendencia del acto, y, al terminar, dejar transcurrir unos instantes de reposo*).

»Igualmente, tomo esta copa (*tomarla entre las manos con veneración*) y bebo de su vino como representación de tu sangre y de la cristalización del espíritu vital en mi dimensión etérica. (*Ingerir el contenido lentamente, saboreando la honda significación del momento y, al finalizar, dejar pasar unos segundos de introspección*).

»En tu memoria iluminada y por la esencia crística con la que llenaste de bendiciones a la humanidad y a la Madre Tierra, que ambos, el pan y el vino, se transformen en mi interior hasta que fructifique el Hijo del Hombre que nos dejaste como legado. Y que de este modo nutran mi compromiso de, viviendo yo, no ser yo, sino Tú mismo, Cristo, viviendo en mí».

6. Concluida la oración, continuar unos minutos en silencio y manteniendo el encuentro interior.

7. Al reiniciar las actividades cotidianas, que la experiencia de la transubstanciación nos acompañe en el aquí-ahora de todas ellas.

CRISTIFICACIÓN: ESTAR EN CRISTO Y ESTAR CON DIOS

«Vivo yo, pero no soy yo; es Cristo quien vive en mí»

Llegados a este punto, hay que recordar las prácticas de vida incluidas en el sermón de la montaña y, en particular, una de las que expusimos en su momento asociada a la regla de oro: hay que escuchar lo que Cristo Jesús dice ¡y hacerlo! Recordemos lo que dijo él mismo a este respecto: «Todo el que escuche lo que he dicho y lo haga será como el hombre prudente que construyó su casa sobre la roca. [...] En cambio, todo el que escuche lo que he dicho pero no lo haga será como el hombre insensato que construyó su casa sobre la arena» (Mateo, 7: 24-27).

Esto implica necesariamente «hacer nuestro lo crístico» siguiendo los pasos descritos por Pablo de Tarso en la Carta a los Gálatas (2, 20): «vivo yo, pero no soy yo; es Cristo quien vive en mí». O «dar posada» en nosotros al Verbo divino, como expresó bellamente san Juan de la Cruz:

> «Del Verbo divino
> la Virgen preñada
> viene de camino:
> ¡si le dais posada!».

«Cristificación», no imitación

Al hilo de lo cual y como se expone en el libro mencionado al comienzo de estas páginas dedicado a la mística del santo abulense (*Sabiduría de Dios Escondida*), la afirmación «es Cristo quien vive en mí» no ha de ser contemplada o experimentada como «identificación», «imitación» o «seguimiento», sino como auténtica y absoluta «cristificación» de la persona.

Las palabras de Pablo no tienen que ver con imitar a Cristo. En este sentido, pudo fomentar los malentendidos el título *Imitación de Cristo* de Tomás de Kempis, que encabeza una obra encomiable que fue publicada en las primeras décadas del siglo XV y gozó de reconocimiento. Aquello a lo que nos llama Pablo es a desarrollar una nueva visión de la creación y la existencia y a una práctica de vida cotidiana que propicie la cristificación del ser humano. Esto, lejos de constituir una emulación, implica una genuina transfiguración en el sentido del «nacer de nuevo»: se trata de plasmar lo crístico de instante en instante y de obrar crísticamente en cada circunstancia de nuestra vida.

De hecho, esta vocación hacia la cristificación y la posibilidad real de acometerla es, como expone san Alberto Hurtado, la razón de ser de la creación, en perfecta armonía con el Principio y Fundamento propuesto por san Ignacio de Loyola en sus *Ejercicios espirituales*, que sostiene el carácter «funcional» de toda la creación. Y es consustancial al ser humano, constituyendo su genuina seña de identidad. De ahí que Rudolf Steiner, en la conferencia mencionada en la primera parte de este texto, no solo señale que el hecho de no percibir a Dios es una enfermedad, sino, igualmente, que no tener la vivencia de Cristo es una desgracia.

«Hijo del Hombre»

Esta es la buena nueva que la experiencia de Dios anuncia y hace factible: como se adelantó a propósito de la transubstanciación, todos los hombres y mujeres estamos convocados a que lo crístico fragüe y se expanda en nosotros, a partir de dar posada al Verbo divino. De ahí que Cristo Jesús se denomine a sí mismo el «Hijo del Hombre». Como también se apuntó, esta es la expresión más utilizada en los evangelios para hacer referencia a Jesús de Nazaret, y transmite la vocación y el destino de cada alma encarnada y de la humanidad en su conjunto.

Porque vivir crísticamente es el fruto natural que todo humano tiene la capacidad esencial de dar de sí, aunque a tanta gente todavía, deshumanizada y desnaturalizada por la enfermedad de la que hablaba Steiner, le parezca una fantasía y un engaño. Más específicamente, este fruto ya está al alcance de cada ser humano en su camino espiritual. Y será el que dará de sí la humanidad colectivamente en el marco de la humanidad átmica, esto es, la séptima y última humanidad contemplada en el proceso evolutivo humano que esbozábamos en el capítulo precedente.

El paulatino avance individual y colectivo hacia el hito de vivir crísticamente es inexorable. En un horizonte mucho más cercano de lo que será la aparición de la séptima raza, y atendiendo al desenvolvimiento de los ciclos mayores y menores, cada persona se encontrará frente a la disyuntiva consciencial de superar o no, en el ejercicio de su libertad, el «corte» o «cortamiento» que se estudiará en la tercera y última parte de este texto. Así, cada ser humano deberá optar entre «estancarse» y «anquilosarse» evolutivamente (caer en una especie de degradación de perfil «infrahumano») o «evolucionar» como semilla y participante activo de una nueva generación humana que sustituirá a la actual. Esto representará un paso crucial hacia la plasmación del Hijo del Hombre en la séptima humanidad.

Cristo como piedra filosofal

Dar un fruto evolutivo de este calado representa una verdadera metamorfosis, según el significado denotado por la *metanoia* griega; la metamorfosis que experimenta, por ejemplo, el gusano que se transforma en mariposa. Pero cuando los evangelios se tradujeron al latín se optó por la equívoca expresión *conversión*, que ha llegado hasta nuestros días.

Haciendo una analogía, la cristificación sería similar a la cristalización. Esta última se usa con frecuencia en el campo de la química como proceso físico dirigido a la purificación de una sustancia sólida. En cuanto a la cristificación, es un proceso espiritual que sutiliza al ser humano y le permite percibir y experimentar la vida (la suya y la de todos y todo) desde la toma de conciencia y la práctica activa de su naturaleza divina, hasta el punto de que al vivir no hace otra cosa que amar, como manifiesta san Juan de la Cruz («ya solo en amar es mi ejercicio»).

En un plano simbólico profundo, esta transformación tiene mucho de proceso alquímico. Porque la alquimia que ha ocupado a tantos sabios y sabias y a tantas escuelas filosóficas y esotéricas a lo largo de la historia no se ciñe a los barrotes del materialismo: no todo consiste en transmutar un metal básico o innoble (el plomo, mayoritariamente) en otro de carácter noble (el oro, fundamentalmente) utilizando para ello una sustancia legendaria conocida como *piedra filosofal*.

La alquimia también se concentra en la dinámica asociada a la evolución espiritual del ser humano que, paulatinamente, se va percatando de su esencia imperecedera y va dejando de vivir desde su apariencia o pequeño yo; y, a partir de ahí, va viviendo cada vez más en coherencia con esa esencia, con su naturaleza legítima, con su verdadero ser.

En este contexto lo crístico puede considerarse, como se apuntó al inicio del capítulo, la piedra filosofal que permite la citada metamorfosis al mutar lo impuro en puro, propiciando así nuestro regreso al Padre, al Hogar (como en el caso del hijo pródigo de la parábola).* Es por esto por lo que Jesús afirma: «Yo soy el camino» (Juan, 14: 6). Y, sin entrar en detalles, hay que tener en cuenta que esta «vía», el camino en sí que es Cristo Jesús, se completa con el *vium*: se trata de recorrer el camino o hacer el viaje. María (Estela) representa el acto de recorrer el camino; esto es lo que simboliza en el marco del sendero espiritual.

Reconocimiento de Cristo en el otro

Todo lo anterior tiene esta implicación tan importante: cuando un ser humano, en su evolución natural, se cristifica, tal transfiguración implica el reconocimiento de Cristo en el otro. Vemos a Cristo en todas las personas, incluidas las que lo rechazan; en todos los seres sintientes, sin excepción de ningún tipo; en la vida, en todas sus modalidades y manifestaciones.

Esto se traduce en la reverencia por la vida a la que nos hemos referido ya en varias ocasiones. Y, desde luego, en la compasión hacia el sufrimiento, el de los más pequeños sobre todo. Recordemos estas palabras de Cristo Jesús: «Les aseguro que cada vez que lo hicieron con el más pequeño de mis hermanos, lo hicieron conmigo» (Mateo, 25: 40). Es decir, esta compasión debe extenderse a los más inocentes —desde un niño hasta un animal— y a los más vulnerables y

---

* Como ya se señaló anteriormente, san Juan de la Cruz hace referencia a este papel de Cristo como piedra.

desvalidos —no solo desde una perspectiva material, sino igualmente y sobre todo en términos de consciencia—.

Ningún dolor nos es ajeno al vivir la cristificación. Y se vive la identificación con el que sufre, sea cual sea su condición y sea cual sea el reino, la dimensión o el plano de vida en el que discurre su existencia. Porque ese dolor que padece es mi propio dolor; porque la desesperación que lo abate la siento yo; porque las mentiras egocéntricas y materialistas que lo embriagan me estremecen; porque el dominio y la manipulación al que se lo somete desde lo que está situado, conscencialmente, en las antípodas de lo crístico me conmueven; porque la violencia que le aflige expande en mí la acción consciente por la paz; porque la injusticia que soporta multiplica mi compromiso con la justicia... aun a costa de ser insultado y calumniado, sin irritarme nunca contra mi hermano, sin insultar ni maldecir a nadie ni por nada, reconciliándome con quien tenga una queja contra mí y amando y rogando por mis perseguidores.

Una falaz disyuntiva

Cuando la vivencia de la cristificación es genuina y resplandece en todo nuestro ser, rompe la dualidad, sostenida en diversos ámbitos místicos, entre «estar en Cristo» y «estar con Dios». Porque la verdadera cristificación supone una experiencia tan viva y penetrante que, indeclinable e inexorablemente, hace del «estar en Cristo» el «estar con Dios».

Para entenderlo adecuadamente, podemos empezar acudiendo al ya citado Albert Schweitzer y a su obra *El misticismo del apóstol Pablo*, en la que distingue entre dos categorías de misticismo: el primitivo y el desarrollado. El primero se encuentra incluso en religiones arcaicas y toscas y se caracteriza porque «aún no se ha elevado a una concepción de lo universal» y «todavía se limita a visiones ingenuas de lo terrenal y supraterrenal, temporal y eterno» y a una percepción de la «unión con la divinidad provocada por ceremonias». En cuanto al segundo, aparece cuando «se alcanza la concepción de lo universal y el ser humano reflexiona sobre su relación con la totalidad del ser y con el Ser en sí mismo»; y es una modalidad de misticismo más intelectual que se puede encontrar «entre los brahmanes y en el Buda, en el platonismo, en el estoicismo, en Spinoza, Schopenhauer y Hegel».

En este escenario, Schweitzer sitúa el misticismo de Pablo de Tarso entre los dos extremos de las categorías reseñadas y resalta el hecho de que sus escritos tienen una indudable dimensión intelectual y que nunca habla de ser uno con Dios o estar con Dios, sino de una conexión «mediada y efectuada por medio de la unión mística con Cristo». Así, el misticismo paulino se resumiría en «estar en Cristo» en lugar de «estar con Dios». Ello estaría íntimamente ligado a la percepción de que el Reino de Dios aún no ha llegado y de que estamos viviendo en el tiempo de Cristo: el misticismo de Cristo mantiene el campo hasta que el misticismo de Dios se vuelva posible de la mano de la nueva Tierra y una nueva humanidad transformada en el Hijo del Hombre.

Por tanto, Albert Schweitzer sostiene que Pablo, en vez de contemplar la posibilidad de tener la experiencia de «estar en Dios», usa la expresión «estar en Cristo» para ilustrar que Jesús es un mediador entre la comunidad cristiana y Dios. (Solo en la Carta a los Efesios, Pablo la utiliza veintisiete veces, y expone las ricas bendiciones espirituales que conlleva). Además, explica que la experiencia de «estar en Cristo» no es una «participación estática en el ser espiritual de Cristo», sino «la verdadera coexperiencia de Su morir y resucitar», lo cual está muy relacionado con el nacer de nuevo. Suma a esto la circunstancia de que no se vive de experiencias adquiridas en la iniciación sino que se disfruta de lo que evolutivamente aporta una experiencia comunitaria compartida.

Encuadrada así la mística paulina, debemos aprender de san Juan de la Cruz cuando, lejos de negarla, la hace suya, pero, a la vez, va más allá.

La hace suya por su práctica del «vivo yo, pero no soy yo; es Cristo quien vive en mí»; por vivir esta práctica no desde un posicionamiento estático, sino como coexperiencia; por su discernimiento acerca del papel de Cristo como soporte y mediador (como Piedra); por la función que en su vida tiene lo comunitario en el proceso espiritual; etcétera.

Y va más allá porque su experiencia de Dios le permite percibir, contemplar y sentir la posibilidad cierta de la transformación en Dios como el mayor grado de perfección a que en esta vida se puede llegar. Y esto funde radicalmente el «estar en Cristo» y el «estar con Dios».

Por supuesto, el propio Jesús ya se refirió a tal fusión: «Nadie puede venir a mí si no lo atrae el Padre que me envió» (Juan, 6: 44). Y en palabras de Juan de la Cruz, constituye el vínculo indisociable entre dar posada al Verbo divino y la transformación de la amada en el Amado. Porque solo dando posada al Verbo divino encarnado («estando en Cristo») la amada se transfigura en el Amado (se pasa a «estar con Dios»). O lo que es lo mismo: la unidad realizada en Cristo al dar posada al Verbo es el imprescindible factor de impulso que, gracias a la comunión de propiedades (la clásica doctrina cristológica de la *communicatio idiomatum*), desemboca en la transformación de la amada en el Amado y, a través de esta, en la unidad inmensamente mayor de «estar con Dios». Pero esto es un imposible si no damos posada al Verbo divino. Por todo esto, la teórica disyuntiva entre «estar en Cristo» o «estar con Dios» es una falacia: una ficción mental o una mera ensoñación.

La unión mística que deriva de estar en Cristo conduce a la unión hipostática, que es la que se da entre la naturaleza humana y la divina en la persona del Verbo. Y la unión hipostática es el fundamento de una más amplia: la unión de los seres humanos con Dios, para que los hombres también lleguemos a ser verdaderos hijos de Dios. El ser humano, por medio del *labor-into*, recorriendo el sendero espiritual, puede llegar a transformarse en lo que Cristo Jesús ya es de por sí, como encarnación humana del Verbo divino. En este sentido, Jesús es el primogénito de una multitud de hermanos convocados a plasmar la divinidad en este plano humano y material, a los que sirve de modelo como Hijo del Hombre: es el fruto de la evolución al que todos los hombres y mujeres estamos llamados. E, igualmente, es la cabeza visible de un cuerpo místico al que todos, libremente, podemos pertenecer, pues ser humano es el único requisito para ser miembro de ese cuerpo y para ser Cristo mismo.

Desalojo y acción

El contenido que hemos desarrollado en los últimos apartados del capítulo que aquí termina pone de manifiesto la envergadura y la transcendencia del ideal paulino y permite entender todo lo que implica y conlleva.

Conviene añadir que las palabras de Pablo colocan al ser humano ante una tarea de cristificación que gira en torno a dos pilares estrechamente ligados entre sí:

* La necesidad de desalojo o vaciamiento, representada por el «ya no vivo yo».
* El requerimiento de una acción y una colaboración activa, representada por la declaración «es Cristo quien vive en mí».

Es en cada uno de nosotros donde han de cuajar y donde se han de manifestar estos dos pilares de manera armónica, evidenciándose que no hay contradicción entre ellos. A ello estamos convocados todos los seres humanos por derecho; aunque dependerá de cada uno la medida y el grado en que lo logremos. Esto está en función del desarrollo del estado de consciencia de cada cual en el contexto de una evolución que es tanto natural como sobrenatural y en la que el Amor es lo que verdaderamente marca las diferencias.

Capítulo 9

PASIÓN, MUERTE Y RESURRECCIÓN

RESUMEN DE LOS PASAJES DE LOS EVANGELIOS QUE
NARRAN DESDE LA ÚLTIMA CENA HASTA LA ASCENSIÓN

Evangelio de Mateo

Capítulo 26

- Los sacerdotes planean matar a Jesús (1-5).
- Una mujer le derrama aceite perfumado en la cabeza (6-13).
- La última Pascua y la traición de Judas (14-25).
- Se establece la cena del Señor (26-30).
- Jesús predice que Pedro negará conocerlo (31-35).
- Ora en Getsemaní (36-46).
- Es arrestado (47-56).
- Es juzgado por el sanedrín (57-68).
- Pedro niega conocerlo (69-75).

Capítulo 27

- Jesús es entregado a Pilato (1-2).
- Judas se ahorca (3-10).

- Jesús ante Pilato (11-26).
- Se burlan de Jesús en público (27-31).
- Lo clavan al madero en el Gólgota (32-44).
- Muerte de Jesús (45-56).
- Entierro de Jesús (57-61).
- Vigilan la tumba (62-66).

Capítulo 28

- Jesús resucita (1-10).
- Sobornan a los soldados para que mientan (11-15).
- «Vayan y hagan discípulos» (16-20).

Evangelio de Marcos

Capítulo 14

- Los sacerdotes planean matar a Jesús (1-2).
- Una mujer le derrama aceite perfumado en la cabeza (3-9).
- La traición de Judas (10-11).
- La última Pascua (12-21).
- Se establece la cena del Señor (22-26).
- Jesús predice que Pedro negará conocerlo (27-31).
- Ora en Getsemaní (32-42).
- Es arrestado (43-52).
- Es juzgado por el sanedrín (53-65).
- Pedro niega conocerlo (66-72).

Capítulo 15

- Jesús ante Pilato (1-15).
- Se burlan de Jesús en público (16-20).
- Lo clavan al madero en el Gólgota (21-32).
- Muerte de Jesús (33-41).

* Entierro de Jesús (42-47).

Capítulo 16

* Jesús resucita (1-8).

Evangelio de Lucas

Capítulo 22

* Los sacerdotes planean matar a Jesús (1-6).
* Preparativos para la última Pascua (7-13).
* Se establece la cena del Señor (14-20).
* «La mano del que me va a traicionar está conmigo en la mesa» (21-23).
* Fuerte discusión sobre quién es el mayor (24-27).
* Pacto de Jesús para un reino (28-30).
* Jesús predice que Pedro negará conocerlo (31-34).
* Hay que estar preparados; las dos espadas (35-38).
* Oración de Jesús en el monte de los Olivos (39-46).
* Jesús es arrestado (47-53).
* Pedro niega conocerlo (54-62).
* Se burlan de Jesús (63-65).
* Es juzgado por el sanedrín (66-71).

Capítulo 23

* Jesús ante Pilato y Herodes (1-25).
* Jesús y los dos delincuentes, ejecutados en maderos (26-43).
* «Estarás conmigo en el paraíso» (43).
* Muerte de Jesús (44-49).
* Entierro de Jesús (50-56).

Capítulo 24

- Jesús resucita (1-12).
- Camino a Emaús (13-35).
- Jesús se aparece a los discípulos (36-49).
- Sube al cielo (50-53).

Evangelio de Juan

Capítulo 18

- Judas traiciona a Jesús (1-9).
- Pedro usa la espada (10-11).
- Llevan a Jesús ante Anás (12-14).
- La primera vez que Pedro niega conocer a Jesús (15-18).
- Jesús ante Anás (19-24).
- La segunda vez y la tercera vez que Pedro niega conocer a Jesús (25-27).
- Jesús ante Pilato (28-40).
- «Mi reino no es parte de este mundo» (36).

Capítulo 19

- Dan latigazos a Jesús y se burlan de él (1-7).
- Pilato vuelve a interrogarlo (8-16a).
- Lo clavan a un madero en el Gólgota (16b-24).
- Se preocupa por el cuidado de su madre (25-27).
- Muerte de Jesús (28-37).
- Entierro de Jesús (38-42).

Capítulo 20

- La tumba está vacía (1-10).
- Jesús se aparece a María Magdalena (11-18).
- Se aparece a sus discípulos (19-23).

- Tomás duda; luego se convence (24-29).
- Propósito de este libro (30-31).

Capítulo 21
- Jesús se aparece a sus discípulos (1-14).
- Pedro le confirma que lo quiere (15-19).
- «Alimenta a mis ovejitas» (17).
- El futuro del discípulo que Jesús amaba (20-23).
- Conclusión (24-25).

SEPTEM VERBA

Las *siete palabras* recogidas por los evangelistas

Las *siete palabras* (*septem verba* en latín) es la denominación convencional de las siete frases que Cristo Jesús pronunció durante su crucifixión, tal como se recogen en los evangelios canónicos. Una de ellas aparece tanto en el Evangelio de Mateo como en el de Marcos; tres, en el Evangelio de Lucas; y otras tres, en el Evangelio de Juan. (Ver recuadro).

Las «siete palabras»

- Evangelio de Mateo (27: 46) y Evangelio de Marcos (15: 34):
  * «¡Dios mío, Dios mío!, ¿por qué me has abandonado?»
- Evangelio de Lucas:
  * «Padre, perdónalos, porque no saben lo que hacen» (23: 24).
  * «Te aseguro que hoy estarás conmigo en el paraíso» (23: 43).
  * «Padre, en tus manos encomiendo mi espíritu» (23: 46).
- Evangelio de Juan:
  * «¡Mujer, ahí tienes a tu hijo; hijo, ahí tienes a tu madre!» (19: 26-27).

* «Tengo sed» (19: 28).
* «Todo está cumplido» (19: 30).

Su sabiduría

Como se subrayó en el capítulo precedente, cuando los evangelios no coinciden al narrar un determinado hecho o circunstancia, el modo adecuado de proceder es agregar los distintos relatos, que se enriquecen entre sí al describir la misma realidad desde perspectivas diferentes. Y esto es lo que sucede en lo relativo a las siete últimas frases de Cristo Jesús clavado en el madero, que deben ser contempladas en su conjunto para desgranar la sabiduría que contienen.

a) «¡Dios mío, Dios mío!, ¿por qué me has abandonado?».
Aunque sea la encarnación crística, Jesús es un ser humano. De ahí que diga: «¡Dios mío, Dios mío!, ¿por qué me has abandonado?». Esta imploración hay que ponerla en relación con sus palabras en el huerto de los Olivos, antes del prendimiento: «"Padre, si quieres, aleja de mí este cáliz, pero que no se haga mi voluntad, sino la tuya". Entonces se le apareció un ángel del cielo que lo reconfortaba. En medio de la angustia, él oraba más intensamente y su sudor era como gotas de sangre que corrían hasta el suelo» (Lucas, 22: 42-44). (En el próximo capítulo se volverá a este sudor parecido a gotas de sangre y su verdadera causa).

Estas palabras muestran, de un lado, que la encarnación crística se produjo en un ser humano que tenía sus emociones y sentimientos, no en un ángel o en un extraterrestre, lo que habría anulado los efectos de tal encarnación en la humanidad y la Madre Tierra.

Por otro lado, hay que tener en cuenta que la expresión de abandono y las gotas de sangre no se deben a la angustia por lo que Jesús sabe que va a vivir en las horas venideras, sino a la nítida percepción del mucho dolor y sufrimiento que les quedaban por delante a la humanidad y a la vida planetaria hasta el final de esta generación humana que, como se examinará pormenorizadamente en la tercera parte de estas páginas, el propio Cristo Jesús anuncia.

b) «Padre, en tus manos encomiendo mi espíritu».

Más allá de lo enunciado en el apartado anterior, en Jesús prima la confianza en el Padre y en la vida. De esa confianza emana la aceptación que se expresa en esta frase y que se muestra también en la segunda parte de la petición que efectuó encontrándose en el huerto de los Olivos, antes citada: «Padre, si quieres, aleja de mí este cáliz, pero que no se haga mi voluntad, sino la tuya».

c) «Tengo sed».

Esta es otra frase que deja patente el carácter humano de Jesús. Y expresa, igualmente, la sed de verdad que mueve al ser humano que avanza por el sendero de la consciencia y que en muchas ocasiones, como ya se constató, es impulsado por las noches oscuras, como la que Jesús está viviendo en ese momento.

d) «Te aseguro que hoy estarás conmigo en el paraíso».

Se lo indica a uno de los ladrones que está padeciendo la crucifixión junto a él. Es una llamada al no juicio: esa persona, aparentemente, es un malhechor y está siendo castigado por no atenerse a las normas legal y socialmente establecidas; pero tras esa apariencia hay un buen hombre cuyos actos tienen una razón de ser más allá de lo que dictan las normas. Por tanto, no juzgues a nadie. Ten muy en cuenta que tus ojos y tu mente no ven más allá de las apariencias y se les escapan los motivos profundos que pueden mover al ser humano desde su corazón y su alma.

e) «¡Mujer, ahí tienes a tu hijo; hijo, ahí tienes a tu madre!».

Es otra manifestación de lo ya comentado acerca de la prevalencia de las relaciones derivadas de la sintonía álmica por encima de las relaciones familiares.

f) «Padre, perdónalos, porque no saben lo que hacen».

El perdón tiene una relación de vasos comunicantes con el amor. Nace en uno mismo y en uno mismo se despliega, y no tiene que ver con lo que hagan los demás («le perdono siempre que cambie»...).

Igualmente, es importante subrayar que alguien puede y debe perdonar con relación a lo que le incumbe, pero no perdonar a otro por lo que haya hecho a otras personas o a otros seres sintientes. Con demasiada frecuencia, somos proclives a perdonar lo que otro ha hecho a otro, lo que obviamente está más allá de la esfera de nuestro perdón, mientras nos cuesta trabajo ejercer el perdón en lo que a nosotros respecta. Lo que nos atañe a nosotros es el verdadero y único ámbito del perdón.

En el marco del «rescate», que será tratado inmediatamente, el «perdón de los pecados» que Cristo Jesús lleva a cabo tiene que ver con la eliminación del karma colectivo originado por la humanidad, que afecta a cada uno de sus integrantes, por todo el daño causado al propio género humano y a las demás modalidades de vida: Jesús no elimina el karma individual, que cada alma tiene que gestionar, pero sí un karma colectivo que, dada la historia de la humanidad, sería prácticamente «impagable».

Por tanto, el martirio y la crucifixión de Cristo Jesús supusieron la limpieza de todo el karma de la era anterior. Según las leyes de compensación, pactó su sacrificio con el alma colectiva del mundo. Al final de cada era, como conclusión de cada fase de evolución, se realiza un gran sacrificio que viene a representar una especie de gran limpieza colectiva: esta limpieza pone un punto y aparte y permite volver a empezar, volver a intentar el progreso desde otra perspectiva, con una energía renovada, pura y limpia. En aquellas horas de la crucifixión de Jesús el Cristo, el pecado y el sufrimiento que habían quedado como residuos de la fase evolutiva que había tocado a su fin, la era de Aries, fueron expurgados y purificados. Se produjo el sacrificio simbólico de Aries, el carnero, y empezó la nueva era de Piscis. Según nos cuenta la tradición, Jesús el Cristo se convirtió, con esta muerte, en el logos planetario, en el redentor de esa era. Las palabras «Cordero de Dios, tú que quitas el pecado del mundo», que la tradición cristiana repite como una retahíla, tienen pues un significado profundo.

Por lo demás, la etimología del término que en los evangelios se ha traducido como 'pecado' pone de relieve el significado de este como 'alejamiento': distanciamiento o separación de la divinidad y, por ende, de nuestro ser esencial.

g) «Todo está cumplido».

Como se insistirá en el próximo apartado, la encarnación crística en un ser humano marca un antes y un después en la historia y en la evolución de la humanidad y de la Madre Tierra. Consumada tal encarnación, todas las puertas quedan abiertas para que las almas encarnadas en seres humanos puedan transitar por el camino espiritual hacia el nacer de nuevo. Ahora todo queda en manos del libre albedrío, pues a nadie se le puede obligar a avanzar por tal camino. Y se ponen a disposición de ese libre albedrío diversas reencarnaciones, cuyo límite será el final de esta generación.

¿Cruz o madero?

Desde una perspectiva espiritual y consciencial, es un asunto muy secundario, que en nada afecta a la sabiduría profunda asociada a la vida y la obra de Cristo Jesús, con todo lo que implica. En cualquier caso, hay serias dudas de que la muerte de Jesús tuviera lugar en una cruz.

Esta constituye el símbolo más representativo y extendido del cristianismo, además de que es un signo ancestral presente en numerosas corrientes esotéricas. Sin embargo, hay indicios que apuntan a que Jesús fue clavado en un simple madero o palo vertical.

Así, en los evangelios de Mateo (27: 40) y Juan (19: 17) se suele usar a este respecto el vocablo griego *staurós*, que numerosos estudiosos entienden que denota, principalmente, un palo o estaca derechos (1). De este modo, *staurós* «nunca se refiere a dos piezas de madera unidas en algún ángulo» (2). Igualmente, encontramos otro término griego, *xýlon*, como sinónimo de *staurós* (Hechos de los Apóstoles, 5: 30 y Primera Carta de Pedro, 2: 24), que significa 'madera', 'leño', 'estaca', 'palo' o 'árbol' (3). Tanto este término como su equivalente hebreo «no significan propiamente lo que nosotros entendemos por cruz, sino un simple madero» (4).

(1) *Diccionario expositivo de palabras del Antiguo y del Nuevo Testamento exhaustivo*, de William E. Vine; *El Evangelio según Lucas*, de Joseph A. Fitzmyer; *La muerte del Mesías,* de Raymond E. Brown; *The International Standard Bible Encyclopedia,* edición revisada, volumen 1; *The Imperial Bible-Dictionary*, volumen II; *Nuevo Diccionario Bíblico Certeza*; *Compendio del diccionario teológico del Nuevo Testamento*.
(2) *A Critical Lexicon and Concordance to the English and Greek New Testament.*
(3) *Compendio del diccionario teológico del Nuevo Testamento*; *Diccionario del griego bíblico*; *Diccionario manual griego-español,* de José M. Pabón, página 416; *A Greek-English Lexicon*, de Henry George Liddell y Robert Scott, y el ya referenciado *Diccionario expositivo* de William E. Vine.
(4) Nota incorporada a la obra *Historia universal de la Iglesia Católica,* de René F. Rohrbacher.

LA RESURRECCIÓN
El enterramiento en la misma tarde de la muerte
Narran los evangelios que José de Arimatea, el discípulo secreto mencionado páginas atrás, convenció a Poncio Pilato de que le permitiera bajar del madero el cuerpo de Jesús en la misma tarde de su muerte, alegando que el día siguiente era sábado (*sabbat*, día sagrado de la semana para el judaísmo y en el que, según las prescripciones de la

Torá, no debe realizarse ningún tipo de trabajo). Arimatea estaba muy bien relacionado con los círculos de poder tanto romanos como del sanedrín judío. Es verdad que a Pilato le sorprendió la celeridad con la que le pidió bajar el cuerpo fenecido del madero, tal como refleja el Evangelio de Marcos (15: 44), pero José de Arimatea era una persona muy influyente* y consiguió convencer a Pilato de que tras verificarse el fallecimiento el cuerpo fuera bajado, ungido y enterrado en un sepulcro de su propiedad.

Así lo relata el Evangelio de Marcos (15: 42-47): «Como ya era el final de la tarde y era el día de la preparación, es decir, la víspera del sábado, José de Arimatea —un miembro respetado del Consejo [o sanedrín], quien también esperaba el Reino de Dios— se armó de valor, se presentó delante de Pilato y le pidió el cuerpo de Jesús. Pero Pilato se preguntaba si Jesús ya estaría muerto, así que mandó llamar al oficial del ejército y se lo preguntó. Una vez que el oficial del ejército se lo confirmó, él le dio permiso a José para llevarse el cuerpo. José compró tela de lino de calidad y bajó el cuerpo de Jesús. Después lo envolvió en la tela y lo puso en una tumba excavada en la roca; entonces hizo rodar una piedra a la entrada de la tumba. Pero María Magdalena y María, la madre de José, se quedaron mirando el lugar donde lo habían puesto».

En términos similares lo refleja el Evangelio de Mateo (27: 57-61): «Hacia el final de la tarde, llegó un hombre rico de Arimatea que se llamaba José y que también se había hecho discípulo de Jesús. Este hombre habló con Pilato y le pidió el cuerpo de Jesús. Pilato entonces mandó que se lo entregaran. Y José tomó el cuerpo, lo envolvió en una tela limpia de lino de calidad y lo puso en una tumba nueva de su propiedad, que había excavado en la roca. Luego hizo rodar una gran piedra a la entrada de la tumba y se fue. Pero María Magdalena y la otra María se quedaron allí, sentadas frente a la tumba».

---

* En el Evangelio de Mateo se dice que José de Arimatea era un «hombre rico» (22: 57); y era «senador» según los evangelios de Marcos (15: 43) y Lucas (23: 50).

Al día siguiente, el aseguramiento y custodia del sepulcro

A estos hechos, el Evangelio de Mateo (27: 62-66) añade otro que ocurrió el sábado: «Al otro día –que era el día siguiente al de la preparación–, los sacerdotes principales y los fariseos se reunieron ante Pilato y le dijeron: "Señor, recordamos que, cuando aún vivía, ese impostor dijo: 'A los tres días seré resucitado'. Por lo tanto, manda que aseguren la tumba hasta el tercer día, no sea que sus discípulos vengan a robar el cuerpo y le digan al pueblo: '¡Ha sido levantado de entre los muertos!'. Ese engaño sería peor que el primero". Pilato les dijo: "Pueden llevarse una guardia de soldados; vayan y aseguren la tumba lo mejor que puedan". Así que se fueron y, para asegurar la tumba, sellaron la piedra y dejaron allí a la guardia de soldados».

Y al tercer día...

Tras todo lo cual, el domingo acontece la resurrección: «Pasado el sábado, al amanecer del primer día de la semana, María Magdalena y la otra María fueron a ver la tumba. Y resultó que había ocurrido un gran terremoto, porque el ángel de Jehová había bajado del cielo, se había acercado a la tumba y había hecho rodar la piedra; y ahora estaba sentado en ella. El ángel brillaba como un relámpago y su ropa era blanca como la nieve. De hecho, los guardias se asustaron tanto que se pusieron a temblar y quedaron como muertos. El ángel les dijo a las mujeres: "No tengan miedo; sé que buscan a Jesús, el que fue ejecutado en el madero. No está aquí, porque ha sido resucitado, tal como él dijo. Vengan, miren el lugar donde estaba tendido. Y ahora vayan rápido y díganles a sus discípulos: 'Ha sido levantado de entre los muertos y, fíjense, va delante de ustedes camino a Galilea; allí lo verán'. Esto es lo que vine a decirles". Así que ellas, asustadas pero rebosantes de felicidad, se fueron rápido de la tumba y corrieron a contárselo a los discípulos. En eso, Jesús las encontró por el camino y les dijo: "¡Hola!". Ellas se le acercaron, le rindieron homenaje y se abrazaron a sus pies. Entonces Jesús les dijo: "No tengan miedo. Vayan, avisen a mis hermanos para que vayan a Galilea; allí me verán". [...] Los once discípulos fueron a Galilea, a la montaña donde Jesús les había dicho que se encontrarían. Cuando lo vieron, le rindieron homenaje. Pero algunos tuvieron sus dudas. Jesús se acercó y les dijo: "Se me ha dado toda la autoridad en el cielo y en la tierra. Así que vayan y hagan discípulos de gente de todas las naciones. Bautícenlos en el nombre del Padre, del Hijo y del Espíritu Santo. Enséñenles a obedecer todo lo que yo les he mandado. Y, recuerden, estaré con ustedes todos los días hasta la conclusión del sistema» (Mateo, 28: 1-10 y 16-20). (El significado de la expresión «la conclusión del sistema» será examinado en la tercera parte del libro).

Por tanto, tras fallecer físicamente un viernes —se considera que en torno a las tres de la tarde—, Cristo Jesús ya había resucitado al amanecer del domingo, es decir, unas cuarenta horas después de morir. Entonces, ¿por qué se indica que la resurrección fue al tercer día? Pues debido a que el sistema romano de conteo, el que imperaba en la época, era inclusivo: tanto el inicio como el final de la serie a computar se incluyen en el cálculo. Por lo cual, entre la muerte y la resurrección de Jesús hay, siguiendo el método romano, tres días: el mismo viernes (día del fallecimiento), el sábado y el domingo (actual Domingo de Resurrección).

¿Dónde estuvo y que hizo Cristo Jesús durante las 40 horas transcurridas desde su muerte hasta su resurrección?

Esta pregunta surge de manera natural al acercarse al estudio de estos eventos. Para responderla, es preciso tener en cuenta lo que les sucede a las personas tras fallecer. Pero antes hay que recordar el proceso que pone en marcha cada vida física y configura la corporeidad:

- Al encarnar, cada alma viene (se proyecta) a este mundo con su propio «campo de información», conformado, en lo fundamental, por estos elementos:

1. El «nivel de aceite» que haya acumulado a lo largo de las diversas reencarnaciones previas.

2. El propósito de vida (*dharma*) que trae para la nueva existencia física.

3. Asociado a tal propósito, una especie de «kit de encarnación», que incluye, entre otras cosas:

   a) Los progenitores elegidos. Tiene que haberse establecido un acuerdo álmico con ellos.

   b) Los dones y talentos de los que gozará esa persona en vida.

   c) Posibles pactos de amor con otras almas. (Una cosa son los acuerdos álmicos, que son de carácter instrumental, y otra los pactos, que tienen más fundamentos y repercusiones).

4. Las relaciones de causa-efecto o karma (tanto «negativo» como «positivo» y, en cualquier caso, «creativo») que acompañan al alma de vidas anteriores (si comparamos el alma con un cometa, el karma sería la cola del cometa).

- Con ese campo de información y utilizando como «sustancia base» el cuerpo etérico de la Madre Tierra (el componente energético del planeta, no el componente material de este), el alma moldea el cuerpo etérico en el que va a encarnar. Téngase en cuenta al respecto que la palabra *Adán*, el nombre del ser humano primigenio, viene del hebreo *Āḏām*, que significa precisamente 'tierra'.

- Este cuerpo etérico, usando el material genético-celular que la madre humana genera en su seno durante la gestación, ahorma el cuerpo físico, le da forma y le sirve de soporte energético.

- Además, a lo largo de toda la vida, el cuerpo etérico nutre permanentemente de vitalidad al cuerpo físico gracias a la vida (prana) que recoge del entorno, con el sol y la naturaleza como grandes fuentes. Desde tiempos muy antiguos se llama figuradamente *cordón de plata* a este flujo continuo de fuerza vital que va del cuerpo etérico al físico.

• De hecho, lo que se suele denominar *muerte* —esto es, el fallecimiento del cuerpo físico— solo se produce cuando, por decisión
del alma, ese flujo deja de circular, y nunca antes de que esto
ocurra: expresado metafóricamente, nunca acontece «antes de
que se parta el cordón de plata» (Eclesiastés, 12: 6).

A partir de aquí, al morir una persona:

1. Su cuerpo etérico se disuelve en no más de 72 horas, y la
«sustancia base» con la que se formó regresa al cuerpo etérico de la Madre Tierra.
2. Su cuerpo físico se adentra en una prolongada dinámica de
putrefacción, y la materia que lo compone se va integran-
do, poco a poco, en el cuerpo físico del planeta: «... todos
[los cuerpos físicos] vienen del polvo y todos vuelven al
polvo»; «... el polvo vuelve a la tierra, tal como era» (Eclesiastés, 3: 20 y 12: 7).
3. Ya sin la envoltura físico-etérica corporal, el yo superior (la
dimensión álmico-espiritual) del desencarnado comienza a
retornar al plano de luz (el cielo cristiano o el *devachán*, en el
argot oriental).
4. Para ello, entra en la fase del tránsito, un estado intermedio
entre la «habitación» de la vida en el plano físico y la «habitación» de la vida en el plano de luz. La estancia en este estado
tiene como objeto la disolución de los componentes emocionales y mentales que el desencarnado todavía lleve consigo, por lo que, en términos temporales humanos, puede
ser breve, hacerse prolongada (es lo que el cristianismo denomina «purgatorio») o, incluso, ser muy larga («infierno»).
Esto dependerá del tipo de vida que haya llevado la persona:
cuanto más egoica, egocéntrica y apegada a lo material haya
sido, mayor será la densidad vibratoria de esos componentes, lo cual hará que su disolución se prolongue en el tiempo.

Dicha disolución ha de ser total para que el yo superior pueda acceder al devachán.

5. Finalmente, la dimensión álmico-espiritual del desencarnado accede al plano de luz, cielo o devachán, que es muy distinto de la dimensión de los Cielos. De hecho, no tienen nada que ver. Cristo viene a este mundo desde los Cielos, y a ellos regresa tras su ascensión. En el devachán se recoge y echa en la lámpara del alma la cosecha de aceite correspondiente a la siembra en obras que se ha realizado en la vida física previa. Y su permanencia en él concluye cuando el alma decide volver a encarnar en una nueva vida humana.

Llegados a este punto, estamos en condiciones de contestar el interrogante que encabeza este apartado. Para empezar, indicaremos que Cristo Jesús, al fallecer, no siguió el «itinerario» que se acaba de resumir, dadas sus cualidades espirituales y la pureza con la que vivió:

- Su destino, como se acaba de apuntar, no fue el cielo (el plano de luz), sino los Cielos, a los que subió tras mantenerse un corto tiempo (cuarenta días, según lo indicado en Hechos de los Apóstoles [1:3]) en contacto con el mundo material.

- No había en él componentes emocionales y mentales que disolver, por lo que su estancia en el tránsito o estado intermedio no fue necesaria.

- Su cuerpo físico fenecido estaba impregnado de lo crístico, por lo que no entró en una dinámica de putrefacción, sino que experimentó un fenómeno energético de desintegración, que dejó una marca en el sudario que lo envolvía.

- Su cuerpo etérico, enteramente permeado por la fuerza crística, no solo no se diluyó, sino que venció a la muerte y, transformado en «cuerpo de resurrección», le sirvió a Cristo Jesús para actuar en este plano durante los días que transcurrieron desde la resurrección hasta la ascensión. Cuando aconteció la ascensión y la dimensión espiritual de Cristo retornó a los Cielos, su cuerpo etérico cristificado y expandido regresó al cuerpo etérico de la Tierra para hacerse uno con él, expandirse en su seno y permearlo y llenarlo de lo crístico para siempre.

Por tanto, durante las cuarenta horas transcurridas entre la muerte y la resurrección, Cristo Jesús no estuvo ni en el estado intermedio ni en el cielo. Ese tiempo fue el que necesitó su cuerpo físico para desintegrarse y el que precisó su cuerpo etérico cristificado para desvincularse de ese cuerpo físico al que había servido de molde y soporte, a partir de lo cual pasó a ser el «cuerpo de resurrección» con el que Cristo Jesús regresó al plano material.

En paralelo, mientras sucedía todo esto, la entidad espiritual de Cristo Jesús, que abandonó la corporeidad en el mismo momento de la expiración (Mateo, 20: 50), estuvo predicando en un plano de existencia muy singular en el que se hallan constreñidos espíritus que en el pasado (en los tiempos de Noé, que coinciden con el final de la humanidad atlante) optaron por la vía involutiva. Así se señala en la Primera Carta de Pedro (3: 18-20): «Lo mataron en carne, pero recibió vida en el Espíritu. Y en esta condición, fue a predicarles a los espíritus en prisión, que fueron desobedientes en el pasado, cuando Dios estaba esperando pacientemente en los días de Noé».

En la Segunda Carta de Pedro (2: 4) se da el nombre de *tártaro* a esta «prisión», que constituye el estado más denso, vibratoriamente hablando, al que pueden descender los ángeles caídos (este asunto se abordará con detalle en próximos capítulos). Este tártaro no tiene nada que ver ni con el «abismo» mencionado en el Libro del Apocalipsis (20: 1, 3) ni con el mitológico tártaro pagano (prisión subterránea y lugar de oscuridad para dioses menores). También la Carta a los Efesios (4: 9-10) hace mención de esta «bajada» de Cristo a tales «regiones»: «Pero ¿qué significa la frase "él subió"? ¿No significa que antes bajó a las regiones de abajo, es decir, a la tierra? El que bajó es el mismo que también subió muy por encima de todos los cielos para dar plenitud a todas las cosas».

Pues bien, Cristo Jesús *predicó* a los espíritus degradados allí confinados. De hecho, la palabra griega utilizada significa que les 'anunció un mensaje'; hizo algún tipo de declaración de victoria o proclamación especial, en aquel lugar, tras haber completado plenamente su misión.

Los primeros testigos y los seres espirituales presentes

En cuanto al descubrimiento por parte de discípulos de la resurrección de Cristo Jesús, que se narró en un apartado precedente acudiendo al relato del Evangelio de Mateo, se explica de manera semejante en los otros evangelios, aunque hay algunas diferencias de contexto.

Por ejemplo, hay diferencias en lo referente a las personas que el domingo, temprano, visitan la tumba y se percatan de la resurrección: María Magdalena y la otra María, atendiendo al Evangelio de Mateo; María Magdalena y Salomé, según el Evangelio de Marcos (16: 1); María Magdalena, Juana, María la madre de Santiago y varias mujeres más, conforme al Evangelio de Lucas (24: 1 y 10); y solo María Magdalena, aunque inmediatamente se suman Pedro y Juan, en el Evangelio de Juan (20: 1-2).

También hay diferencias en lo relativo al ser o los seres espirituales que se encuentran en el sepulcro y les anuncian la resurrección: como se ha visto en el Evangelio de Mateo, un ángel de Dios que brilla como un relámpago y lleva una ropa blanca como la nieve; un joven que lleva puesta una túnica larga blanca (Marcos, 16: 5) (quizá el mismo que se le presenta a Jesús en el huerto de los Olivos); dos hombres con ropa brillante (Lucas, 24: 4), y dos ángeles vestidos de blanco (Juan, 20: 12).

Aplicando lo que ya hemos visto sobre la conveniencia de agregar los relatos de cada uno de los evangelios para acceder a la realidad completa, se deducen tres cosas:

1. La presencia y la importancia de las mujeres, que descuellan en este punto sobre los discípulos masculinos, seguramente debido a su mayor sensibilidad y a su mayor capacidad de percepción e intuición.

2. El protagonismo, en particular, de María Magdalena en un momento tan singular, lo que confirma que la relación que tuvo con Jesús fue muy relevante.

3. La movilización, ante la resurrección de Cristo, de distintos niveles de la jerarquía celestial,* que se manifiesta en los distintos perfiles de seres que aparecen en el sepulcro.

La resurrección de los santos

En este recorrido por la pasión, la muerte y la resurrección de Cristo Jesús, lo último a destacar es que su fallecimiento físico se vio acompañado de la resurrección de santos. Se trata de un evento lleno de fuerza y simbolismo que es narrado así en el Evangelio de Mateo (27: 50-54): «Jesús volvió a gritar con fuerza, y entregó su espíritu. De pronto, la cortina del santuario se rasgó en dos, de arriba abajo, y la tierra tembló y las rocas se partieron. Las tumbas se abrieron y muchos cuerpos de los santos que se habían dormido fueron levantados; y, habiendo salido de los sepulcros, después de la resurrección de Él entraron en la ciudad santa y se aparecieron a muchos. Cuando el oficial del ejército y los que estaban con él vigilando a Jesús vieron el terremoto y las cosas que pasaban, tuvieron muchísimo miedo y dijeron: "Está claro que era el Hijo de Dios"» (Mateo, 27: 50-54).

Como se explicó en el capítulo previo, la rotura de la cortina, que da acceso al sanctasanctórum del templo, refleja la apertura del Espíritu al proceso evolutivo humano. Y en lo relativo a que fueron levantados muchos cuerpos, el relato se comprende mejor si se entiende

---

* La jerarquía celestial la componen los nueve niveles de seres espirituales que contempla el cristianismo, recogidos en la obra *Sobre la Jerarquía Celestial*, escrita por pseudo-Dionisio Areopagita en torno al siglo V o VI. En esta jerarquía, los seres más sutiles son los serafines, y los que menos, los ángeles.

que se está haciendo referencia a personas santas que habían muerto recientemente y, por lo tanto, eran conocidas personalmente por los que estaban vivos.

¿Qué tipo de resurrección experimentaron? Algunos autores han postulado que no hubo ninguna resurrección de esos santos, sino solo apariciones, es decir, apariencias de hombres resucitados. El texto, sin embargo, es bien explícito: hace referencia a «cuerpos» (*somata*), lo que es contrario a la idea de que fueran fantasmas o apariciones. Otros estudiosos, en cambio, han postulado que fueron realmente resucitados, es decir, que salieron de las tumbas con cuerpos glorificados. Estas resurrecciones serían análogas a la de Cristo Jesús, a otra escala.

No obstante, dado que la resurrección de los santos acontece al mismo tiempo que la rotura de la cortina del templo, hay que deducir que la muerte física de Jesús no solo conlleva la apertura del Espíritu al proceso evolutivo humano, sino, también, un nuevo tipo de asistencia al género humano. En cuanto a lo primero, el ser humano pasa a tener la posibilidad de hacer real y efectiva la presencia del Espíritu que constituye su genuina esencia a través de una práctica de vida que conduzca a ello. En cuanto a lo segundo, la especie humana pasa a contar con un acompañamiento y un apoyo más directo e inefable por parte de las grandes almas (llamadas *mahatmas* en la tradición hinduista, *bodhisatvas* en la budista, *maestros* en Occidente, etc., como veíamos en el capítulo 7).

Antes de terminar estas reflexiones, conviene señalar que diversas escuelas iniciáticas han enseñado que la resurrección no es la vuelta a la vida de un cuerpo fallecido, sino la recuperación plena de un estado de consciencia al que se renunció para conseguir el mismo estado de consciencia en un mundo más denso. Y muestran tres resurrecciones:

- La primera o «menor» se plasma en la ya comentada transfiguración. Los tres discípulos de Jesús presentes en la escena (Pedro,

Santiago y Juan) simbolizan los componentes inferiores del ser humano –el físico, el emocional y el mental–, que son iluminados por la evolución espiritual.

- La segunda o «intermedia» (también llamada *quinta iniciación*), en la que el alma recupera la consciencia triádica (espíritu, alma universal y cuerpo causal o alma individual), lo que se representa por medio de la resurrección de Cristo Jesús.

- Y la tercera o «superior» (*séptima iniciación*), que es cuando Cristo experimenta la ascensión, que ahora se analizará, y regresa a los Cielos, fundiéndose en un «abrazo» con el Padre, «sentándose a su derecha» y consiguiendo el «rescate» que se examinará igualmente de inmediato.

Los encuentros de Cristo resucitado

El Nuevo Testamento relata quince encuentros que tuvo Cristo Jesús con determinadas personas entre el momento de la resurrección y el de la ascensión:

- El Evangelio de Mateo narra dos: con María Magdalena y la otra María, en la mañana del día de la resurrección (28: 8-10); y después con los once discípulos en Galilea (28: 16-20).

- El Evangelio de Lucas relata tres: uno primero con los discípulos que iban a un pueblo llamado Emaús (24: 13-32); otro con Pedro (24: 34); y un tercero con los discípulos en Jerusalén, que termina en Betania (posiblemente, con la ascensión) (24: 36-50).

- El Evangelio de Juan expone cuatro encuentros: el primero, con María Magdalena (20: 1-18); el segundo, con los discípulos (menos Tomás) en Jerusalén (20: 19-23); el tercero, ocho días después, con los discípulos (Tomás incluido), posiblemente también en Jerusalén (20: 24-29); y el cuarto, a orillas del lago Tiberíades, con Simón Pedro, Tomás (al que llamaban el Gemelo), Natanael de Caná de Galilea, los hijos de Zebedeo y otros dos discípulos (21: 1-23).

- En Hechos de los Apóstoles se narra otro encuentro (1: 4-11); durante el mismo, acontece la ascensión.
- Por último, Pablo menciona cinco encuentros en la Primera Carta a los Corintios: el primero con Cefas (Pedro) (15: 5); otro con los doce (se trata de los once, pues Judas ya no se halla entre ellos) (15: 5); otro con más de quinientos hermanos (seguidores) (15: 6); un cuarto con Santiago (ha de entenderse que el Menor) (15: 7); y el quinto encuentro es con todos los apóstoles (15: 7).

No obstante, en estos relatos hay varias repeticiones:

- El encuentro con María Magdalena se recoge en los evangelios de Mateo y Juan.
- El encuentro con Pedro se narra en el Evangelio de Lucas y en la Primera Carta a los Corintios.
- El encuentro con los once discípulos se relata en los evangelios de Lucas y Juan (aunque aquí se indica que Tomás no se encuentra entre ellos, es muy posible que se trate del mismo) y en la Primera Carta a los Corintios.
- Y el encuentro previo a la ascensión está presente en el Evangelio de Lucas, en Hechos de los Apóstoles y en la Primera Carta a los Corintios.

Los allegados de Cristo Jesús tienen dificultades, al principio, para reconocerlo en algunos de estos encuentros, lo cual hay que atribuir al hecho de que se presenta utilizando su cuerpo etérico transmutado.

¿Es posible que Jesús no muriera crucificado?

Como se resume en el libro *Los Códigos ocultos*, escrito por Emilio Carrillo y publicado por RD Editores en 2005, hay una corriente de opinión que sostiene que Jesús no murió en la crucifixión. Se alegan al respecto tres circunstancias recogidas en los evangelios:

- Clavado en el madero, a Jesús se le da a tomar vinagre (Juan, 19: 29) o una mezcla de vino e hiel (Mateo, 27: 34). Según esa corriente de opinión, lo que realmente bebe no sería ni lo uno ni lo otro, sino algún tipo de brebaje, similar al que podría haber ingerido Lázaro previamente a su milagrosa resurrección, capaz de provocarle una inconsciencia tan profunda que, a los ojos de todos, dio la impresión de estar muerto.

- Logrado lo anterior, había que bajarlo cuanto antes de la cruz. De lo que se encargó José de Arimatea, tras convencer a Pilato de que así lo autorizara (sin esperar el tiempo comúnmente estipulado y sin quebrarle las piernas, como era norma usual). Este discípulo de Jesús también convenció a Pilato de que le permitiera darle sepultura (circunstancia nada frecuente en el caso de los crucificados).

- Y, finalmente, puesto el cuerpo Jesús (malherido, pero no fallecido) a buen recaudo, había que proporcionarle cuanto antes la atención y los cuidados que debía recibir alguien que había sufrido todo lo que él había soportado. Esto se pone en relación con el hecho de que Nicodemo apareciera en la escena de la crucifixión cargado con cien libras de mirra y áloe (Juan, 19: 39), siendo conocidas las propiedades de la mirra como desinfectante excepcional y las grandes cualidades curativas del áloe.

Ahora bien, es obvio que cada uno de estos tres hechos puede ser interpretado de múltiples maneras, sin descartar la más simple: lo que se le da de beber a Jesús forma parte de la mofa de que es objeto por parte de quienes lo están sometiendo a martirio y muerte, bajar su cuerpo fenecido lo antes posible y darle sepultura es una aspiración lógica de sus seres queridos y allegados, y la mirra y el áloe fueron usados para limpiar y preparar el cadáver para su enterramiento en el sepulcro.

Y tomados en conjunto, los tres hechos no tienen consistencia suficiente para que se pueda deducir que Cristo Jesús no falleció crucificado en el madero, tal como narran los evangelios canónicos y apócrifos, otros muchos relatos cristianos e, incluso, textos ajenos a esta tradición espiritual (recuérdese a este respecto lo comentado sobre el personaje histórico de Jesús, al que también se refirieron autores romanos y judíos).

Pero, sobre todo, la percepción de que Jesús no muriera en el madero y hubiera seguido con su vida hasta experimentar, años después, una muerte natural resulta de la absoluta incomprensión de lo que representó su figura. Es tremendamente relevante el hecho de que encarnase lo crístico, y su muerte en el Gólgota, su resurrección a los tres días y su ascensión a los cuarenta días tuvo una enorme transcendencia dentro del propósito espiritual de su encarnación: marcó un antes y un después en la historia de la humanidad y la Madre Tierra y en la evolución de la consciencia humana y planetaria según lo que hemos visto en páginas precedentes y lo que se explorará en las que siguen.

Capítulo 10

LA ASCENSIÓN Y EL RESCATE

LA ASCENSIÓN DE CRISTO JESÚS

Cuarenta días después de la resurrección y ante once de sus apóstoles, Cristo Jesús entró en la gloria con su cuerpo resucitado.

Así lo narran tanto el Evangelio de Marcos (16: 19) como el de Lucas (24: 50-52): «Entonces los llevó a las afueras, hasta Betania, y, levantando las manos, los bendijo. Mientras los bendecía, se apartó de ellos y fue llevado a los Cielos. Ellos le rindieron homenaje y regresaron a Jerusalén con gran felicidad».

Si lo crístico había descendido a este plano, ahora, completada su misión, le correspondía ascender. Y en Hechos de los Apóstoles (1: 9-11) se señala: «Después de decir estas cosas, fue elevado mientras ellos miraban. Entonces una nube lo ocultó de su vista. Ellos estaban mirando atentamente al cielo mientras él se iba cuando, de repente, dos hombres vestidos de blanco aparecieron al lado de ellos y les dijeron: "Hombres de Galilea, ¿por qué están ahí de pie mirando al cielo? Este Jesús, que estaba con ustedes y fue llevado a los Cielos, vendrá de la misma manera en que lo han visto irse"».

Y es que la ascensión no significa que Cristo Jesús se desvincule o aleje de la Madre Tierra y la humanidad y de sus procesos evolutivos. Se lo dejó muy claro a sus discípulos cuando, antes de volver a los Cielos, les prometió «estaré con ustedes todos los días hasta la conclusión del sistema», expresión esta que, como ya se indicó, se examinará en la tercera parte en conexión con el final de esta generación humana y el inicio de otra que abrirá las puertas a la nueva humanidad. Igualmente, en el Evangelio de Juan (16: 22) se recogen estas palabras de Jesús: «Ahora están muy tristes, pero yo volveré a verlos y el corazón se les llenará de felicidad, y ya nadie podrá arrebatársela».

Es muy importante resaltar lo que ya se expuso al abordar la resurrección de Cristo Jesús acerca de que su cuerpo etérico venció la muerte física y se transmutó en el «cuerpo de resurrección» que le sirvió para vivir y actuar en este plano durante cuarenta días, hasta el momento de la ascensión. Y al acontecer esta, a la par que la dimensión espiritual de Cristo retornó a los Cielos, su cuerpo etérico transformado y expandido se hizo uno con el cuerpo etérico de la Tierra, que quedó así impregnado de lo crístico para siempre.

¿Cuál es una repercusión importante de esto? Recordemos que, como vimos, todas las almas usan la sustancia etérica de la Tierra para moldear, desde su campo de información, el cuerpo etérico que servirá de soporte al cuerpo físico que les permitirá vivir la experiencia terrenal. Por lo tanto, resulta que el componente etérico de todas las formas de vida existentes en el planeta, los seres humanos incluidos, se halla permeado y lleno de lo crístico. De este modo, los seres sintientes de los diversos reinos de la naturaleza tienen lo crístico en su base corporal (etérica y física) de manera natural. El ser humano también, aunque este, al gozar de autoconsciencia, ha de cristificarse por voluntad propia: dispone de un soporte material adecuado para poder hacer realidad la vivencia crística («es Cristo quien vive en mí»), pero ha de plasmar esta posibilidad avanzando espiritualmente en la práctica de vida que nacer de nuevo significa y conlleva. Y no hay nada ni nadie que pueda obligarlo a ello; es algo que depende enteramente del uso que haga de su libre albedrío.

Tú eres Pedro y sobre esta roca edificaré mi ¿iglesia?

Afirma Cristo Jesús en el Evangelio de Mateo: «También te digo: tú eres Pedro, y sobre esta roca edificaré mi *ekklēsía*» (16: 18). El vocablo *ekklēsía* pertenece al griego clásico, en el que no existe el concepto o idea de iglesia, que, históricamente, nace con posterioridad. El significado de este término es 'asamblea', aunque también se puede traducir como 'comunidad'. Y de ninguna forma cabe entenderlo como 'organización' o 'institución', ni como 'estructura' o 'jerarquía'.

Lo que hace Cristo Jesús con estas palabras es asignar al apóstol Pedro la responsabilidad de orientar espiritualmente a los primeros grupos cristianos conformados tras su resurrección y ascensión, lo cual no será óbice para que cada comunidad concreta cuente con su propia dirección: por ejemplo, como ya se señaló, la de los cristianos de Jerusalén recayó en el apóstol Santiago.

A partir de ahí, las religiones surgidas del cristianismo han interpretado el término *ekklēsía* ajustándolo a sus intereses particulares. Así, la católico-romana le da la acepción de 'iglesia'; lo mismo hacen los luteranos, anglicanos o presbiterianos, aplicándolo a sus respectivas «iglesias»; y los testigos de Jehová le dan a la palabra el sentido de 'congregación'.

Ahora bien, como antes se señaló, el significado literal del vocablo *ekklēsía* es 'asamblea', y de ningún modo implica realmente ni conlleva la creación de una religión ni de una institución, asuntos ambos que no están nada presentes en las enseñanzas de Cristo Jesús. Todo lo contrario, pues en los evangelios salen de su boca numerosos mensajes que ponen en evidencia la hipocresía y la falta de espiritualidad imperantes en las estructuras religiosas y sacerdotales de su tiempo, y nada invita a pensar ni remotamente que quisiera sustituirlas por otras distintas.

EL PECADO ORIGINAL Y EL RESCATE

¿No nos sería posible hacer nuestras las enseñanzas que Cristo difunde sin necesidad de su encarnación crística?

Llegamos al tramo final de la segunda parte de este libro tras haber compartido muchos aspectos y contenidos de la sabiduría y el significado profundo de las enseñanzas de Jesús de Nazaret. Sin ánimo de resumir ahora lo que se ha ido exponiendo y ciñéndonos solo a lo más práctico y directo, diremos que brilla la llamada que nos hace su Ser crístico a nacer de nuevo. Esto significa morir a una vida en la que estamos aferrados a nuestra apariencia y resucitar en vida a una existencia regida por nuestra esencia. Igualmente, cabe remarcar su insistencia en que este camino no es solo individual, sino también colectivo: por una parte, convoca a cada componente del género humano a transformarse en el Hijo del Hombre a partir del ejercicio de su libertad individual, en lo que es un salto evolutivo. Y, como humanidad, nos exhorta a que dejemos atrás una generación humana abocada a su fin y avancemos hacia una nueva humanidad en una nueva Tierra.

Ante esto, es posible que en la mente de bastantes lectores surja esta pregunta: para promover lo enunciado (nacer de nuevo, transformarnos en el Hijo del Hombre, plasmar una nueva humanidad), ¿era necesario algo tan grandioso e impresionante como que el Verbo divino, la fuerza crística sublime y pura, encarnara en un ser humano? ¿No sería posible llegar a todo ello por el devenir natural de la evolución humana, en los ámbitos personal y social, sin que hubiese sido necesaria la encarnación crística?

Hay que tener en cuenta que el proceso consciencial humano, el de cada cual y el general, se ha visto y se está viendo interferido por seres espirituales involutivos cuyo líder es Satanás, el ángel caído. Como veremos, Jesús afirmó que Satanás es el «gobernante de este mundo». Pero ¿tan tremendas y de tanto calado son estas injerencias como para que Cristo mismo venga en apoyo de la humanidad encarnando en ella? En próximas páginas se analizará este asunto y se constatará que las interferencias son potentes, sin duda.

Entonces, ¿la encarnación crística en Jesús de Nazaret está de algún modo motivada por estas intromisiones por parte de Satanás y sus seguidores? La respuesta es «no» por tres motivos:

- El ser humano está dotado de una esencia divina latente y llamada a hacerse patente que es capaz de sobreponerse a las injerencias satánicas. Esta esencia divina incluso puede dar la vuelta a dichas injerencias y convertirlas en acicate y factor de impulso de la propia evolución consciencial; las noches oscuras, por ejemplo, constituyen oportunidades a este respecto.
- La encarnación crística, como ya se ha enunciado, no afecta solo a la humanidad, sino a la Madre Tierra en su totalidad (a su consciencia y a su componente etérico) y, por tanto, a todas las formas de vida que aloja en su seno. Solo el antropocentrismo puede ligar la encarnación crística al género humano exclusivamente. La realidad es que dicha encarnación acontece cuando es el momento oportuno tanto dentro del proceso planetario como dentro del proceso humano, sin que ninguno de estos dos ámbitos prevalezca sobre el otro.
- Con relación a la humanidad y el marco de la evolución planetaria, la encarnación crística conlleva el impulso espiritual (también consciencial y etérico) del que ya hemos hablado.

Ahora bien, aparte de lo mencionado anteriormente, la encarnación crística tuvo otro efecto de gran importancia, que afectó tanto a la humanidad como a la Madre Tierra: se le conoce como el *rescate*, y está relacionado con el concepto del *pecado original*.

El pecado original

Para examinar el asunto del pecado original hay que comenzar recordando el significado etimológico de los términos *pecado* y *desobediencia*:

- El *pecado* está ligado a las ideas de *alejamiento* y *separación*. ¿De qué? Pues respecto del sentido de la vida, del orden natural, de la senda evolutiva...; de Dios, en definitiva. Por tanto, también, respecto de nuestra genuina naturaleza y nuestro verdadero ser.
- Y la *desobediencia* implica «pérdida de la capacidad de escucha» o «no escuchar». Pero ¿qué es lo que dejamos de escuchar? Por una parte, a nuestra propia esencia divina interna. Por otra parte, no «escuchamos» (no percibimos) la presencia divina en la vida y en todos los reinos de la naturaleza. En consecuencia, la *desobediencia* representa la pérdida de la capacidad de percibir lo divino.

Efectuadas estas aclaraciones, centrémonos ahora en el pecado original o pecado ancestral. El Libro del Génesis trata este tema de forma metafórica pero precisa, en el capítulo 3 especialmente. Ahí vemos que el pecado original es la rebeldía contra Dios por parte de seres humanos pertenecientes a una humanidad antigua que se nos presenta como primigenia y perfecta.

En el jardín del edén, Satanás (sobre el que se ahondará más adelante) usó una serpiente para hablar con Eva (Génesis, 3: 1 y Apocalipsis, 12: 9) y le hizo creer que era la serpiente la que hablaba. Quería que Adán y Eva creyeran que Dios era un mentiroso, un mal gobernante que no quería lo mejor para ellos. Satanás dio a entender que los humanos podían vivir sin Dios y decidiendo por sí mismos lo que está bien y mal. Esta rebeldía se plasmó en el hecho de que la humanidad representada por Adán y Eva optó por Satanás —«la serpiente original, que es el Diablo y Satanás» (Apocalipsis, 20: 2)— en el ejercicio de su libre albedrío, pues creyó en él y empezó a actuar como él indicaba. Otras tradiciones espirituales y esotéricas manifiestan algo similar, si bien ofrecen otros contextos (escapa del marco de esta obra profundizar en dichas aportaciones). En el Libro del Génesis nos encontramos con que el ser humano dejó de ser perfecto y fue expulsado del paraíso (3: 17-19).

Ante esto, el tao (denominación oriental) u *ordo amoris* ('orden natural del amor', en palabras de san Agustín de Hipona), que llena la creación, no arremete contra los rebeldes, sino que respeta su decisión. El tao u orden natural del amor permite que los hechos vayan discurriendo para que se constaten sus consecuencias y, por supuesto, para que cada cual asuma la responsabilidad por su elección. La rebeldía de Satanás y de los ángeles que lo siguieron ocasionó su «caída» vibratoria (como se examinará al final de este capítulo), mientras que la indisciplina de esa humanidad adámica trajo consigo la «expulsión del paraíso».

Por tanto, el pecado original radica en que una humanidad remota participó de alguna manera en la insurrección liderada por Satanás. A partir de ese hecho, el devenir del género humano quedó marcado, pues las almas encarnadas en aquella humanidad han ido encarnando en las generaciones humanas posteriores (en el proceso de reencarnación), hasta llegar a la actual. Como señala san Pablo: «El pecado entró en el mundo y por medio del pecado entró la muerte, y así fue como la muerte se extendió a todos los hombres, porque todos habían pecado» (Romanos, 5: 12).

Recordando lo que se expuso en el capítulo precedente acerca de las distintas humanidades por las que se ha ido desplegando la evolución humana, ¿en qué momento histórico se produjo el pecado original, esto es, la rebeldía consistente en hacer caso a Satanás a partir de creer sus palabras? (Esta rebeldía implicó apartarse de Dios por considerar que era un mentiroso). El Libro del Génesis proporciona cinco pistas muy importantes a este respecto:

1. El primer protagonista humano del relato es Adán. Posteriormente se le suma Eva.
2. Se narra la creación de Adán (en 2: 7: «Y Dios pasó a formar al hombre del polvo del suelo y a soplarle el aliento de vida en la nariz»), pero no se revela cuánto tiempo pasa Adán en el paraíso entre el momento en que es creado y el momento en que acontece el pecado original.

3. Cuando este se produce, el género humano ya estaba integrado por dos sexos, el masculino y el femenino (2: 21-22).

4. El pecado original gira en torno al «árbol del conocimiento de lo bueno y lo malo» (2: 17), lo que constituye una clara referencia a la adquisición de la capacidad mental; más específicamente, se configura la denominada *mente inferior* o *concreta*, que opera precisamente en clave de dualidad. Satanás —«el gran dragón, la serpiente original, al que llaman Diablo y Satanás, que está engañando a toda la tierra habitada» (Apocalipsis, 12: 9)— incita a «comer» de ese árbol: «Dios sabe que el mismo día en que coman de él se les abrirán los ojos y serán como Dios: conocerán lo bueno y lo malo» (3: 5). Pero ese abrir los ojos conlleva la pérdida de la inocencia en la que la humanidad adámica había vivido: «... se les abrieron los ojos y se dieron cuenta de que estaban desnudos» (3: 7).

5. Este suceso tiene lugar antes de Noé y el diluvio universal (en Génesis, 5: 1-32 se expone la cadena genealógica que va de Adán a Noé).

Estos cinco hitos deben ser contrastados con la información relativa a la antropogénesis facilitada por diversos textos y tradiciones, que proporcionan detalles acerca de las distintas humanidades y su devenir histórico. Esta comparación revela lo siguiente:

a) Como ya se apuntó, el nombre *Adán* procede del término hebreo bíblico *Āḏām*, que significa 'suelo' o 'tierra'. Por tanto, no designa una persona en particular, sino una humanidad que goza ya de corporeidad física. De hecho, la primera humanidad, la polar (aparecida en el tránsito del Paleoceno al Eoceno, hace unos 55 millones de años), era etérica y no había plasmado un cuerpo físico todavía. Y la segunda, la hiperbórea (surgida en el Oligoceno, hace 33 millones de años), sí gozó de corporeidad, pero esta era poco densa aún, cartilaginosa; los hiperbóreos carecían de estructura ósea. El Libro del Génesis (2: 5) se refiere a estas dos humanidades cuando afirma que «aún no había hombre [físico] que labrase la tierra». Es con la llegada de la tercera humanidad, la lemuriana (en el Mioceno, hace 23 millones de años), que el ser humano toma consistencia física como tal.

b) La división en sexos tuvo lugar hace poco más de 15 millones de años, casi en el ecuador de la era lemuriana. Con anterioridad, el ser humano había sido hermafrodita; por tanto, tenía los dos sexos —«varón y hembra los creó» (no cada sexo por su lado, sino ambos al unísono) (Génesis, 1: 27)—, y su capacidad reproductora era la propia del hermafroditismo. Además, en la humanidad lemuriana quedó configurado el mundo emocional del ser humano; también se hicieron patentes las facultades astrales que conlleva dicho ámbito.

c) Mucho más tarde, en el seno de la humanidad atlante (aparecida en el Plioceno, hace unos 5 millones de años) tuvo lugar la materialización del nivel inferior de la esfera mental en el ser humano, la llamada *mente concreta*, que se sumó así a los otros componentes que había ido plasmando en el curso de su evolución (el etérico, el físico y el emocional). El diluvio universal supuso el fin definitivo de la Atlántida.

d) Todo el legado (etérico, físico, emocional y mental inferior) de las humanidades precedentes fue recibido por la presente humanidad, la quinta: arrancando en el Pleistoceno (y, dentro de él, en el Chibaniense y Tarantiense), ha cristalizado y madurado en el Holoceno, que comenzó hace 11.700 años.

e) Hace unos 2.500 años, con ocasión de la Era Axial a la que nos referimos en páginas anteriores, la humanidad actual añadió al proceso evolutivo humano el nivel mental superior o mente abstracta, el último gran hito, como también se apuntó, en el proceso de preparación consciencial para la encarnación crística.

Atendiendo a todo lo anterior, se pueden formular las conclusiones siguientes:

1. La humanidad adámica cuenta con los componentes etérico, físico y astral, vive en sinergia con la naturaleza y goza de inocencia, es decir, no tiene una mente que opere en clave dual. Esta humanidad es la lemuriana y evoluciona hacia la atlante.
2. Dentro ya de la era atlante, acontece el pecado original, íntimamente ligado a la plasmación de la mente concreta y dual en el devenir humano. La conformación de esta mente implica, igualmente, la plasmación de la autoconsciencia y el sentido del yo.
3. La germinación y manifestación de este nivel mental es un éxito evolutivo y no tiene por qué llevar a colisionar con Dios y rebelarse contra Él. Esto pasa exclusivamente porque el ser humano desvincula la mente del sentido de la vida y deja de servirla; en lugar de ello, pasa a servirse a sí mismo, desde una óptica egoica y egocéntrica. El ser humano adopta esta perspectiva en el ejercicio de su libre albedrío, aunque influido por las interferencias espirituales de carácter involutivo impuestas por Satanás, el ángel caído. De esta manera, se aparta del orden natural, olvida su esencia imperecedera, se identifica con su apariencia efímera y la personalidad a ella asociada y se aferra al mundo material y al materialismo.

Abundando en ello, cabe señalar, como escribe Emil Bock en su obra dedicada al Libro del Génesis, que la historia de la humanidad es cósmica hasta Adán; mítica hasta Abraham, en lo que es la primera parte de la actual quinta humanidad; y solo a partir de Moisés (siglos XIV-XIII a. C.) se puede considerar propiamente histórica en cuanto al devenir de una generación humana que terminará con el corte o cortamiento y el apocalipsis.

Hay que subrayar, por último, que las interferencias de los ángeles caídos, con Satanás a la cabeza, en la humanidad que perdió su perfección se mantuvieron a partir de ahí. Y no solo en cuanto a su influencia espiritualmente involutiva, que continúa hoy, como se examinará en la tercera parte, sino incluso físicamente, en la época previa al diluvio. Llegaron al extremo de tomar cuerpos para poder tener relaciones con mujeres humanas, lo cual dio lugar a una raza de gigantes híbridos llamados *nefilim*: «Ahora bien, cuando la cantidad de seres humanos empezó a aumentar por toda la tierra y tuvieron hijas, los ángeles caídos se percataron de que eran hermosas. Así que comenzaron a casarse con todas las que quisieron [...] y ellas les daban hijos [los nefilim]. Estos fueron los hombres poderosos y famosos de la antigüedad» (6: 1-4).

El rescate

Y es en este marco donde se produce la encarnación crística como evento y acto de amor que hace factible el rescate de los seres humanos de aquel pecado ancestral, siempre, claro, que las personas hagan suyo, en el uso de su libre albedrío, el nuevo camino que el rescate abre y posibilita: «Eso fue lo que hizo el Hijo del Hombre. Él no vino para que le sirvieran, sino para servir a los demás y para dar su vida como rescate a cambio de muchas personas» (Mateo, 20: 28). «Por medio de él conseguimos la liberación por rescate mediante su sangre, sí, el perdón de nuestras ofensas, según las riquezas de la bondad inmerecida de Dios» (Efesios, 1: 7).

¿Qué es un rescate? Es el precio que hay que pagar para recuperar algo o liberar a alguien (a un rehén, por ejemplo). En la Biblia, un rescate también es el precio que se paga para compensar un daño; y debe tener el mismo valor que lo que resultó dañado. Por ende, el rescate para liberar a la humanidad debía tener el mismo valor que la vida perfecta que el ser humano adámico había perdido. Por eso se le llama «rescate correspondiente» o «equivalente» (Primera Carta a Timoteo, 2: 6). Así que se necesitaba otra vida humana perfecta. Pero ningún ser humano gozaba de la perfección requerida para pagar el enorme daño de aquella rebeldía.

Los evangelios relatan muchas situaciones en las que queda patente que Cristo Jesús llevó una vida perfecta. Entre ellas, sobresalen las respuestas que dio a las llamadas «tentaciones» que le planteó Satanás en el desierto. En estas respuestas se evidencia la entidad de Cristo y la manifestación práctica de dicha entidad de una manera mucho más potente que por medio de los milagros: por más significativos que fuesen los milagros que hizo Jesús, fueron sanaciones esencialmente, y, si nos centramos demasiado en ellos, podríamos pasar por alto lo verdaderamente relevante: la entidad crística en él presente.

Por tanto, Cristo Jesús sí podía dar su vida humana perfecta como rescate para liberar de la muerte a todos los descendientes de aquella humanidad ancestral (15: 21, 22, 45). Y es esta vida perfecta la que le entrega al Padre cuando, tras la ascensión, Cristo retorna a los Cielos, haciendo realidad el rescate.

La Primera Carta a los Corintios es muy explícita al exponer cómo Cristo Jesús, mediante el rescate, abre la puerta para que las almas extraviadas que habían optado por lo involutivo (la «muerte») puedan optar por lo evolutivo (la «vida»): «Como la muerte vino mediante un hombre, la resurrección de los muertos también viene mediante un hombre. Porque, así como en Adán todos están muriendo, así también en el Cristo todos recibirán vida» (15: 21-22). «Así está escrito: el primer hombre, Adán, se convirtió en un ser vivo. El último Adán se convirtió en un espíritu que da vida. Sin embargo, lo que es espiritual no viene primero. Lo que es físico viene primero y después lo que es espiritual. El primer hombre es de la tierra, fue hecho del polvo; el segundo hombre es del cielo» (15: 45-47). Y el propio Cristo Jesús afirmó «yo soy la resurrección y la vida» (Juan, 11: 25). El ser de Cristo cambió la tendencia descendente de la humanidad por otra ascendente, aunque oculta para quien carezca de ojos para verlo. Hay que añadir a esto, en íntima conexión con el rescate, lo enunciado páginas atrás sobre el «perdón de los pecados» logrado por Cristo Jesús al eliminar el karma colectivo de la humanidad.

Todos los seres humanos recibimos, por tanto, los beneficios del rescate, que nos posibilita dejar atrás el pecado original y el karma colectivo acumulado y nacer de nuevo, en lo personal, y dar paso a una nueva humanidad, en lo social. Con esto, podemos optar a la vida eterna: «... el salario que el pecado paga es la muerte, pero el regalo que Dios da es la vida eterna por Cristo Jesús nuestro Señor» (Romanos, 6: 23). En el Libro del Apocalipsis (21: 4) se insiste en la misma idea de que «la muerte no existirá». Ahora nos corresponde a cada cual, con nuestro libre albedrío, decidir si nos hacemos nuestros estos beneficios o no: ¿nos decantamos por Satanás y por la forma de vida plasmada en el mundo que gobierna o hacemos nuestro el rescate brindado por Cristo Jesús? Si optamos por esto segundo, no solo nos alinearemos con el sentido profundo y evolutivo de la vida, en lugar de ir involutivamente a contramano del mismo, sino que, además, coadyuvaremos a demostrar que Satanás es el gran mentiroso (Salmos, 73: 28 y Proverbios, 27: 11).

Los muertos que entierran a sus muertos

Las personas —las almas encarnadas— que no aprovechan el rescate propiciado por Cristo Jesús mediante una práctica de vida acorde con sus enseñanzas es como si estuvieran muertas. Aparentemente viven, pero lo hacen solo desde su apariencia efímera, no desde la esencia imperecedera, y están muertas en términos espirituales.

Jesús se refiere directamente a estos muertos en vida en el Evangelio de Mateo: «Y uno de los discípulos le dijo: "Señor, permíteme que primero vaya a enterrar a mi padre". Jesús le respondió: "Tú sígueme siempre y deja que los muertos entierren a sus muertos"» (8: 21-22).

En cambio, cuando hacemos nuestras sus enseñanzas y las llevamos a nuestra práctica diaria, salimos de tal muerte y disfrutamos de la vida: «... Dios les dio vida a ustedes, aunque estaban muertos debido a las ofensas y pecados que en otro tiempo cometieron siguiendo el sistema de este mundo, siguiendo a [su] gobernante» (Efesios, 2: 1-2). «... aunque ustedes estaban muertos debido a sus ofensas [...], Dios les dio vida junto con él. Con bondad nos perdonó todas nuestras ofensas» (Colosenses, 2: 13).

La encarnación crística y el misterio del Gólgota –la muerte física (desintegración del cuerpo material y supervivencia del etérico), la resurrección y la ascensión– dan lugar, por tanto, a un giro radical en el devenir de la Madre Tierra y la humanidad. Esto queda espléndidamente de manifiesto en el hecho de que la autoridad sobre este mundo cambia de manos. No en balde, hay que recordar que cuando Satanás se dirige a Cristo Jesús en el desierto le dice: «Te daré la gloria de estos reinos y autoridad sobre ellos, porque esta autoridad me ha sido dada y yo se la doy a quien yo quiera» (Lucas, 4: 6). Sin embargo, tras acontecer la resurrección y poco antes de la ascensión, es Cristo Jesús el que asume tal autoridad y así se lo indica a sus discípulos: «Se me ha dado toda la autoridad en el cielo y en la tierra» (Mateo, 28: 18).

Todo ello nos lleva a remarcar de nuevo que Cristo Jesús no es un maestro más, ni su legado es otra religión, sino que representa un evento único en la historia humana y planetaria. Y que su presencia, su sabiduría y sus enseñanzas no solo inciden de manera sobresaliente en el camino espiritual y el nacer de nuevo de cada cual, sino que, además, repercuten extraordinariamente en el sendero colectivo del género humano. Cristo Jesús nos muestra que no se trata solo de conseguir la «iluminación» como individuos, por importante que esto sea, sino que también se trata de participar en el proceso evolutivo de la humanidad en su conjunto. Esto implica tomar conciencia de que cada paso personal que damos en el terreno de la consciencia, por modesto que parezca, aporta nutrientes al consciente colectivo. También debemos tener claro que en el contexto de los ciclos mayores y menores avanzamos hacia el final de esta generación humana y el surgimiento de una nueva. Gracias al rescate del que hemos hablado, todas las almas están invitadas a formar parte de la nueva humanidad, aunque dependerá del libre albedrío de cada una hacer suya o no tal invitación.

No obstante, Cristo encarnado en hombre tuvo que soportar y sufrir mucho para mostrar esa perfección y aportar los beneficios mencionados al género humano. Porque Satanás pregonaba (recuérdese la historia de Job) que ningún humano sería leal a Dios si se le hacía pasar por pruebas muy duras. Pero Jesús se mostró como un ser humano perfecto capaz de ser leal al Padre aunque tuviese que sufrir hasta el límite y permitir que lo apresasen, martirizasen y asesinasen (Hebreos, 10: 10).

El sufrimiento que le hace sudar sangre

A pesar del tremendo dolor físico que experimentó Cristo Jesús, no cabe duda de que hubo otro factor que contribuyó a su gran aflicción. Como se remarcó en el contexto de las *siete palabras*, lo que le hizo sufrir de veras fue el conocimiento preciso que tenía sobre lo que iba a suceder en los siglos venideros. Tenía muy claro qué era lo que le esperaba a la Madre Tierra (y, con ella, a todas las modalidades de vida de los diferentes reinos de la naturaleza) y a la humanidad hasta que aconteciera el final de esta generación humana. Y sabía que el sufrimiento alcanzaría cotas máximas cuando este final estuviese cercano: Satanás actuaría cada vez con mayor intensidad y el mundo derraparía inevitablemente hacia los tiempos de la desolación, primero, y la gran tribulación, después. La iniquidad campearía a sus anchas, no habría nada sagrado y todos los inocentes (humanos y pertenecientes a los demás reinos) serían objeto de violencia o, simplemente, asesinados...

Desde su sabiduría y compasión, Cristo Jesús percibe todo esto y se conmueve y estremece hasta sudar sangre en el huerto de los Olivos, tal como se subrayó en el capítulo precedente, porque su ser crístico todo lo incluye y todo lo integra desde el amor. Tiene y padece la visión premonitoria de los actos demoníacos más terribles, incluidos los que se llevarán a cabo en su nombre. Percibe la confusión y la inconsciencia de tantas almas encarnadas, de tantos hombres y mujeres que, lejos de hacer suyos los beneficios del rescate, continuarán optando libremente por lo que Satanás les ofrece y viviendo y actuando conforme a sus deseos, sus paradigmas, sus directrices. Es decir, se mantendrán en la rebeldía que en tiempos remotos constituyó el pecado original.

Y Jesús soporta todo esto sin hacer uso del poder crístico que goza, del poder de todo el universo, que está en sus manos, para acabar con tanta abominación en un instante. Pero sabe que es necesario que, tras el rescate, se inicie y transcurra un periodo de prueba para las almas encarnadas, con el fin de que cada una, en libertad, elija su camino. Jesús carga con ese periodo de prueba sobre sus espaldas.

Finalmente, como último paso en el pago del rescate, Jesús regresa a los Cielos y le presenta a su Padre el valor de su vida humana perfecta (Hebreos, 9: 24). El fenómeno de la ascensión implica que la humanidad de Jesús es tomada en el Cielo, como se recalca en *The Oxford dictionary of the Christian church* («Ascension of Christ». Cross, F. L., ed. 2005). Y gracias a que se pagó el rescate, tenemos la oportunidad de librarnos del pecado y la muerte (Romanos, 3: 23-24). Está al alcance todos, y cada cual ha de decidir si la aprovecha o la rechaza.

LA REENCARNACIÓN EN EL CRISTIANISMO

El proceso por el que se puede ir echando aceite a la lámpara

Habiéndose hecho mención del proceso de la reencarnación en el apartado precedente (y en otros del libro), será conveniente exponer unas breves reflexiones acerca de la visión que se tenía de la reencarnación en el seno del cristianismo.

A este respecto, se ha mencionado ya varias veces la parábola de las diez vírgenes, que será examinada con detalle en páginas posteriores. Pues bien, en cuanto a lo que queremos abordar aquí, diremos que dicha parábola tiene como telón de fondo el proceso de reencarnaciones que sigue el alma en su evolución en autoconsciencia: en cada vida humana, el alma «siembra» por medio de sus actos, y tras el fallecimiento físico, en el plano de luz, recoge la «cosecha». En cuanto a los actos que constituyen la siembra, pueden ser de mayor o menor frecuencia vibratoria: las acciones altruistas, generosas, solidarias, compasivas, empáticas, tolerantes y amorosas presentan una frecuencia vibratoria elevada y forman parte de una buena siembra. En cuanto a la cosecha, recordemos que en esta parábola está simbolizada por el aceite que se va echando a la lámpara, y que el aceite obtenido en una determinada encarnación se suma al que se había conseguido en las encarnaciones previas. Una cosecha dada será fructífera cuando lo que se sembró tuvo una vibración alta, y muy pobre o nula (no se obtendrá aceite) si se sembró egoísmo, egotismo, egocentrismo, materialismo, narcisismo, distracción insustancial, entretenimiento lelo, alejamiento de la naturaleza, daño a formas de vida, etc.

Lo cierto es que la idea de la reencarnación estaba presente en el cristianismo original. Por ejemplo, a Juan el Bautista le preguntaron si era la reencarnación de Elías (Juan, 1: 21). También se halla implícita en el pasaje del ciego de nacimiento que ya reprodujimos a propósito del karma y el *dharma*: «Al pasar, vio a un hombre ciego de nacimiento. Sus discípulos le preguntaron: "Maestro, ¿quién ha pecado, él o sus padres, para que haya nacido ciego?". "Ni él ni sus padres han pecado —respondió Jesús—; nació así para que se manifiesten en él las obras de Dios"» (Juan, 9: 1-4).

La eliminación histórica de la reencarnación en el cristianismo por la voluntad de un emperador

Sin embargo, el emperador Justiniano, considerado el último emperador romano, convocó un sínodo en Constantinopla con el único propósito de condenar las enseñanzas de Orígenes (por entonces el más respetado padre de la Iglesia cristiana original) sobre la doctrina de la reencarnación, aunque el pretexto fue deliberar sobre las Iglesias que, según Justiniano, eran disidentes, rebeldes y heréticas (por no encontrarse bajo el poder directo de Roma). La celebración de este sínodo es coherente con lo que relatan los historiadores sobre este emperador: al parecer, su despotismo no solo abarcó todo lo relacionado con la administración secular, sino que se extendió a lo eclesiástico, ya que reguló absolutamente todo lo relacionado con la religión imperial.

Ese sínodo, conocido como Quinto Concilio Ecuménico, el segundo que tuvo lugar en Constantinopla, se celebró en el año 553 y fue presidido por Eutiquio, aspirante al patriarcado de Constantinopla y sujeto a Justiniano, y contó con la presencia de 165 obispos. Pero el papa Virgilio, cuya presencia había sido requerida por el emperador, se opuso fuertemente al concilio y se refugió en una iglesia de la ciudad, temeroso de la ira vengativa del malvado emperador. El papa no estuvo presente en ninguna de las deliberaciones ni envió representante alguno y, por tanto, jamás aceptó que la doctrina de la reencarnación fuera proscrita del credo cristiano. Pero el poder de Justiniano fue más que suficiente para que su decisión personal de proscribir la reencarnación del canon cristiano prevaleciera por encima de las creencias del mismo papa.

Justiniano se las ingenió para aparentar públicamente que contaba con el apoyo ecuménico para esa proscripción de la reencarnación, que, para colmo, ni siquiera estuvo incluida en los papeles y acuerdos derivados de ese Quinto Concilio. Los sucesores del papa Virgilio, entre ellos Gregorio el Grande, aunque se ocuparon de diversos asuntos que surgieron a partir del concilio, no mencionaron absolutamente nada acerca de la postura de Orígenes en cuanto a la doctrina de la reencarnación.

La reencarnación y las enseñanzas de Cristo Jesús

Como hemos indicado, la idea de la reencarnación estuvo presente en el cristianismo original, y fue sostenida y defendida en las primeras centurias por personajes tan fundamentales del cristianismo primitivo como Orígenes... hasta que fue arrancada del credo cristiano, a mitad del siglo VI, por la decisión despótica de un emperador. Con todo, de la lectura del Nuevo Testamento cabe concluir que la reencarnación no fue un tema central en las enseñanzas de Cristo Jesús. Es algo que hay que entender desde una doble óptica:

1. Sacarle el jugo a la vida actual

Como hemos visto, Cristo Jesús no se limita a dirigir sus enseñanzas a la expansión consciencial y espiritual de cada ser humano, sino que las hace extensivas a la humanidad en su conjunto, atendiendo a su evolución colectiva. La misma expresión «Hijo del Hombre» apunta a ello; también el anuncio del final de esta generación humana, que será el eje fundamental de la tercera parte de este volumen.

En tal contexto, la reencarnación pasa forzosamente a un segundo plano, pues lo que tiene prioridad es apelar a los seres humanos a una práctica de vida con la que sacarle el jugo al tiempo del que disponen las almas en ellos encarnadas. Hay que entender por «sacarle el jugo» realizar una buena «siembra» que permita obtener una magnífica «cosecha de aceite». En cuanto al tiempo del que disponen las almas que están encarnando en esta generación humana, es el periodo histórico que va de la encarnación crística al momento en que acontezca el final enunciado. Desconocemos cuál será la duración de este periodo, pero, como dejan claro las palabras de Jesús, será corto desde la perspectiva del número de reencarnaciones que puede tener un alma.

Por todo ello, lo principal ya no es el conocimiento acerca de las reencarnaciones, por importante que sea, sino extraerle el jugo a la vida que tenemos en este momento, pues ya disponemos de pocas oportunidades para llegar a alcanzar el nivel mínimo de aceite requerido para formar parte de la nueva humanidad.

2. La sustancial modificación del proceso de reencarnación

Como hemos dicho con insistencia, el evento crístico constituyó un hito radicalmente histórico para la Madre Tierra y el género humano. Debido a él, la consciencia planetaria, el campo etérico planetario, el consciente colectivo humano y el cuerpo etérico humano* han sido permeados, regenerados e íntimamente transfigurados por lo crístico. Y esto tiene múltiples consecuencias.

Entre ellas, en lo que aquí nos ocupa, se produjo una alteración sustancial del devenir de las cadenas de vidas y el proceso de reencarnación de las almas, pues a partir de Cristo Jesús se aceleró el ciclo álmico y está transcurriendo menos tiempo entre encarnación y encarnación.

Es precisamente esto lo que explica el incremento demográfico acelerado experimentado durante los dos milenios transcurridos (no hay que olvidar que cada persona es un alma encarnada). Dicho incremento ha llegado a su máxima expresión con la explosión poblacional del último siglo y medio, por la que se ha pasado de los 220 millones de habitantes que, se cree, poblaban la Tierra en la época de Jesús a los 1.230 que lo hacían en el año 1900 y a los casi 8.000 millones que somos en la actualidad.

Como el número de almas que encarnan en la humanidad es el mismo desde hace muchos milenios (así lo muestran todas las tradiciones que han profundizado al respecto), lo que acabamos de exponer significa que el lapso entre encarnación y encarnación se ha reducido de manera extraordinaria: el proceso de reencarnación de cada alma ha adquirido una «inmediatez» antes desconocida y esto ha modificado sustancialmente las características del mismo.

---

* El cuerpo etérico humano es objeto de las influencias que aquí se enumeran desde el momento en que es moldeado con los «materiales» del campo etérico terrestre.

Cristo Jesús no se detuvo a aportar detalles al respecto (tal vez lo hiciera con su círculo más allegado) y dejó esta cuestión en manos del Paráclito: «Aún tengo muchas cosas que decirles, pero es demasiado para ustedes por ahora. Y cuando venga él, el Espíritu de la Verdad, los guiará en todos los caminos de la verdad» (Juan, 16: 12-13). A partir de ahí, se volcó en lo auténticamente importante para estos tiempos tan frenéticos: como se señaló en el punto anterior, sacarle el jugo a la encarnación que estamos viviendo, al no ser muchas las oportunidades que restan.

También es un mensaje categórico para que no nos perdamos mirando atrás, inquietos por lo que han podido ser nuestras vidas pasadas. Algo que podría entretenernos inútilmente, por ejemplo, sería intentar acceder a los registros akáshicos para que nos aporten datos al respecto (intento que, por otra parte, sería en vano, probablemente): «Ninguno que poniendo su mano en el arado mira hacia atrás es apto para el Reino de Dios» (Lucas, 9: 62).

Número medio de encarnaciones de cada alma en la actual humanidad

Para estimar aproximadamente cuántas veces ha reencarnado cada alma individualizada en la humanidad actual con el fin de evolucionar en consciencia, es necesario calcular, primero, la cantidad total de personas que han vivido desde el principio de esta humanidad, es decir, desde que desaparecieron los últimos vestigios de la humanidad atlante, hace diez mil o quince mil años. Esta cuestión no es fácil de contestar. En primer lugar, porque no existen datos demográficos en relación con buena parte de esos milenios. Y, en segundo lugar, porque los estudios que intentan salvar el inconveniente anterior con algunas suposiciones sobre el tamaño histórico de la población no toman en consideración la existencia de la Atlántida. Esto les lleva a incluir en el cálculo varias decenas de miles de años en los que realmente no existió lo que hoy llamamos humanidad, y a computar como humanos a los homínidos que convivieron con la humanidad atlante. No obstante, sobre la base de estos estudios se puede realizar una evaluación aproximada que permita obtener una respuesta.

Tomando como base las investigaciones de los demógrafos Toshiko Kaneda y Carl Haub, y el trabajo publicado por Max Roser en *Our World in Data* el 15 de marzo de 2002, el número de seres humanos que han vivido desde el año 190000 a. C. ronda los 117.000 millones. Y siguiendo a Dudley Poston Jr., demógrafo de la Universidad de Texas, esta cuantía se reduce en 8.000 millones (por tanto, a 109.000 millones) si el cálculo se realiza a partir del año 50000 a. C.

A partir de estos datos se puede estimar que, en lo que a la humanidad actual respecta, el número total de seres humanos que han vivido gira en torno a los 105.000 millones.

Sobre esta base, se puede estimar el número medio de encarnaciones por alma: concretamente, si los citados 105.000 millones de vidas humanas se dividen por la cantidad de almas actualmente encarnadas (7.950 millones), el resultado es que la cantidad media de reencarnaciones es 13.

Pero hay que dar por hecho que el número total de almas que vienen encarnando en la presente humanidad ha de ser superior al de las actualmente encarnadas. En este orden, se puede atender a las previsiones de Naciones Unidas para la población mundial hasta el año 2050: seguirá subiendo, hasta llegar a ser de 9.500 millones de personas. Esto significa que el número de encarnaciones de cada alma es de 11 a lo largo de los 10.000 o 15.000 años de historia de la presente humanidad.

SATANÁS

Múltiples nombres

El cristianismo se refiere con insistencia a la figura de Satanás, con distintas denominaciones. Concretamente, en el Nuevo Testamento, Satanás y los demonios que lo siguen aparecen citados en 188 ocasiones: 62 veces se emplea el término *demonio*, 33 la palabra *diablo*, 36 el nombre Satán o Satanás, 7 el nombre Belcebú (estos tres nombres designan al 'príncipe o jefe de los demonios'), 13 el término *dragón* y 37 la palabra *bestia* (estas dos denominaciones aparecen en el Libro del Apocalipsis). Acudiendo a las fuentes etimológicas hebreas, el término *Satanás* tiene un significado complejo y puede ser traducido como 'adversario', 'obstáculo' y 'acusador'.

Satanás también se halla presente en otras muchas tradiciones espirituales, aunque con múltiples nombres: Pazuzu en la mitología sumeria, asiria y acadia; Bolon Yokte en la mitología maya; Sa'tan ('adversario') en el mundo hebreo; Shaitán ('mal camino') en la religión islámica; *asuras* en el hinduismo y el budismo (en el hinduismo son entidades demoniacas sedientas de poder, mientras que en el budismo son los seres espirituales que se encuentran en el peldaño más bajo), y un amplio etcétera. Para diferentes escuelas es Sorath, entidad involutiva que rige el 666, el «número de la bestia» en el Libro del Apocalipsis.

¿Un cuento o una metáfora? Así es como quiere que se le considere

Sin embargo, a pesar de haber tantas referencias pasadas y actuales a Satanás, bastante gente considera que es una fábula, un producto de la imaginación o un símbolo metafórico del mal o la maldad humana. Tienen esta idea, incluso, muchas personas que hacen suyos, por ejemplo, los contenidos de los evangelios cristianos, en los que hay muchas referencias a Satanás y sus actos.

¿Por qué es tan difícil que la gente asuma la existencia de Satanás? Hay una razón principal: acudiendo a las tradiciones mencionadas, el propio Satanás está sumamente interesado en extender la idea de su no existencia, para poder actuar sobre el género humano de la manera más anónima, desapercibida e impune posible. En la Segunda Carta a los Corintios, san Pablo señala que Satanás «ha cegado la mente» de aquellos que no creen en él (4: 4) y, en el Libro del Apocalipsis, el apóstol Juan indica que «está engañando a toda la tierra habitada» (12: 9). Incluso lanzó sus tejemanejes y mentiras contra el propio Cristo Jesús, en las conocidas como «tentaciones del desierto», a las que se volverá de inmediato.

Satanás existe: los «ángeles caídos»

Pero Satanás existe y es muy real. Los libros cristianos lo relacionan con los querubines, un tipo de ser espiritual muy elevado que solo tiene por encima a los llamados serafines. Y le dan la consideración de hijo de Dios: «Llegó el día en que los hijos de Dios entraron para ocupar su puesto delante de Él y Satanás también se presentó entre ellos» (Job, 1: 6).

Sin embargo, en un momento determinado se enfrentó belicosamente al Padre, logró que otros seres espirituales se le unieran y originó un grave conflicto en las dimensiones celestiales que se saldó con su derrota y caída vibratoria a este plano (de ahí que se diga de él que es un «ángel caído»). Y, encontrándose entre nosotros, intenta ser el «dios de este mundo» (del sistema y de cómo están las cosas en el seno de la humanidad), como afirma san Pablo en el versículo indicado.

Así se narra esa contienda en el Libro del Apocalipsis (12: 7-9): «Y estalló una guerra en el cielo. Miguel y sus ángeles lucharon contra el dragón. Y el dragón y sus ángeles también lucharon, pero no pudieron vencer, ni quedó ya sitio para ellos en el Cielo. Así que hacia abajo fue arrojado el gran dragón, la serpiente original, al que llaman Diablo y Satanás, que está engañando a toda la tierra habitada. Él fue arrojado a la tierra y sus ángeles fueron arrojados con él».

Por tanto, Satanás y los ángeles que le siguieron «no mantuvieron su posición original, sino que abandonaron el lugar donde les correspondía vivir» (Judas, 1: 6).

¿Por qué?

¿Cómo pudo pasar que, con el tiempo, un ser espiritual que pertenecía a las dimensiones celestiales cambiara, se convirtiera en el diablo y lo siguieran otros ángeles? ¿Por qué Satanás se enfrentó al Padre, lo que causó su descenso consciencial? Para responder a estos interrogantes, podemos usar la analogía y preguntarnos cómo puede alguien honrado cambiar y convertirse en ladrón. Porque nadie nace siendo ladrón, pero si alguien desea algo que no es suyo y no deja de pensar en ello, ese mal deseo se hace más fuerte. Y, cuando tiene la oportunidad, acaba robando. Así es como alguien honrado se convierte en ladrón (Santiago, 1: 13-15).

Esto puede aplicarse, salvando las lógicas distancias, a Satanás. Para comprenderlo mejor, se puede acudir a esta expresión atribuida al místico sufí Al-Hallaj: «Dios es yo; y yo soy Dios cuando ceso de ser yo». Es la «transformación en Dios» de la que habló san Juan de la Cruz, que cristaliza cuando dejamos de identificarnos con nuestro yo físico, mental y emocional y la personalidad a él asociada, tomamos conciencia de lo que realmente somos, reverenciamos la vida y nos situamos sensatamente a su servicio. Pues bien, Satanás, ejerciendo su libre albedrío y a partir de un momento dado de su existencia y su proceso consciencial, ansió ser Dios sin cesar de ser él.

El orgullo, la soberbia y la arrogancia conforman la «última frontera» del proceso espiritual y consciencial. Esto es así en todas las dimensiones de la creación y también, por tanto, en el plano humano: tanto históricamente como en la actualidad ha habido y hay personas que, habiendo avanzado ostensiblemente en su proceso espiritual, derrapan, sin embargo, en un momento dado hacia el engreimiento y la altanería: estos individuos pasan a actuar con prepotencia, se consideran infalibles, miran a los demás por encima del hombro, reclaman que se les considere maestros y los traten como a tales, consideran impuros a los demás seres humanos o a las formas de vida animal, etcétera. Pues bien, es precisamente frente al orgullo y la soberbia ante lo que sucumben Satanás y los seres espirituales que le siguen.

Estos seres continúan siendo de naturaleza espiritual (su manifestación «física» es muy sutil), del mismo modo que un ser humano lo sigue siendo aunque se convierta en un asesino. Pero la frecuencia vibratoria de su estado de consciencia desciende y ya no pueden permanecer en dimensiones de alta vibración. Por lo tanto caen, ineludiblemente, a dimensiones de menor gradación vibratoria, como aquella en la que se desenvuelve la experiencia humana.

Teniendo en cuenta todo lo anterior y volviendo al jardín del edén y a la escena central del pecado original, es oportuno recordar que Satanás (Génesis, 3: 5) les dice a Eva y Adán que si comen del árbol del conocimiento «serán como Dios». Esto es, que cada uno de ellos será Dios sin cesar de ser yo. Así, al decantarse por esta opción, las almas encarnadas en la humanidad adámica se suman al pecado y la desobediencia. Al optar por el pecado, se separan y alejan de la divinidad, el sentido de la vida y el orden natural. Y al incurrir en la desobediencia dejan de escuchar la íntima divinidad y dejan de ver esta en la vida, por lo que pierden la capacidad de percibir lo divino.

Un ser espiritual que se considera amo de este mundo

Lo que sí se sabe con certeza es que, después del retroceso consciencial (el descenso vibratorio), Satanás y los ángeles que lo acompañan continúan siendo seres espirituales. No puede ser de otra manera: su configuración es la que es, del mismo modo que un individuo humano sigue siendo una persona aunque se convierta en un psicópata. Como seres espirituales, tienen sus conocimientos y capacidades. Pero sus propósitos y afanes son rotundamente egoicos y egocéntricos; están en oposición al Padre e intentan «ejercer de dios» en un plano que entienden les pertenece tras haber caído de los Cielos. Así se lo expresa Satanás a Cristo Jesús en una de las «tentaciones»: «Ahora el Diablo lo llevó a un lugar alto y le mostró en un instante todos los reinos de la tierra habitada. El Diablo entonces le dijo: "Te daré la gloria de estos reinos y autoridad sobre ellos, porque esta autoridad me la han entregado a mí y yo se la doy a quien yo quiera"» (Lucas, 4: 5-6). Y ello a cambio de que Jesús se postrara ante él (Mateo, 4: 9).

Por tanto, Satanás intenta ejercer de dios dominando a la humanidad y consiguiendo que «el mundo entero esté en su poder» (Primera Carta de Juan, 5: 19). Provisionalmente lo ha conseguido y así lo manifiesta Cristo Jesús, aclarando igualmente que Satanás no tiene poder sobre él: «Ya no hablaré mucho más con ustedes, porque viene el gobernante del mundo, aunque sobre mí él no tiene ningún poder» (Juan, 14: 30).

Caput mundi

Además de constar en la cita que se acaba de recoger, la descripción de Satanás como «gobernante de este mundo» aparece en otros dos pasajes del Evangelio de Juan: «Ahora se está juzgando al mundo; ahora el gobernante de este mundo será echado afuera» (12: 31); «... y luego del juicio, porque el gobernante de este mundo ha sido juzgado» (16: 11).

Por tanto, atendiendo a las palabras de Cristo Jesús, Satanás ejerce como gobernante o jefe de este mundo (*caput mundi*, en latín), y así seguirá siendo hasta que sea expulsado en los tiempos finales de esta generación humana.

Curiosamente, el 16 de marzo de 2023 se inauguró a escasos cien metros del obelisco de la plaza de San Pedro, la entrada del Vaticano, un centro comercial (*mall*, en inglés) que lleva precisamente el nombre de Caput Mundi.

Se trata del Caput Mundi Mall (www.caputmundimall.com), que ocupa locales que son propiedad del Vaticano, aunque es una iniciativa de empresarios privados. Este centro comercial abarca unos cinco mil metros cuadrados, en los que ya se han instalado cuarenta establecimientos, principalmente tiendas de ropa y suvenires y restaurantes. Uno de sus tres accesos se encuentra en plena Via della Conciliazione, la avenida romana que conduce a la plaza de San Pedro.

En su fase de proyecto, la denominación del centro comercial era Vatican Luxury Outlet, y así aparecía en su logotipo y web. Los promotores han evitado explicar el cambio de nombre, que según fuentes cercanas al Vaticano se justifica para evitar conflictos legales. De ahí el titular con el que el diario *ABC* informó, en su edición del 21 de marzo de 2023, sobre la apertura del Caput Mundi Mall: «El polémico centro comercial junto al Vaticano abre sus puertas y cambia nombre para evitar problemas legales».

El gobierno de Satanás se basa en la iniquidad y en la mentira, y en el desprecio a la vida, incluida la humana: las personas son vistas como un rebaño estúpido, indolente y dócil, al que es legítimo someter, dominar y controlar. Para ello, Satanás no se sirve solamente de los asuras y demonios (los ángeles que cayeron vibratoriamente con él), sino, igualmente, de aquellos seres humanos que se han postrado ante él y le rinden adoración, obediencia ciega y pleitesía: postrarse ante Satanás es lo que han hecho precisamente los miembros de la muy reducida élite que rige el vigente sistema socioeconómico mundial y el entramado político-institucional.

El gran adversario de los seres humanos que tienen una visión evolutiva y sensata de la vida

En varias de sus cartas, san Pablo hace mención expresa de la importancia de las fuerzas diabólicas. Destaca al respecto la Carta a los

Efesios, en la que se indica que «nuestra lucha no es contra hombres de carne y hueso, sino contra los principados, contra las potestades, contra los poderes mundanales de las tinieblas, contra los espíritus malignos del aire» (6: 12) y se refiere a Satanás como «príncipe de la potestad del aire, el espíritu que ahora actúa en los rebeldes contra Dios» (2: 2) (aquí, «aire» hace referencia a la zona etérica en la que se suponía que actuaban los espíritus demoniacos).

Esto enlaza con lo ya señalado tanto en lo relativo al significado del término *Satanás* como 'adversario' u 'obstáculo' como en lo que se refiere a su posicionamiento a contramano del sentido de la vida. Esto explica que se le vea como un ser opuesto a la evolución (como un factor de involución) y contrario al despliegue del orden natural (como un factor de resistencia). Es un elemento paralizante que fomenta las dinámicas inerciales (anquilosantes) en el desenvolvimiento de lo manifestado.

Al hilo de esto conviene recordar lo que decíamos acerca de nirguna/saguna y el hecho de que las influencias espirituales pueden ser contempladas de modo impersonal, como fuerzas cosmogónicas; pero también de forma personal, como seres o entidades espirituales. Esto es aplicable a Satanás, que, como fuerza cosmogónica inercial, plasma los dos «factores» indicados de involución y resistencia, mientras que, desde una perspectiva personal, es un ser espiritual. Esto último hace posible, como se verá más adelante, que incluso pueda encarnar en el plano humano.

En este mundo, los grandes enemigos de Satanás son los seres humanos que son conscientes de su esencia divina y, comprometidos con ella en su práctica de vida, la ponen al servicio de la consciencia, de la verdad, de la paz, de la justicia...; de una visión evolutiva y sensata de la vida, en definitiva.

Hemos hablado de todo esto no para generar miedo (ya hay demasiado), ni para fomentar el victimismo o la deriva conspiranoica. Lo hemos hecho para que seas consciente de la realidad y, sobre todo, para que tomes conciencia de tu auténtico ser, que es imperecedero y divino. ¿También esto te parece una locura? Pues toma buena nota: tu divinidad esencial es la gran verdad que esa élite quiere que ignores. De hecho, como se manifiesta a renglón seguido, este es su gran objetivo.

EL FINAL DE ESTA GENERACIÓN HUMANA Y EL SURGIMIENTO DE UNA NUEVA HUMANIDAD

Capítulo II

DISTOPÍA Y ÚLTIMOS TIEMPOS

EL CAMINO COLECTIVO MOSTRADO Y ANUNCIADO POR CRISTO JESÚS

La importancia de lo colectivo en las enseñanzas de Jesús

Habiéndose subrayado en la parte precedente del libro que Cristo Jesús no fue un maestro más, sino un evento único y un hito de calado histórico en el devenir de la humanidad y de la Madre Tierra, esta tercera parte se va a centrar en otro de los asuntos claves que distinguen su sabiduría de cualquier otra ofrecida antes o después de él.

¿De qué se trata? Pues de la importancia que concede a lo colectivo, esto es, a la evolución en consciencia de la humanidad. En conexión con ello, ahí están también sus enseñanzas sobre el desenvolvimiento cíclico que, en un momento determinado, desembocará en el final de la actual generación humana. Esta dará paso a otra que tendrá unas características espirituales mucho más elevadas y que abrirá las puertas a la existencia de una nueva humanidad en una Tierra restaurada.

Ciertamente, Cristo Jesús presta una gran atención a la evolución individual; lo hemos visto en relación con el nacer de nuevo y las prácticas de vida que lo acompañan. Pero no se queda ahí; también remarca la significación que tiene lo colectivo. Al respecto, aporta reflexiones y descripciones sobre el desenvolvimiento de la humanidad hacia un nuevo estadio consciencial. Y lo hace con tanto detalle y tanta hondura que esto diferencia claramente sus enseñanzas de cualquier otra.

El Reino de los Cielos se ha acercado

De hecho, toda la vida pública de Cristo Jesús está impregnada del anuncio de los últimos tiempos de la actual generación humana y el advenimiento de una nueva humanidad en conexión con lo que el evento crístico representa. Recordemos que cuando Jesús recibió la fuerza crística a partir del bautizo en el río Jordán la recibieron también, a través de él, el consciente colectivo humano y la Madre Tierra. Esto marcó un antes y un después en el curso de la evolución humana y planetaria. Así lo subrayó el propio Cristo Jesús al inicio de su vida pública, cuando dijo que «el Reino de los Cielos se ha acercado».

Situémonos en contexto. Después de pasar cuarenta días retirado en el desierto y tras tener noticia del arresto de Juan el Bautista, Cristo Jesús fue a Galilea y, después de salir de Nazaret, se estableció en Capernaúm (Mateo, 4: 12). Enseguida empezó a predicar el mensaje de que el Reino de los Cielos se ha acercado, por lo que es preciso cambiar la manera de pensar y de vivir (Marcos, 1: 15; Mateo, 4: 17 y 10: 7; Lucas, 10: 9). Tanto este capítulo como los dos siguientes dan testimonio de ello.

LA ACTUAL DISTOPÍA EN LAS TRADICIONES ESPIRITUALES, EN GENERAL, Y EN EL CRISTIANISMO EN PARTICULAR

La sociedad distópica, anunciada por tantas tradiciones espirituales, ha tomado cuerpo en la actualidad

El *Diccionario de la lengua española* de la RAE define *distopía* como «representación ficticia de una sociedad futura de características negativas causantes de la alienación humana». Sin embargo, la distopía ya no es un futuro imaginario, sino un presente cierto.

Y es que la sociedad distópica ya no es una ficción, ni algo que esté por venir. Es muy real y está aquí, avanzando entre nosotros y tomando cuerpo al unísono en muy diversos campos: la cultura y la educación, las tecnologías, el medio ambiente, la política, la sociedad, la salud, la economía... Como estos ámbitos están entrelazados, la distopía está sometida a una dinámica de retroalimentación que no hace sino exacerbarla.

El Proyecto de investigación Consciencia y Sociedad Distópica lo pone rotundamente de manifiesto (https://sociedaddistopica.com/). Dos de los objetivos fundamentales que persigue son estudiar las características e implicaciones de una sociedad así, por una parte, y formular propuestas prácticas para vivir con consciencia en este entorno, por otra parte.

Las tradiciones espirituales anuncian la sociedad distópica

Se suele ligar la distopía a un género literario que tiene su trilogía fundacional en las obras *Un mundo feliz*, de Aldous Huxley, *1984*, de George Orwell, y *Fahrenheit 451*, de Ray Bradbury. Pero es fácil constatar que la sociedad distópica fue presagiada hace tiempo por distintas corrientes espirituales: el hinduismo habla de la «edad oscura»; el budismo, de la «era del olvido»; el judaísmo, del advenimiento de un «mesías»; el cristianismo, de una apocalíptica «parusía»; el islam, de un final al que denomina «la hora», etcétera.

El cristianismo es el que da un mensaje más claro y preciso

Examinando y comparando los numerosos textos sagrados de muy diferentes corrientes espirituales y aunque todas ofrecen similitudes en lo relativo a la sociedad distópica, las aportaciones más nítidas y directas se encuentran en el cristianismo.

Respecto a este asunto, los textos cristianos por excelencia son el Libro de Daniel, integrado en el Antiguo Testamento, y el Libro del Apocalipsis, Libro de las Revelaciones o Apocalipsis de san Juan, que cierra el Nuevo Testamento. El carácter profético de los dos es bien conocido. Sin embargo, la interpretación es muy complicada, al estar repletos de símbolos y eventos.

Mucho más esclarecedoras son las palabras directas y diáfanas de Cristo Jesús recogidas en distintos pasajes de los evangelios, como, por ejemplo, en el Evangelio de Marcos, aunque el capítulo 24 del Evangelio de Mateo es el más completo sobre este asunto.

El final de esta generación humana

En dicho capítulo, Jesús responde en privado a las preguntas de sus discípulos acerca de cómo será el «fin del mundo», si bien él no les habla de tal fin, sino de cómo serán los últimos tiempos de «esta generación», asegurando que esta «de ningún modo desaparecerá hasta que sucedan todas estas cosas» (Mateo, 24: 34), las cuales describe en detalle a modo de «señales».

Hay que tener en cuenta que el término *generación* es muy específico: entronca con una sabiduría presente en diversas corrientes espirituales y hace referencia, precisamente, al vigente periodo humano.

El siguiente apartado ahonda en ello. En él se plantean diez consideraciones básicas sobre las enseñanzas aportadas por Cristo Jesús, también las referidas señales, en lo relativo a los tiempos finales de esta generación humana.

DIEZ CONSIDERACIONES PREVIAS SOBRE LAS ENSEÑANZAS DE CRISTO JESÚS RELATIVAS A LOS ÚLTIMOS TIEMPOS DE «ESTA GENERACIÓN»

1. No son profecías

Lo primero que conviene señalar es que Cristo Jesús no es un profeta. Él no expone profecías ni, mucho menos, adivinanzas acerca de cómo será el futuro de la humanidad. De ningún modo.

Lo que hace Cristo Jesús es compartir con generosidad y rigor una honda sabiduría en la que se integra, de manera armoniosa y sinérgica, el conocimiento preciso sobre dos cuestiones:

1. El devenir de los ciclos en los que se despliega el tiempo, personificado mitológicamente por Cronos en las obras filosóficas presocráticas. El ser humano plasma el discurrir y movimiento de este tiempo en calendarios e instrumentos de medición de carácter lineal. Estos ciclos son muy diversos y los hay menores y mayores: los humanos, los terrestres, los cósmicos...

2. La evolución de la consciencia, que no acontece por casualidad en ninguno de sus planos y niveles (algunos de estos niveles son la consciencia individual, el consciente colectivo, la consciencia planetaria, la consciencia solar...). Aun cuando cada forma de vida goza de libre albedrío, la evolución de la consciencia responde a unos patrones y pautas muy concretos que están, a su vez, relacionados con los procesos cíclicos que se acaban de enunciar.

Cristo Jesús sabe muy bien todo esto. Y desde esta sabiduría nos muestra los acontecimientos cíclico-evolutivos relativos al final de esta generación humana y el comienzo de la siguiente, que procuraremos sintetizar en estas páginas.

Por tanto, no formula profecías, como tampoco lo hacemos nosotros cuando, estando en pleno invierno, anticipamos que en unos meses disfrutaremos de un tiempo primaveral y, posteriormente, del calor del verano.

2. Humanidades y subhumanidades o generaciones: el paso de la sexta a la séptima subhumanidad en el seno de la quinta humanidad y la plasmación de una nueva humanidad en una Tierra restaurada

Como se señaló anteriormente, el término *generación* aplicado a la evolución de la humanidad es muy específico y tiene su origen en la sabiduría atesorada hace milenios por diferentes escuelas espirituales.

A este respecto, en el tramo final del siglo XIX y comienzos del XX hubo personas insignes, de Helena P. Blavatsky a Rudolf Steiner, que realizaron una colosal labor de rescate y divulgación de documentos, textos y conocimientos muy antiguos. Entre los temas que tocan estos estudiosos y autores se halla la genealogía del ser humano; describen el proceso evolutivo de la humanidad durante decenas de millones de años a través de las siete humanidades que ya apuntábamos en el capítulo 7: así como cada uno de nosotros vamos reencarnando en una cadena de vidas, la humanidad también lo hace en una serie de humanidades, siete en total. Y cada una de ellas transita evolutivamente, a su vez, por siete subhumanidades. Pues bien, el término *generación* es sinónimo de *subhumanidad* en este contexto.

En este marco, recordando lo formulado páginas atrás, la actual humanidad es la quinta: cronológicamente la han precedido las humanidades polar, hiperbórea, lemuriana y atlante; y le seguirán otras dos, la sexta o búddhica y la séptima o átmica, con la que culminará y concluirá el ciclo evolutivo humano. Antiguamente, a la quinta humanidad se le dio el nombre de *aria*, lo que históricamente, especialmente en el siglo XX, ha sido objeto de garrafales malentendidos, por lo que hoy se le suele llamar simplemente *quinta humanidad*. Y como se ha indicado, cada una de las citadas siete humanidades cuenta, a su vez, en su proceso evolutivo, con siete subhumanidades o generaciones. En este colosal escenario, los humanos de hoy formamos parte de la sexta subhumanidad de la quinta humanidad.

En la generación que la precedió, la quinta subhumanidad, la Era Axial hizo real la misión histórica de incorporar la mente abstracta al consciente colectivo humano y preparó el terreno para la encarnación crística en un ser humano y en la Madre Tierra.

La plena realización de tal encarnación abrió las puertas a la sexta subhumanidad, que, junto con la séptima, tiene la responsabilidad de poner la semilla de lo que corresponderá a la nueva humanidad, la sexta en el recorrido evolutivo humano: vivir por primera vez desde el mando consciente del yo superior; en concreto, desde las cualidades álmicas, pues vivir con la presencia del Espíritu será el colofón del proceso evolutivo y se dará en la séptima humanidad. En este marco:

- La actual sexta subhumanidad está poniendo la semilla de la nueva humanidad con un fuerte viento en contra, esto es, en un contexto aún dominado por los seres involutivos, con Satanás a la cabeza. Además, estos seres están desatados, desesperados y especialmente agresivos, pues saben que todo está cumplido tras el triunfo de Cristo y que la llegada de la nueva humanidad es ya irreversible. Por esto vienen arremetiendo con violencia contra todos los que, con su práctica de vida, son semilla y anuncio de lo nuevo; se emborrachan «con la sangre de los santos y con la sangre de los testigos de Jesús» (Apocalipsis, 17: 5). Pero la semilla que se pone con el viento en contra es más fuerte y enraíza con más potencia y hondura en el consciente colectivo humano.
- La séptima subhumanidad, en cambio, que se plasmará tras el corte y la parusía, pondrá la semilla de la nueva humanidad con el viento a favor, puesto que ya no sufrirá las interferencias involutivas, dado que Satanás habrá sido encadenado en el centro de la Tierra. No obstante, tras mil años, como se detallará en el último capítulo de este texto, Satanás será desatado y arremeterá contra los 144.000 sellados, es decir, contra las almas más evolucionadas (con mayor de nivel de aceite en la lámpara) que estarán encarnadas en la humanidad en esos momentos. Este episodio abrirá las puertas del «juicio final», tras el cual arrancará la nueva humanidad en una Tierra restaurada, en lo que representará un transcendental avance cualitativo en la línea evolutiva humana que conduce al Hijo del Hombre.

Como se va a ir constatando, las enseñanzas de Cristo Jesús ilustran con claridad todo lo que acabamos de bosquejar. Jesús se detiene especialmente en el final de la actual generación, la sexta, y el acceso a la siguiente, la séptima, que será inmediatamente anterior a la plasmación de la nueva humanidad.

3. ¿Cuándo tendrá lugar este tiempo final? Nadie sabe ni el día ni la hora

¿Cuándo se producirá la transición de la actual generación humana (la quinta subhumanidad) a la siguiente (la sexta subhumanidad)? Cristo Jesús afirmó con rotundidad que nadie sabe ni el día ni la hora del indicado final de «esta generación»: «... el día y la hora no los sabe nadie, ni los ángeles de los cielos ni el Hijo; solo el Padre» (Mateo, 24: 36) (también Marcos, 13: 32).

Lo que sí sabemos es que implicará la «conclusión del sistema», a lo que el Evangelio de Mateo hace mención en varios pasajes (13: 49, 24: 3, 28: 20). En relación con esto, ha de tenerse en cuenta que el vocablo *sistema* procede del griego *aiōn* y alude a la situación mundial o a las características que distinguen un tiempo, una época o una era en particular. En general, cuando en la Biblia se habla de *sistemas*, en plural, se está haciendo referencia a las distintas situaciones mundiales que existieron o existirán (Evangelio de Marcos, 4: 19; Romanos, 12: 2; Primera Carta a los Corintios, 10: 11). Y cuando en la Biblia se dice «este sistema», se está haciendo referencia a la situación que predomina en el mundo en un momento dado, lo cual incluye el estilo de vida imperante en ese *statu quo* (Segunda Carta a Timoteo, 4: 10).

Al hilo de lo que se acaba de exponer, la expresión «conclusión del sistema» hace referencia a la terminación del mundo gobernado por Satanás (es decir, a la situación mundial regida por el diablo). Esto coincidirá en el tiempo con la presencia de Cristo. Dirigidos por él, los ángeles «separarán a los malvados de los justos» (Mateo, 13: 40-42 y 49), en lo que será el *corte* o *cortamiento*, que se analizará en el próximo capítulo.

316

Kairós y cronos: tiempo espiritual y tiempo material

Como han enseñado sabios y sabias de diferentes épocas y culturas, el fenómeno que llamamos *tiempo* engloba dos realidades distintas e interdependientes: el tiempo material y el tiempo espiritual.

El primero de ellos es el tiempo lineal, la pura sucesión, que se mide con instrumentos como el reloj y el calendario. En la Grecia clásica se le denominó *cronos* y fue representado mitológicamente por Cronos, el principal de la primera generación de titanes. Los titanes fueron una poderosa raza de deidades, descendientes divinos de Gea (la Tierra) y Urano (el cielo), que gobernaron antes de Zeus (hijo del propio Cronos).

En cambio, el segundo, el tiempo espiritual, se desenvuelve al hilo de la evolución de la consciencia y no es fijo ni repetitivo, aunque también esté relacionado con el devenir de los ciclos. Más específicamente, tiene que ver con el «tiempo oportuno» o «tiempo de la salvación»: el tiempo adecuado e ideal (en términos conscienciales) para que los eventos acontezcan y algo importante suceda, especialmente con relación al fin de un ciclo y el comienzo del siguiente. Es el *dies veniens*, ese tiempo en el que todas las circunstancias convergen para la obtención de un máximo rendimiento desde la perspectiva espiritual. En la antigua Grecia se le dio el nombre de *kairós*, mientras que para otras tradiciones era (y es) el *no tiempo*. Kairós es la ocasión, la oportunidad favorable que cambia el destino del ser humano. Como indica Rubén A. Peretó Rivas en su texto *Katejon, el obstaculizante*, kairós «se asocia, en primer lugar, al advenimiento de Cristo, el cual se dio en la plenitud de los tiempos, o en el tiempo oportuno». Por ejemplo, escribe Pablo de Tarso citando a Isaías: «"En el tiempo oportuno [kairós] te escuché y en el día de la salvación te ayudé". Este es el tiempo oportuno, este es el día de la salvación» (II Corintios, 6: 2) (la cita es de Isaías, 49: 8). Sigue diciendo Peretó Rivas que kairós «suscita un tiempo nuevo, una situación que no se había producido hasta ahora, pues, al estar incardinado en la persona y obra de Cristo, los dones escatológicos y eternos se encuentran ya presentes entre nosotros. Al haber irrumpido Dios en la historia, lo eterno está presente en ella configurando una nueva época. El *kairós* es al mismo tiempo historia y eternidad, un tiempo con plenitud de sentido [...] De este modo, el *kairós* no es *kronos*, puesto que pierde el sentido trágico de caducidad inexorable y se convierte en un tiempo de construcción y esperanza».

Es en esta clave como se puede entender la afirmación de Cristo Jesús, que se comentará posteriormente, acerca de los últimos tiempos de esta generación humana que darán paso a una nueva humanidad: «... por causa de los escogidos, esos días serán acortados» (Mateo, 24: 22).

Y explica por qué «nadie sabe ni el día ni la hora» de tan crucial momento (Mateo, 24: 36) y el error en el que podemos caer si, como hacen algunas tradiciones orientales, nos empeñamos en medir con tiempos humanos y cronológicos lo que solo deben medir el Espíritu y la Consciencia.

En la actualidad, hay bastantes personas que perciben que el tiempo se está acelerando. Este sentir no es relativo a cronos, que sigue transcurriendo al mismo ritmo de siempre, sino a kairós. Y tiene que ver con el hecho de que los tiempos espirituales están transmitiendo un sentimiento de urgencia.

Por lo demás, la distinción entre cronos y kairós es crucial para entender y vivir la práctica del aquí-ahora, la cual no tiene que ver con cronos, como se suele interpretar, sino con kairós: el protagonismo no lo tiene la dimensión superficial del momento presente, que cambia de instante en instante, sino su dimensión subyacente, que está en conexión con el ser, no con el estar, y hunde sus raíces en el tiempo espiritual.

Según indica Peretó Rivas, podemos encontrar ampliamente desarrollado este tema en estos dos escritos de Modesto Berciano: «Kairós: superación del tiempo en el cristianismo», en *Naturaleza y Gracia*, vol. XLVIII, 1-2 (2001), pp. 167-200; y «El concepto de kairós en Grecia», en *Diálogos*, 77 (2001), pp. 117-153. También hay un desarrollo intenso y profundo en la obra de Juan Carlos Alby titulada *Tiempo y acontecimiento en la antropología de Ireneo de Lyón* (tesis doctoral dactilográfica presentada en la Universidad Católica de Santa Fe, pp. 225-281).

4. Estar atentos a las señales

Ahora bien, aunque nadie tenga conocimiento del cuándo, habrá señales que anuncien la llegada del momento. Cristo Jesús insistió en la necesidad de estar alerta a las mismas y habló del contenido de las más importantes, que se expondrá con detalle.

Así, subrayó que hay que estar atentos a los signos y aprender de la higuera: nadie sabe con certeza cuándo llegará, cada año, el verano, pues puede ser que se adelante o se retrase unos días, incluso unas semanas, pero lo que sí sabemos es que está al llegar cuando la rama de la higuera se enternece y brotan las hojas (Mateo, 24: 32). Igualmente, el Evangelio de Marcos hace hincapié en lo anterior: «Aprendan esta comparación, tomada de la higuera: cuando sus ramas se hacen flexibles y brotan las hojas, ustedes se dan cuenta de que se acerca el verano. Así también, cuando vean que suceden todas estas cosas, sepan que el fin está cerca, a la puerta. Les aseguro que no pasará esta generación sin que suceda todo esto. El cielo y la tierra pasarán, pero mis palabras no pasarán. En cuanto a ese día y a la hora, nadie los conoce, ni los ángeles del cielo, ni el Hijo, nadie sino el Padre» (13: 28-32).

Incide en el mismo mensaje otro pasaje del Evangelio de Mateo (16: 2-3): «Al atardecer, ustedes dicen: "Va a hacer buen tiempo, porque el cielo está rojo como el fuego". Y de madrugada, dicen: "Hoy habrá tormenta, porque el cielo está rojo oscuro". ¡De manera que saben interpretar el aspecto del cielo, pero no los signos de los tiempos!». Y el Evangelio de Lucas (12: 56) indica: «¡Hipócritas! Ustedes saben discernir el aspecto de la tierra y del cielo; ¿cómo entonces no saben discernir el tiempo presente?».

Teniendo en cuenta lo anterior: «Tengan cuidado y estén prevenidos, porque no saben cuándo llegará el momento. Será como un hombre que se va de viaje, deja su casa al cuidado de sus servidores, asigna a cada uno su tarea, y recomienda al portero que permanezca en vela. Estén prevenidos, entonces, porque no saben cuándo llegará el dueño de la casa, si al atardecer, a medianoche, al canto del gallo o por la mañana. No sea que llegue de improviso y los encuentre dormidos. Y esto que les digo a ustedes, lo digo a todos: ¡estén prevenidos!» (Marcos, 13: 33-37).

Por tanto, si vemos las cosas (señales) que se relatan en el capítulo 24 del Evangelio de Mateo, así como en pasajes del Evangelio de Lucas y del Evangelio de Marcos, en el Libro del Apocalipsis y en otros textos del Nuevo Testamento, podemos estar seguros de que el final está a las puertas. Y debemos tener siempre presente que «el Señor no retrasa su promesa, como piensan algunos, sino que tiene paciencia con vosotros, porque no quiere que nadie se pierda» (Segunda Carta de Pedro, 3: 10-15).

Pero ¿cuáles son en concreto esas señales? Antes de abordar esta cuestión, hay que detenerse en dos consideraciones: por una parte, en el hecho de que son de carácter distópico; consisten en acontecimientos y circunstancias que ocasionan aflicción y sufrimiento a la humanidad. La segunda consideración es que tiene un sentido profundo para la humanidad, en general, y para cada persona, en particular, el hecho de que el final de los tiempos de esta generación venga acompañado de unos eventos de tal naturaleza.

DISTOPÍA Y ÚLTIMOS TIEMPOS

5. Señales distópicas: ¿por qué no utópicas?

En lo relativo a la primera de las consideraciones enunciadas, cabe preguntarse por qué las señales que ofrecen Jesús y el cristianismo son de carácter distópico en vez de utópico (es decir, de alta vibración). La razón de ello no es que no vaya a haber manifestaciones de este segundo tipo en el tramo postrero de esta generación humana: las habrá, de la mano de muchas personas y grupos justos y conscientes cuyos actos y comportamientos individuales y colectivos estarán llenos de compasión, altruismo, ternura, amor... ¿Cuál es la razón entonces? Pues el hecho de que la mente concreta humana* opera de manera dual:

- En primer lugar, esta mente secciona la vida. En realidad, la vida es una, como vimos, pero la mente concreta la divide en lo que valora como positivo y lo que entiende que es negativo, entre lo agradable y lo desagradable, entre lo bueno y lo malo, entre lo que produce bienestar y lo que ocasiona malestar... Olvida que todo, sin excepción, tiene su porqué y para qué en clave del desarrollo consciencial personal y social.

- En segundo lugar, no contenta con caer en tamaña ficción, centra su atención en lo que tilda de negativo y casi le pasa desapercibido lo que califica de positivo. Por ejemplo, tanto la salud como la enfermedad son estados que llegan a nuestra vida por algo; ninguna de las dos es fruto de la casualidad. Sin embargo, la mente concreta es ajena a este hecho y valora la salud como positiva y la enfermedad como negativa. A partir de ahí, lo positivo (la salud) casi nos pasa inadvertido cuando lo disfrutamos, mientras que cuando acontece lo que esta mente estima negativo (la enfermedad) somos conscientes de ello todo el rato. Esto nos lleva a recordar lo que decíamos al principio del capítulo 6 con relación al poema *Noche oscura* de san Juan de la Cruz –que la

---

* Recordemos que la mente concreta constituye el nivel inferior de la mente; se ocupa de lo ordinario y cotidiano y, precisamente por esto, funciona automáticamente y sin parar.

noche es una buena guía– y la *Canción del elegido* de Silvio Rodríguez –que aquí «lo tremendo se aprende enseguida y lo hermoso
cuesta la vida»–.

Es por todo esto por lo que Cristo Jesús nos proporciona señales
distópicas: son las que mejor podemos «computar» y percibir.

6. El sentido profundo de la distopía que imperará en los últimos tiempos de esta generación humana

En cuanto a la segunda de las consideraciones antes enunciadas –el
sentido profundo que tiene para la humanidad, en general, y para
cada persona, en particular, el hecho de que los últimos tiempos de
esta generación vengan acompañados de eventos de naturaleza distópica–, indica Cristo Jesús: «Cuidado, no se alarmen, porque estas
cosas tienen que suceder» (Mateo, 24: 6). Y han de acontecer por tres
razones fundamentalmente:

a) Por la aportación que hacen las noches oscuras al fomento
de la consciencia. Las vivencias distópicas nos sumen en una
noche oscura, y este tipo de noches impulsan de forma notable la evolución consciencial. Estos impulsos son importantes
siempre, pero lo son aún más en un momento verdaderamente histórico en el que una generación humana concluye para
que arranque otra de características bien distintas. Para entenderlo mejor, podemos fijarnos en lo que en el campo de la
fisiología se conoce como *efecto de la rana hervida*, que explica
con acierto la relevancia y las consecuencias que tiene el hecho de detectar o no a tiempo el umbral de fatalidad (ver recuadro). Aplicado a la temática que estamos tratando el efecto de la rana hervida, la tremenda distopía que imperará en
el tramo final de esta generación humana actuará a modo de
grandes calentones destinados a que los seres humanos no caigan en el sopor que los invadiría si las adversidades se fuesen

imponiendo de manera gradual, apenas perceptible. Frente a situaciones muy duras, asimilables al agua que hierve, cabe esperar que una mayor cantidad de seres humanos saltarán hacia una nueva humanidad que deje atrás tanta ignominia.

El efecto de la rana hervida

El experimento consta de tres fases. En la primera, se echa una rana viva dentro de un recipiente con agua a temperatura ambiente; en ese hábitat, la rana, aunque confinada en un espacio limitado, se mueve con comodidad. En la segunda, se tira una rana en el mismo recipiente, pero esta vez contiene agua hirviendo; ante ello, la rana patalea, brinca y salta hacia fuera para evitar lo que sería una muerte segura. Y en la tercera, otra vez se lanza una rana al recipiente, de nuevo con agua a temperatura ambiente, pero en esta ocasión debajo del recipiente hay un fogón encendido que va calentando el agua poco a poco. Al ser gradual el aumento de la temperatura, la rana lo tolera y no reacciona, y aunque en todo momento tiene la posibilidad de saltar fuera, va aplazando esta acción y la va invadiendo el sopor, hasta que acaba por morir hervida.

El tren de la consciencia

En el tramo final de esta generación humana tiene que producirse, se está produciendo ya, una dinámica de decantación, que da lugar a dos tipos de realidades muy contrastadas que se darán (se están dando ya) al mismo tiempo:

- Por un lado, tenemos iniquidad, hechos distópicos y seres humanos que actúan de manera infame.

- Por otro lado, tenemos situaciones y personas que responden a todo ello desde el amor (en el sentido amplio de la palabra) y están contribuyendo a que emerja, desde el consciente colectivo humano, un nuevo paradigma que será semilla de la nueva humanidad. Este paradigma no puede ser identificado desde el modelo vigente, pues es radicalmente distinto. Y deviene de la acción de un número cada vez mayor de gente y grupos que viven orientados a sacar lo mejor de sí mismos.

Esto significa que en el periodo final de la actual generación humana están presentes dos líneas o trayectorias temporales: la que, conforme a todo lo expuesto, ha de ser calificada como distópica; y la que, ligada a lo último enunciado, cabe tildar de utópica. Esta última está protagonizada por personas que, de manera anónima y sencilla en la mayoría de los casos, viven desde el corazón y tienen un comportamiento consciente y fraternal en la vida diaria; estas personas tienen unos ojos nuevos y están forjando un mundo nuevo.

Ahora bien, como la extensión de la distopía sirve, a su vez, de acicate y factor de impulso para que cada vez más personas tomen conciencia y se decanten vitalmente hacia la línea utópica (debido al efecto de la rana hervida ya comentado), se puede concluir que la evolución en consciencia de la humanidad es como un tren que avanza sobre dos raíles: la utopía y la distopía. Esto no justifica el dolor y el sufrimiento que generan quienes están alineados con esta última, pero sirve para comprender que todo tiene su sentido profundo, su porqué y para qué.

b) La segunda razón por la que tienen que producirse circunstancias y sucesos distópicos es lo funcional que resulta la denominada *sala de los espejos*. Anunciada por tradiciones como la maya para la etapa de distopía por la que tiene que pasar nuestra subhumanidad, hace que todo quede al descubierto en los planos colectivo e individual, social y personal (ver recuadro). Es así como los seres humanos, ante los eventos y contingencias tan distópicos y execrables que experimentarán (que están experimentando ya), se dividirán (se están dividiendo) en dos grandes grupos: por una parte, están los que sacan lo peor de sí mismos y hacen del egoísmo y el egocentrismo su modo de actuar, relacionarse y responder ante lo que acontece. Y por otra parte están los que extraen lo mejor de sí y, contando con una comprensión más amplia y generosa acerca de lo que sucede, practican en su día a día la fraternidad, la solidaridad, el altruismo y la empatía hacia los demás, así como la compasión en sentido amplio: este tipo de compasión se extiende más allá del reducido círculo de familiares y amigos, incluso más allá del género humano, y llega a todos los seres vivos y a la Madre Tierra. Se trata, por tanto, de una autodecantación, como la del agua y el aceite, en la que nadie podrá satisfacer nada por otro: solo están uno mismo y sus actos, en lo que supone una rotunda probación del estado de consciencia de cada persona con miras a la configuración de la nueva humanidad. Cristo Jesús se refiere a ello como un «corte» o «cortamiento» (se examinará más adelante).

La sala de los espejos

Se trata de una expresión metafórica que hace referencia a la llegada de un momento, en la historia de la humanidad, en el que todo quedará a la vista, tanto lo exterior como lo interior:

- En cuanto a lo exterior, caerán los velos que cubren la iniquidad del sistema vigente, por lo que todo aquel que quiera verla podrá hacerlo sin problema. Cuestión diferente es que se prefiera no ver, es decir, que uno opte por mantenerse en el hábitat de confort y mentira existencial configurado por los sistemas de creencias inherentes al sistema.
- En cuanto a lo interior, ante las ineludibles disyuntivas y elecciones a las que abocan las situaciones distópicas, cada cual podrá verse a sí mismo como realmente es, sin lugar a autoengaños.

c) La tercera razón que hace ineludible la distopía es la ley de causa y efecto: todo lo que hacemos y dejamos de hacer, individual y colectivamente, tiene efectos, que pueden producirse a corto, medio, largo o larguísimo plazo. Estos últimos llegan a manifestarse en otra vida o reencarnación, en lo que se conoce como *karma*. La humanidad, a lo largo de su historia, ha causado y sigue provocando mucho dolor y sufrimiento no solo a ella misma, sino también a la vida en el planeta (a multitud de formas de vida de los reinos animal y vegetal). Y esto, inevitablemente, genera karma. Las vivencias dolorosas asociadas a la sociedad distópica tienen que ver con esto. Es importante subrayar, a este respecto, que la encarnación crística en Jesús de Nazaret diluyó el karma colectivo humano, pero no el que genera cada alma individual en su proceso de reencarnaciones.

7. Un proceso *in crescendo* en cuanto a su envergadura y gravedad

Las señales distópicas mostradas por Cristo Jesús van a más, *in crescendo*, conforme la humanidad se va adentrando en los tiempos finales de esta generación. Tales señales son una serie de sucesos que se van encadenando en una prolongada secuencia cuyo alcance y cuya gravedad van en aumento, hasta que desembocarán en situaciones y experiencias extremadamente duras y dolorosas para el conjunto del género humano y para todos los reinos de la naturaleza y todas las formas de vida que conviven en la Madre Tierra. Esta dinámica se puede comparar con los efectos de un huracán de magnitud aceleradamente creciente.

Debemos establecer una conexión entre el hecho de que la intensidad del huracán sea aceleradamente creciente y lo que explicábamos a propósito del *efecto de la rana hervida*. Porque si la magnitud del huracán fuese incrementándose pausadamente, serían escasas y, tal vez, limitadas a un número relativamente reducido de personas las posibilidades de nacer de nuevo. Es decir, muchas menos personas tomarían conciencia y reaccionarían: no sería tan grande el aliciente para mirar dentro de uno, promover la propia transformación y decantarse por una vida diferente, que no exprese la alienación y la inconsciencia fomentadas por el sistema imperante. Sin embargo, debido a la iniquidad y voracidad del sistema, el aumento de la turbulencia del huracán no es gradual, sino cada vez más virulenta, lo que posibilita que más personas tomen conciencia y actúen en consecuencia.

Actuar desde la consciencia es hacerlo ubicados en el centro del huracán, donde, curiosamente, no hay viento, la temperatura es agradable y el cielo está despejado. Por lo tanto, no se trata de huir del huracán, sino de vivirlo con consciencia, sabiendo que es lo que corresponde en la transición hacia una nueva generación humana.

Desde esta serenidad y este conocimiento de causa, se trata de sacar lo mejor de uno mismo y ponerlo al servicio de los demás (de tantas personas que quedan aturdidas entre los tirones y vaivenes del huracán) y de la vida.

8. Sin miedos

No se nos dice todo lo relativo al final de esta generación, ni nosotros lo compartimos, para provocar miedo, que ya está presente en grado sumo en el momento que está atravesando actualmente la humanidad. El objetivo es justamente el contrario: si vislumbramos lo que puede acontecer y comprendemos el significado profundo que ello tiene para nuestra evolución, será más fácil que podamos erradicar cualquier temor.

No hay que olvidar que el miedo es lo contrario de la libertad, como muestra muy bien la lengua inglesa: *libre* es *free*, y *asustado* es *afraid*, palabra formada por derivación a partir de *free* a través de añadirle el prefijo *a*, que en inglés significa 'sin'. Y una de las grandes columnas vertebrales de la sociedad distópica es el miedo personal y colectivo, promovido por los que gobiernan el mundo.

Recordemos estas palabras de Cristo Jesús: «No se alarmen cuando oigan hablar de guerras y de rumores de guerras: es necesario que esto ocurra, pero todavía no será el fin. Se levantará nación contra nación y reino contra reino. En muchas partes, habrá terremotos y hambre. Este será el comienzo de los dolores del parto» (Marcos, 13: 7-8).

9. Preparación para el parto

Lejos de producir miedo, las señales que nos ofrece Cristo Jesús, por distópicas que sean, nos preparan para ese parto.

Hoy en día, la denominación *preparación al parto* engloba una serie de herramientas que son útiles a los futuros padres a la hora de prepararse para el nacimiento de un bebé desde el inicio del embarazo. Si bien se abordan muchos aspectos del embarazo, se da especial importancia al parto en sí: se aporta información sobre el mismo y se enseñan a la futura madre distintas técnicas (respiración, relajación...) que le permitirán tener un mayor autocontrol cuando se produzcan las contracciones, y vivir con mayor sosiego un proceso que culminará en el nacimiento de una nueva vida.

Analógicamente, ocurre esto mismo con las señales que nos ocupan: son los dolores, removimientos y contracciones del parto que, poniendo fin a una generación humana, darán lugar al nacimiento de otra de perfil radicalmente diferente. Conocer esas señales sirve para vivir esta transición con confianza, serenidad y alegría por el surgimiento de algo tan hermoso en la evolución de la humanidad. Todo ello acompañado, por supuesto, de compasión ante el sufrimiento de muchos seres humanos que no tendrán conciencia de la magnitud y transcendencia de la experiencia y ante el dolor de los diversos reinos de la naturaleza, especialmente el animal, ocasionado por la inconsciencia de la generación que termina.

Es muy importante que todas estas señales sean conocidas, pues esto coadyuvará a que muchas personas conscientes se preparen y se sitúen en el centro del huracán de magnitud aceleradamente creciente: aun cuando estén inmersas en la sociedad distópica, sacarán lo mejor de sí mismas y vivirán sin miedo, a la vez que lo harán desde la sabiduría y la compasión. Que vivirán sin miedo quiere decir que actuarán de la mejor manera que conciban desde el amor y la fraternidad. Que gozarán de sabiduría quiere decir que sabrán discernir que estas experiencias suponen un paso imprescindible para el nacimiento de algo nuevo y evolutivamente más avanzado (la muerte no existe y la destrucción no es sino una etapa de la evolución). Y que actuarán con compasión quiere decir que mantendrán una actitud de servicio hacia los demás, especialmente hacia todos aquellos que, en medio de un gran sufrimiento, tengan dificultades para comprender el hondo sentido de los acontecimientos.

10. Seis grandes fases

Tanto los evangelios (menos el de Juan), recogiendo las palabras de Cristo Jesús, como otros textos cristianos exponen con bastante detalle cuáles serán las señales y cómo se irán desarrollando *in crescendo*. Configuran seis grandes fases de duración dispar, siendo las tres primeras de marcado carácter distópico, mientras que las tres últimas suponen la culminación del final de la actual generación humana y el inicio de la siguiente.

Estas señales y fases se estudiarán con detalle en los dos próximos capítulos, los últimos del texto, conforme al esquema básico que se adelanta sintéticamente a continuación:

Primera fase: Los tiempos de la desolación
1. Los males de siempre, con más intensidad que nunca.
2. Los tiempos de la desolación ya llegaron.

Segunda fase: La gran tribulación
1. Hechos y circunstancias de abominación nunca antes vividos.
2. La gran tribulación marca el momento presente de la humanidad.
3. La división de Satanás.
4. Proclamación de «paz y seguridad» a escala mundial.
5. La desaparición del *katejon*.

Tercera fase: El triunfo de la bestia
1. La primera bestia: la bestia del mar.
2. Acometida contra «la gran ramera».
3. La segunda bestia: la bestia de la tierra.
4. Apostasía y connivencia con la iniquidad.
5. La marca de la bestia.
6. Falsos cristos y falsos profetas.
7. En un contexto similar a los días de Noé.

8. La arremetida final contra todos los que no profesen la «única fe».
9. Entonces se desatará el final: el armagedón y una gigantesca catástrofe natural.
10. El dominio de la bestia durante 1.335 días.

Cuarta fase: La parusía y el consiguiente corte o cortamiento
- La parusía.
- Íntimamente ligada a ella, la primera fase del corte o siega: la «transformación» o «arrebato» de los justos o conscientes.
- Segunda siega: los insensatos que no pasan el corte de la primera siega son arrojados al «gran lagar».
- En medio de ambas fases o siegas acontecerán los sucesos postreros y catastróficos ligados al armagedón.
- La parusía y el corte, con sus dos siegas, suponen tanto el fin de la presente generación humana (la sexta de la actual humanidad) como el inicio de una nueva generación (la séptima).

Quinta fase: La séptima y última generación de la vigente humanidad
- Satanás encadenado en el centro de la Tierra.
- Un periodo de mil años.
- Satanás es desatado, arremete contra los 144.000 sellados y ello desemboca en el juicio final y el arranque de la nueva humanidad.

Sexta fase: El surgimiento de la nueva humanidad en una Tierra restaurada
- Sus características básicas.

El capítulo 12 se centrará en las tres primeras fases. Y el capítulo 13, en las restantes.

Capítulo 12

LAS TRES GRANDES FASES DISTÓPICAS DEL FINAL DE ESTA GENERACIÓN

PRIMERA FASE: LOS TIEMPOS DE LA DESOLACIÓN

1. Los males de siempre, con más intensidad que nunca

Las palabras de Cristo Jesús que recoge el capítulo 24 del Evangelio de Mateo empiezan haciendo mención de males (guerras, hambre, enfermedades, terremotos...) que siempre han existido en la historia humana. Esto ha hecho que algunos análisis que se han efectuado de estas palabras no hayan mirado más allá. No obstante, es fácil detectar el énfasis que pone Cristo Jesús al hablar de estas circunstancias. Sobre esta base y bebiendo igualmente de algunas partes del Libro de las Revelaciones, cabe concluir que llegará un momento concreto en la historia de la humanidad en el que todas estas cosas, que vienen de lejos, se darán con una intensidad mayor que nunca antes.

Estos son específicamente los *tiempos de la desolación*: los males que siempre ha sufrido la humanidad siguen estando presentes, pero con una intensidad nunca antes conocida.

Atendiendo a lo que sucede en el presente, podemos exponer algunos botones de muestra. La realidad es que son cuantiosos, pero podemos ceñirnos a la guerra, el hambre, la injusticia social, el deterioro medioambiental y el daño a otras formas de vida.

- En cuanto a los conflictos bélicos, la Segunda Guerra Mundial se prolongó seis años (del 1939 al 1945) y provocó 60 millones de muertos, incomparablemente más que, por ejemplo, la Guerra de los Cien Años, que duró 116 en realidad (del año 1337 al 1453). Nunca antes una confrontación militar, ni por asomo, había causado tantas víctimas y se había extendido tanto por la geografía planetaria. Y debido a las guerras en vigor hay 50 millones de refugiados que se han visto obligados a abandonar sus hogares y deambulan entre fronteras tratados, a menudo, como si fueran delincuentes. Son cifras sin paragón.

- Con relación al hambre, a la par que los países «desarrollados» generan anualmente 15.000 millones de toneladas de basura, el informe *El estado de la inseguridad alimentaria en el mundo 2021* (SOFI), elaborado por cinco agencias de Naciones Unidas, alerta de que 811 millones de personas no saben qué comerán hoy. Actualizada a 2023, esta cifra es de 828 millones de personas, lo que supone, comparativamente, la mitad del número de habitantes que había en todo el globo en el arranque del siglo XX, o la cantidad total de población mundial que había en el siglo XVIII. Nunca antes el hambre había afligido a tanta gente. Y huyendo de ella y de las epidemias, se cuentan igualmente por decenas de millones los hombres, mujeres y niños desplazados de sus tierras de origen. En paralelo, para remarcar aún más lo infame de estos hechos, la Organización de las Naciones Unidas para la Alimentación y la Agricultura (FAO) asegura que se produce lo suficiente para alimentar a casi el doble de la población mundial actual, por lo que el problema real es de distribución y, por ende, de desigualdad.

- En cuanto a la injusticia social, el grado de crudeza alcanzado se pone de manifiesto en el hecho de que un 1 por 100 de la población del planeta acumula tanto patrimonio como el 99 por ciento restante. Por los datos históricos de que disponemos, esto sucedió por vez primera en 2015. Y la tendencia es que empeore todavía más. Joseph E. Stiglitz, que recibió el Premio Nobel de Economía, ilustra la situación de la siguiente manera en su libro *La gran brecha*: un autobús que transporte a 85 de los mayores multimillonarios mundiales contiene tanta riqueza como la que suman los 3.750 millones de personas con menor patrimonio. Y un número cada vez más reducido de corporaciones multinacionales controlan absolutamente la economía mundial: las 10 mayores mueven anualmente más recursos que 180 países. Nunca antes la injusticia social había sido tan bestial, ni tan abrumadora la apropiación por unos pocos de los recursos naturales, la riqueza social, la inteligencia colectiva...

- Sobre el deterioro medioambiental no hace falta extenderse. Es obvio que nunca antes había sido tan gigantesco. La crisis ecológica y energética repercute muy gravemente en el hábitat de supervivencia de la humanidad y agrede brutalmente al planeta. Las evidencias son múltiples. Baste este botón de muestra: la producción de plásticos, que inundan los océanos y nuestra vida cotidiana con efectos medioambientales demoledores, al tardar cientos de años en descomponerse, ha superado los 300 millones de toneladas anuales, cuando en 1950 era de dos millones.

- Y en lo relativo al daño a otras formas de vida, es tremenda la pérdida de biodiversidad causada por la mano humana: el ritmo de desaparición de especies es 1.000 veces superior a la tasa natural de extinción. Y más de 100.000 millones de animales están en auténticos campos de concentración, donde se los mantiene en condiciones crueles de cautiverio y sometidos a hormonas y otros productos de laboratorio para acelerar su crecimiento y engorde. Todo esto culmina en el sacrificio de los mismos (¡54.000 millones de animales cada año!) para que sus cadáveres, repletos de células dolientes, sean consumidos por una humanidad que mira hacia otro lado ante tamaña barbarie.

2. Los tiempos de la desolación ya llegaron

Tomando en consideración todo lo expuesto, y recordando que una tesis es una proposición que se mantiene con razonamientos, la realidad actual invita a tomar en serio la tesis de que los tiempos de la desolación ya llegaron.

Probablemente, arrancaron cuando la segunda y definitiva fase de la Revolución Industrial fue una realidad, en torno a las décadas de 1870 y 1880. Este fenómeno fomentó el economicismo (el productivismo, la mecanización, la deshumanización...) y el colonialismo (precedente de la globalización ahora imperante). La Primera Guerra Mundial (1914-1918) fue el primer signo evidente de que los tiempos de la desolación habían arribado. Y la Gran Depresión de 1929 y, muy especialmente, la Segunda Guerra Mundial supusieron su consolidación. En este marco fue tomando cuerpo la «muerte de Dios» que examinábamos en la primera parte de este libro, es decir, el destierro o expulsión de la idea o noción de transcendencia de la vida personal y social.

El papel de la explosión demográfica

La denominada *explosión demográfica* juega un papel muy importante en los tiempos de la desolación. De hecho, esta explosión, tan incuestionable y sobrecogedora como poco estudiada, es una seña de identidad de los tiempos de la desolación: un factor decisivo para que la intensidad de los males aumente y el caldo de cultivo imprescindible para la gran tribulación, sobre la que hablaremos de inmediato.

El punto álgido del estallido poblacional tuvo lugar en el siglo XX, aunque sus efectos se prolongarán durante la presente centuria... Hay que recordar que cuando Thomas Malthus publicó su *Ensayo sobre el principio de la población* (primero lo hizo anónimamente, en 1798) la población mundial no llegaba a los 1.000 millones de habitantes. Fue a partir de esa época, en paralelo a la paulatina materialización de la Revolución Industrial, cuando la población empezó a ascender más rápidamente, hasta que en el año 1900 se situó en torno a los 1.650 millones de habitantes. La explosión demográfica ya estaba en marcha: en el ecuador del siglo XX se llegó a los 2.500 millones de seres humanos, y la centuria finalizó con 6.070 millones. Oficialmente, la humanidad alcanzó los 8.000 millones de habitantes el 15 de noviembre de 2022, habiéndose quintuplicado en menos de 150 años, cuando antes había precisado 2.000 años para hacerlo. Las proyecciones son que habrá casi 10.000 millones de seres humanos en el planeta en el año 2050.

No hay que olvidar que en cada persona hay un alma encarnada. Y dado que todo tiene su sentido profundo, su porqué y para qué, el espectacular incremento del número de almas encarnadas a la vez no es fruto de la casualidad: deja claro que esta es una época transcendente para la evolución de cada una de estas almas, en particular, y de la consciencia colectiva de la humanidad, en general.

Ahora bien, como remarca Cristo Jesús, los tiempos de la desolación son solo el principio del proceso final. Los seguirá, sin solución de continuidad, la gran tribulación, que supondrá la plena plasmación de la sociedad distópica.

SEGUNDA FASE: LA GRAN TRIBULACIÓN

1. Hechos y circunstancias de abominación nunca antes vividos

Cristo Jesús puso sobre la mesa un dato crucial relativo a esta segunda fase: se vivirá una situación que no ha existido desde el principio de la humanidad hasta ahora, ni volverá a producirse. La clave que debe permitirnos detectar la gran tribulación es que no solo aumentarán los males de siempre, incluso en comparación con los tiempos de la desolación, sino que a estos se sumarán hechos y circunstancias de abominación nunca antes vividos.

Pueden ser ejemplos de ello los macrodatos, la contaminación y distorsión electromagnéticas, la manipulación genética, el transhumanismo y un amplio, demasiado amplio, etcétera.* Y sobrevolando todo ello tenemos el hecho de que incluso los males de siempre se presentan ahora en un contexto totalmente novedoso marcado por la globalización, que hace que se extiendan de una esquina a otra del planeta, cosa que nunca antes había sucedido.

2. La gran tribulación marca el momento presente de la humanidad

Numerosos hechos indican que la gran tribulación se ha ido conformando bajo el auspicio de la revolución científico-tecnológica, que empezó en torno a las décadas de 1970 y 1980. Y, tras medio siglo de plasmación, caracteriza el momento presente de la humanidad en el contexto del huracán de magnitud aceleradamente creciente al que se hizo referencia en el capítulo precedente.

La gran tribulación toma cuerpo en olas distópicas (acontecimientos y circunstancias de tal naturaleza que afectan a la humanidad en su conjunto) que se suceden sin cesar y cuya intensidad va a más. Si echamos un vistazo a los tres últimos lustros, nos encontramos con estos hechos tan relevantes:

- El mundo vivió una gran crisis económica a partir de 2007/2008. Se trató, en su origen, de una crisis de los bancos privados, pero

---

* Los macrodatos o *big data* son grandes conjuntos de datos que permiten el almacenamiento y tratamiento masivo de información, que se pone al servicio de los objetivos egocéntricos de unos pocos y del monitoreo y control de los ciudadanos. Y el transhumanismo aspira a convertir el ser humano en una especie de híbrido biológico/tecnológico.

pronto pasó a ser de los Estados, que se endeudaron para salvar a aquellos. Esto dio lugar a una perniciosa dinámica de destrucción de empresas y empleo, elevación de las desigualdades sociales, etcétera.

• A finales de 2019, cuando todavía persistían las secuelas de esa crisis económica, apareció la pandemia de la covid-19, con todo lo que ha traído consigo en múltiples campos.

• Y cuando en los primeros meses de 2022 la pandemia perdió fuelle para convertirse en una endemia, los tambores de guerra empezaron a sonar con fuerza debido a un conflicto bélico, el de Ucrania, que, sumándose a las 64 guerras que ya había en el mundo, ha sumido al planeta en la incertidumbre: está alentando el riesgo de una confrontación global, al hallarse directa o indirectamente implicados Rusia y Estados Unidos (estos a través de la OTAN), es decir, las dos grandes potencias nucleares; y tiene y tendrá graves repercusiones de diversa índole en la economía planetaria, que también arrastra una alta inestabilidad desde la crisis bancaria de 2008. Hay que sumar a todo ello el polvorín, mayor del que ya era, en que se ha convertido Oriente Próximo a raíz del sangriento recrudecimiento de las hostilidades entre Israel y Palestina, en otoño de 2023.

Además, todos estos factores (la crisis económica, la pandemia y las guerras) coinciden con otras olas distópicas en ciernes que van de la mano de diversos hechos y circunstancias: por ejemplo, las alteraciones climáticas, cuya presencia y cuyos efectos son cada vez más graves y evidentes. O las múltiples distorsiones electromagnéticas derivadas de la implantación, en el marco de la tecnología 5G/6G, de un colosal entramado de decenas de miles de satélites artificiales alrededor de la Tierra y de millones de estaciones base sobre su faz.

Y, como telón de fondo, tenemos una humanidad que está experimentando en sus carnes las dos manifestaciones de la distopía descritas por Aldous Huxley, en *Un mundo feliz*, y por George Orwell, en *1984*: la alienación provocada por las distracciones superficiales y el entretenimiento lelo, y por el sometimiento y el control social e individual mediante el uso de la tecnología. Esto podría guardar relación con lo que se manifiesta en la Segunda Carta de Timoteo (3: 1-5): «Quiero que sepas que en los últimos tiempos sobrevendrán momentos difíciles. Porque los seres humanos serán egoístas, amigos del dinero, jactanciosos, soberbios, difamadores, rebeldes con sus padres, desagradecidos, impíos, incapaces de amar, implacables, calumniadores, desenfrenados, crueles, enemigos del bien, traidores, aventureros, obcecados, más amantes de los placeres que de Dios; y aunque harán ostentación de piedad, carecerán realmente de ella».

Avanzada ya la segunda fase (la gran tribulación), y como prolegómeno y anuncio de la tercera (el triunfo de la bestia), Jesús y los textos cristianos relatan tres acontecimientos que se analizan a continuación: la división de Satanás, la proclamación de «paz y seguridad» a escala mundial y la desaparición del *katejon*.

3. La división de Satanás

Lucifer y Ahriman

Páginas atrás manifestamos que Satanás, como fuerza cosmogónica, plasma los «factores» de involución y resistencia, pero que también tiene una dimensión personal: en este sentido, es un ser espiritual, que incluso puede encarnar en el plano humano. Pues bien, las tradiciones espirituales hacen mención de dos encarnaciones de Satanás: una como Lucifer, ya acontecida; y otra como Ahriman, aún por suceder.

Para profundizar en ello, hay que empezar por señalar que Lucifer y Ahriman son duros y astutos opositores a la evolución en consciencia de la humanidad. Sin embargo, ambos son solo peones dentro de la estrategia global de Satanás o Sorath. La acción de este se articula a través de lo luciferino y lo ahrimánico y por medio de las corrientes emocionales y mentales generadoras de destrucción y sufrimiento que han hecho suyas, sabiéndolo o no, tantas personas.

Huestes luciferinas

Lo luciferino lo extienden las huestes luciferinas, que procuran inspirar en la gente emociones ardientes y violentas y un intelecto febril que produzcan orgullo, egoísmo, desinterés por el prójimo, dualidad, subjetividad, fantasía y alucinación. Además, promueven los cultos de sangre, cuanto más inocente e indefensa mejor —la sangre que mejor reúne estas características es la de los niños y los animales—. Son expresión de ello los rituales de sacrificio practicados por tantas «culturas» a lo largo de la historia: algunos han tenido un carácter más burdo, otros más sofisticado, pero en cualquier caso han afectado al conjunto de la Tierra, que se ha endurecido y se ha vuelto más rígida a causa de ellos.

En el marco de la actual humanidad, un elevado ser espiritual al que se ha denominado Lucifer, en cierto sentido el líder de las huestes luciferinas, encarnó en un cuerpo humano, en la región de China, tres mil años antes de que lo hiciera Cristo Jesús. Este evento provocó una revolución en la consciencia humana que la mitología griega recogió en el mito de Prometeo, hermano de Atlas, Epimeteo y Menecio, a los que superaba en astucia y capacidad de engaño: Prometeo les «robó el fuego» a los dioses (un tema que se repite en numerosas mitologías del mundo) para dárselo a los hombres.

Con esta sugerente metáfora se está indicando que Lucifer propició el uso de la mente abstracta por parte de la humanidad: Lucifer es tanto portador como proyector de luz, entendida esta como la sustancia mental correspondiente a la mente abstracta, calificada por eso, por algunos autores, como *sustancia luciferina*. Esto lanzó al intelecto y al entendimiento humanos más allá de las limitadas fronteras de la mente concreta (el nivel inferior de la mente), que es válida para abordar los asuntos cotidianos y materiales, pero es incapaz de acercarse con verdadera inteligencia a los temas transcendentes, los cuales reduce a lo simbólico, mitológico, onírico y evanescente. Sin embargo, tamaño «regalo» a la humanidad fue, adrede, prematuro, puesto que la consciencia humana aún no estaba en condiciones de desarrollar la semilla de la mente abstracta que había dejado como legado la humanidad atlante. Esto se hizo a propósito con el fin de distorsionar la adecuada evolución de la humanidad actual. Y tuvo sus efectos.

Imaginemos que le damos a un niño conocimientos sobre asuntos que no podrá integrar de manera armónica y fructífera debido a que no ha alcanzado el grado de madurez que le permitiría hacerlo (conocimientos sobre la sexualidad, por ejemplo). Sin duda, será conveniente que esta persona tenga este tipo de información, pero no será positivo que la reciba con mucha antelación: dársela antes de tiempo generará graves distorsiones de comprensión en ella, que será fuente de tergiversaciones y malentendidos cuando llegue el momento en que deba utilizarla.

En el caso de la mente abstracta, el momento en que debía desarrollarla la humanidad no era tres mil años antes de Cristo, sino casi dos mil años después, en la llamada Era Axial —entre los siglos VIII y II a. C.—. Y así ocurrió, de la mano de grandes personajes históricos. ¿Qué influencia tuvo, entonces, la intromisión de Lucifer?

Lucifer encarnado fue el primero en alcanzar con el intelecto la sabiduría de los misterios —hasta entonces, la jerarquía celestial había revelado esta sabiduría a la humanidad por otras vías, distintas del intelecto—. Lucifer proporcionó la llama que inspiró la cultura pagana a través de la gnosis, que tantas repercusiones tuvo en los siglos siguientes. Por supuesto, tal sabiduría no debe considerarse falsa en sí misma: su mayor o menor validez, en términos de consciencia y de la genuina expansión de la misma, depende de quién la posee y con qué objetivos la utiliza. Grandes iniciados la tomaron para introducirse en las influencias luciferinas y cambiarla para el bien de la humanidad ante Lucifer y sus huestes. Pues estos son demasiado calientes, caprichosos, inestables e impulsores del fanatismo, el misticismo falso y la tendencia a huir de la realidad terrenal para vivir placeres imaginarios y estados alterados de consciencia de poca duración.

Influencias ahrimánicas

Otra influencia espiritual involutiva en el devenir consciencial de la humanidad es la ahrimánica, también al servicio de Satanás. Como la luciferina, se opone a la jerarquía celestial y a la evolución en armonía con el sentido de la vida. Ahora bien, frente a lo férvido y ardoroso que identifica a lo luciférico, lo ahrimánico se posiciona en el extremo contrario: la frialdad del materialismo más exacerbado. Y tiene una meta más calculada y ambiciosa: congelar y retrasar todo lo posible la evolución de la consciencia planetaria y humana.

En ocasiones aparenta hacer el bien. Es el caso de determinados organismos actuales que gozan de prestigio mundial, pero cuyas decisiones causan mucho sufrimiento en las sociedades en las que se aplican sus recomendaciones. No obstante, abierta la sala de los espejos, cada vez es más evidente que las acciones que impelen son nocivas para el ser humano.

Lo ahrimánico es afín, sobre todo, al ámbito material. De por sí, esto no es «malo». El mundo material es parte de la vida misma y es necesario para el desarrollo humano y la actuación de la jerarquía. Ahora bien, la relación con él tiene que situarse dentro de unos parámetros, de un marco. Ocurre sin embargo que lo ahrimánico rompe tal marco y sucumbe a la materialización y el materialismo más extremos: quiere anquilosar lo que está vivo, solidificar lo que es dinámico, vaciar de vitalidad a las formas sintientes, detener lo que se mueve y el propio ritmo cíclico... Quiere densificar, oscurecer y acallar la Vida y acercarla a un estado de semimuerte en vida. Y para ello promueve la mentira, la reducción de la existencia a lo material en sus diversas manifestaciones y la ilusión de que detrás de la apariencia no hay una esencia. La finalidad es borrar cualquier rastro y toda posibilidad de consciencia humana libre y reducir a las personas a meros miembros de lo que podríamos denominar una pseudohumanidad o infrahumanidad, relacionada con el transhumanismo del que tanto se empieza a hablar.

En el presente, la influencia ahrimánica en la sociedad ha alcanzado un punto crítico. Está con nosotros desde el siglo XV, pero ha sido sobre todo con la Revolución Industrial del siglo XIX y la revolución científico-tecnológica de finales del siglo XX y principios del XXI que ha ganado muchísimo terreno en los ámbitos socioeconómico, político-institucional y educativo-cultural. También en el científico: ha fomentado un pensamiento científico amoral y mecanicista y apartado del pensamiento consciente, ha matado a Dios (es decir, ha desterrado lo transcendente de la vida individual y social) y está manipulando el inconsciente colectivo por medio de la ingeniería social.

Pues bien, Ahriman es el ser espiritual que lidera todo lo que se acaba de resumir. Y a diferencia de Lucifer y Cristo, aún no ha encarnado nunca como humano. Esta encarnación tendrá lugar en Occidente, hacia el principio del actual milenio probablemente. Ahriman hará todo lo que esté a su alcance para adelantar el momento de su encarnación, pero solo se producirá cuando se den las condiciones sociales más oportunas al respecto, en un marco de primacía de lo tecnológico, virtual y artificial en detrimento del verdadero espíritu humano.

En 1916, Rudolf Steiner dijo que al principio del siglo XXI el mal aparecería bajo una forma que en ese momento no podía describirse: «Mi estimación es que el nadir de esta batalla caerá alrededor de los años 2020 a 2040. Entonces el abismo de los demonios se abrirá. El Nacional Socialismo y el Bolchevismo empalidecerán comparados con esto. Millones de personas perecerán».* Por tanto, en torno al año 2000 (666 x 3 = 1998) se dibuja el marco temporal de la nueva intervención directa de Satanás a través de Ahriman, que tienta a la humanidad con las medias verdades relativas a las tecnologías radicales: representa que deben proporcionarnos supersalud, superinteligencia, superfuerza, superación de los condicionantes biológicos (como propugna el transhumanismo), inmortalidad física... Además, Sorath hace todo lo que puede para generar caos social, con el fin de favorecer que las masas caigan en estas tentaciones ahrimánicas.

---

* *La Batalla por el Alma*, págs. 98 a 113.

No es seguro que la encarnación de Ahriman sea conocida públicamente de manera directa: Steiner advierte que Ahriman quiere que la humanidad sea inconsciente de su verdadera naturaleza y vea su advenimiento como progresista y bueno para el bienestar humano. Dice Steiner: «El que Ahriman pudiera andar furtivamente en una humanidad desprevenida de su advenimiento, le alegraría más que nada. Es por esta razón que los sucesos y tendencias en las que Ahriman está trabajando para su encarnación futura deben traerse a la luz».

La encarnación de Ahriman puede ser en un cuerpo humano, pero podría tener lugar en un ser híbrido entre humano y máquina, como plasmación avanzada del transhumanismo; su cerebro podría estar vinculado a Internet por medio de una interfaz neuronal digital.

Ahriman establecerá una escuela (posiblemente secreta) para potenciar las artes de la «magia» y la clarividencia. Las aplicaciones técnicas que fomentará este espíritu involutivo sumamente inteligente nos parecerán de hecho como «magia», incluso para lo avanzada que podríamos considerar nuestra ciencia (la comprensión de Ahriman no está limitada por el burdo materialismo que él cuela en la humanidad). Y los alumnos de Ahriman obtendrán la clarividencia de manera fácil; no se la ganarán a través de una larga preparación, de la purificación del alma y la autodisciplina requeridas por el ocultismo legítimo. Esta clarividencia estará asociada a una visión espiritual falsa, subjetiva: las personas tendrán visiones engañosas (diferentes y contradictorias) de los mundos anímico-espirituales y entrarán en confusión y conflicto.

Ahriman encarnado será una figura abrumadoramente poderosa e impresionante, cuando se manifieste. Y parece probable que, como padre de la mentira, se presentará como lo que ciertamente no es: Cristo, en su segunda venida. Y «Ahriman trabaja contra estas palabras: "el Cielo y la Tierra pasarán, pero Mis palabras no pasarán". Él quiere que Sus palabras pasen y que el cielo y tierra continúen». Aquí podemos vislumbrar las motivaciones de los sofisticados «satánicos» o «magos negros». Los acólitos de Ahriman buscan un tipo de «inmortalidad» en una Tierra rodeada de escoria, una inmortalidad vivida con una consciencia egoísta, terrenal, y no desde la consciencia cósmica del yo espiritual.

Las tentaciones de Cristo, Lucifer y Ahriman

En la soledad, Cristo en el cuerpo de Jesús de Nazaret primero encontró a Lucifer, la entidad que se aproxima al hombre presuntuoso, falto de humildad y de conciencia del propio ser. Lucifer le dijo a Cristo, más o menos: «¡Mírame! Los reinos en que el hombre ha sido colocado, fundados por los antiguos dioses, ya son anticuados. Yo voy a fundar un nuevo reino y te daré todo lo que de belleza y gloria en los antiguos reinos existe, si tú entras en mi reino. Pero debes separarte de los otros dioses y reconocerme a mí». Lucifer le describió toda la belleza de su propio mundo y le manifestó lo que le diría al alma humana tocada por el orgullo. Pero como Cristo había venido de los mundos espirituales, sabía quién era Lucifer y qué postura debía mantener el alma para no caer en la tentación. Cristo sabía qué implicaba estar al servicio de los dioses y poseía la fuerza para rechazar a Lucifer.

Lucifer decidió llevar a cabo una segunda acometida y llamó a Ahriman para que lo ayudase; ambos se dirigieron a Cristo. El primero trató de incitarle al orgullo; el segundo sacó el miedo a la palestra. Le dijo Lucifer: «Con mi espiritualidad, con lo que yo puedo darte, no te hará falta lo que ahora necesitas por haber adoptado, como Cristo, un cuerpo humano. Este cuerpo te subyuga, te obliga a reconocer las leyes de la gravitación. Si yo te arrojo al abismo, el cuerpo humano te impide quebrantar la ley de gravitación. Pero si tú me reconoces a mí, yo voy a anular las consecuencias de la caída, y nada te pasará». Y Ahriman le dijo:

«Yo voy a librarte del miedo; ¡lánzate!». Ambos lo acosaron, pero como en su acosamiento en cierto modo se equilibraron, Cristo pudo librarse de ellos: encontró en la Tierra la fuerza que debe encontrar el hombre para elevarse sobre Lucifer y Ahriman.

Ahriman regañó a Lucifer por considerar que su intervención había sido contraproducente y decidió efectuar él solo la última acometida. Le dijo a Cristo: «Haz que lo mineral se convierta en pan; si te jactas de poseer fuerzas divinas, di que estas piedras se hagan pan». Mas Cristo respondió: «No solo de pan vivirá el hombre, sino de lo espiritual que proviene de los mundos espirituales». Esto lo sabía muy bien Cristo, porque acababa de descender de dichos mundos. Pero Ahriman le respondió: «Por más que tú tengas razón, realmente esto no me impide tenerte sujeto, en cierto sentido. Tú únicamente sabes lo que hace el espíritu que desciende de las alturas; jamás estuviste en el mundo humano. Aquí abajo, en el mundo humano, viven hombres que verdaderamente necesitan que las piedras se hagan pan, pues no les es posible nutrirse de espíritu solamente». De hecho, Cristo, recién descendido, no sabía que aquí abajo era necesario convertir en pan el mineral, el metal. Es decir, el dinero.

Este es el verdadero relato de las tentaciones, que dejaron un punto sin resolver. Los problemas no encontraron una solución definitiva: sí los concernientes a Lucifer, pero no los referentes a Ahriman.

En cualquier caso, a partir de ese episodio Cristo Jesús tomó plena conciencia de lo que significaba, para los seres humanos, vivir sujetos a las influencias diabólicas, en el olvido de su dimensión espiritual y bajo los condicionamientos de la materia y el dinero. Y al presentarse ante ellos como una figura llena de luz y majestad, experimentaron algo más que el alivio de una carga: incluso se sintieron curados. Fue así como Cristo Jesús fue congregando cada vez más discípulos y seguidores. Tras haber vencido a Lucifer y haberse librado de Ahriman, pudo expulsar los demonios de los hombres sometidos al dominio de este último, y se dedicó a mostrar a la humanidad el camino que conduce de vuelta al Espíritu desde la Tierra.

(*Fuente:* El quinto Evangelio, *de Rudolf Steiner*)

La división en un constante ascenso de lo ahrimánico

En el marco de las interferencias satánicas en la evolución en consciencia de la humanidad, el protagonismo histórico lo ha tenido lo luciferino: han prevalecido las tácticas y prácticas «calientes» de dominio e imposición. Sin embargo, cuando lleguen los últimos tiempos de esta generación humana, el testigo pasará a lo ahrimánico: el protagonismo lo tendrá el «enfriamiento» del espíritu humano. Esta transición, natural en la acción de Satanás, conllevará tensiones y conflictos entre las personas que se han postrado ante él y actúan en su nombre, pues muchas de ellas, por su carácter y su personalidad, son más proclives a la actuación caliente que a la fría.

Esta es la división de Satanás prevista por el cristianismo. Así, en el Evangelio de Lucas se dice: «Si Satanás lucha contra sí mismo, ¿cómo podrá subsistir su reino?» (11: 18). La misma idea aparece recogida en el Evangelio de Marcos (3: 26): «Y si Satanás se subleva contra sí mismo, y se divide, tampoco puede permanecer. Su fin habrá llegado». Y en el Evangelio de Mateo (12: 26): «Y si Satanás echa fuera a Satanás, contra sí mismo está dividido; ¿cómo, pues, permanecerá su reino?». Esta división se traduce en conflictos a escala mundial entre los miembros de los diferentes círculos de la élite: por una parte, están los que siguen apegados a las prácticas luciferinas; por otra parte, están los que impulsan e imponen la dinámica ahrimánica.

Las cartas de san Juan y el Libro del Apocalipsis recogen abundantes reflexiones sobre todo ello de la mano del triunfo de la bestia y de las dos bestias, contenido que desarrollaremos más adelante.

4. Proclamación de «paz y seguridad» a escala mundial

Otro de los acontecimientos postreros que marcan el tránsito de la gran tribulación al triunfo de la bestia es la proclamación de «paz y seguridad» a escala mundial. Será una señal importante y fácilmente visible, aunque detrás de la misma no habrá realmente paz, sino convulsión, ni seguridad, sino autoritarismo e imposición. Se fomentarán el control tecnológico y la alienación en el campo de lo virtual, así como el ostracismo social y económico de todos los sectores ajenos a la élite y a los círculos de poder e influencia de esta. Se ensalzarán y sublimarán cuestiones materiales para crear cierta sensación de tregua en medio del huracán de magnitud aceleradamente creciente, pero será una falacia que solo encubrirá el avance hacia una mayor distopía.

Como escribieron los profetas: «Y tratan de sanar superficialmente las heridas de la hija de mi pueblo diciendo "¡Hay paz! ¡Hay paz!", cuando no la hay» (Jeremías, 8: 11). Al hilo de lo cual, san Pablo indica: «¿Cuándo sucederá eso? ¿Cómo será? Sobre esto, hermanos, no necesitan que se les hable, pues saben perfectamente que el día del Señor llega como un ladrón en plena noche. Cuando todos se sientan en paz y seguridad, les caerá de repente la catástrofe encima, lo mismo que llegan los dolores del parto a la mujer embarazada, y nadie podrá escapar. Pero ustedes, hermanos, no andan en tinieblas, de modo que ese día no los sorprenderá como hace el ladrón. Todos ustedes son hijos de la luz e hijos del día: no somos de la noche ni de las tinieblas. Entonces no durmamos como los demás, sino permanezcamos sobrios y despiertos» (Primera Carta a los Tesalonicenses, 5: 1-6).

Por tanto, el clamor de paz y seguridad no significará en modo alguno que la condición básica de este mundo haya cambiado. Sencillamente, los caudillos mundiales gritarán «¡paz y seguridad!» con mayor contundencia que antes, ya sea debido a la desesperación o porque vean que pueden obtener alguna ventaja de tipo egoísta al imponer ciertas normas políticas nuevas. Porque el mundo continuará empeorando: en los últimos días, «los hombres inicuos e impostores avanzarán de mal en peor, engañando y siendo engañados» (Segunda Carta de Timoteo, 3: 13).

Por consiguiente, la proclamación de «paz y seguridad» será tan solo una apariencia o fachada; no afectará la verdadera condición de la humanidad.

¿Cuándo puede acontecer tal proclamación?

En septiembre de 2015, la Asamblea General de las Naciones Unidas aprobó la denominada Agenda 2030, que contiene 17 objetivos y 169 metas de carácter integrado e indivisible que abarcan las esferas económica, social y ambiental. Según la declaración de intenciones que le sirve de base, se persigue con ello un desarrollo sostenible a escala mundial que haga posible poner fin a la pobreza, erradicar el hambre, conseguir la seguridad alimentaria, garantizar una vida sana y una educación de calidad, lograr la igualdad de género, asegurar el acceso al agua y la energía, promover el crecimiento económico sostenido, adoptar medidas urgentes contra el cambio climático, fomentar la paz y facilitar el acceso a la justicia.

¿Qué hay de verdad en todo ello? Dado que se ha superado sobradamente el ecuador de los quince años de aplicación de la Agenda, se está en condiciones suficientes para evaluarla. Con este recorrido, se puede constatar con rotundidad que todas estas palabras tan rimbombantes no constituyen más que una enorme falacia. Está claro que la Agenda 2030 está desprovista de contenido real. Y hay algo aún más importante: lo que está oculto detrás de la misma, si bien es cada vez más evidente. La idea es que en el año 2030 se haya configurado el nuevo orden mundial deseado, diseñado e impulsado desde el gobierno en la sombra que rige la sociedad a escala global por medio del sistema socioeconómico, el imperio de las grandes corporaciones multinacionales, el entramado político-institucional y el complejo científico-tecnológico y militar. En definitiva, el nuevo orden al que están contribuyendo los hechos y circunstancias distópicos resumidos en las páginas anteriores.

Cuando en el marco de la distopía y la confusión reinante la necesidad personal y social de seguridad alcance el grado de máxima urgencia para la humanidad de todo el planeta, desde la élite que dirige el gobierno en la sombra se realizará la proclamación de «paz y seguridad» a escala mundial. Este es el genuino objetivo de la Agenda 2030.

Pero todavía quedan varios años por delante, difíciles, en los que se irá preparando el terreno para la proclamación mencionada. Lo auguró Bill Gates, por ejemplo, en una de las cumbres de la revista *Forbes* celebrada a finales de 2022 y en un artículo que publicó por aquellas fechas en su blog: «Se avecinan cinco años complicados porque tenemos las deudas de la pandemia, la guerra en Ucrania y el ciclo económico está cambiando».

Por tanto, es probable que la proclamación coincida exactamente con el año 2030 o que tenga lugar un poco antes (2028/2029) o un poco después (2031/2032).

5. La desaparición del *katejon*

En el capítulo segundo de la Segunda Carta a los Tesalonicenses, Pablo de Tarso indica que en algún momento histórico se producirá la llegada del «hombre que desafía la ley, el hijo de la destrucción» que «se presenta públicamente como un dios». Esta llegada es el triunfo de la bestia, que examinaremos de inmediato.

Pero san Pablo indica que hay algo que retiene el proceso y evita que esta llegada se produzca, si bien este elemento de contención será quitado de en medio a su debido tiempo: «Vosotros sabéis qué es lo que ahora le retiene, para que se manifieste en su momento oportuno. Porque el misterio de iniquidad ya está actuando. Tan solo con que sea quitado de en medio el que ahora le retiene, entonces se manifestará el Impío, a quien el Señor destruirá con el soplo de su boca, y aniquilará con la Manifestación de su Venida» (2: 6-8).

El «momento oportuno» tiene que ver con kairós, el tiempo espiritual examinado anteriormente. Y el elemento obstaculizador es el *katejon*, palabra perteneciente al griego clásico. Pero ¿qué es el *katejon*, es decir, el elemento que está deteniendo, temporalmente, al «hombre que desafía la ley», un hombre que vivirá entre la humanidad de todos modos gracias a la actividad de Satanás?

Lo primero a subrayar es que el análisis de las posibles traducciones del término griego *katejon* son 'detener', 'retener', 'sujetar', 'impedir', 'retardar', 'obstaculizar' y 'contener'. Todos estos vocablos poseen un significado similar, si bien expresan distintos matices.

Lo segundo que conviene señalar, y lo más importante, es que *katejon* no designa una persona o un hecho concreto, sino un evento muy sutil y potente ligado a la evolución de los ciclos y de la consciencia:

- Actúa a modo de presa que contiene la corriente, obstaculizando así el triunfo de la bestia. Dicho triunfo es el preludio del fin de esta generación humana y el arranque de la nueva humanidad, por lo que la finalidad del *katejon* es clara: se trata de fomentar que el mayor número posible de almas encarnadas en el género humano aprovechen la oportunidad brindada por el rescate propiciado por la encarnación crística en la humanidad y la Madre Tierra.

- Pero en un momento dado el *katejon* dejará de estar ahí. Esto ocurrirá cuando las circunstancias y los hechos adquieran tal ímpetu que la fuerza de la corriente ya no deba ser retenida. Pues en medio de tales turbulencias mantener la presa no solo no serviría para contribuir al rescate de más almas, sino que podría afectar negativamente a las que habrán optado por ser rescatadas.

¿Qué puede hacer que los acontecimientos se desborden hasta el punto de que sea preferible retirar la presa (*katejon*)? Pues que la deriva involutiva lleve al ser humano a pretender crear una especie de

LAS TRES GRANDES FASES DISTÓPICAS DEL FINAL DE ESTA GENERACIÓN

sucedáneo del árbol de la vida. Recordemos que la humanidad dejó de tener acceso a dicho árbol tras el pecado original. Y solo podrá alimentarse de él, nuevamente, cuando se instaure la nueva humanidad.

Para que puedas entender mejor lo que esto significa, se dedica el siguiente recuadro a explicar sintéticamente qué es el árbol del conocimiento, qué es el árbol de la vida y qué relación tiene este con el *katejon*.

Los árboles del paraíso

Atendiendo a los tres primeros capítulos del Libro del Génesis, entre los árboles existentes en el jardín del edén destacan dos: el árbol del conocimiento y el árbol de la vida. Adán y Eva pueden comer los frutos de todos los árboles, salvo los que brinda del árbol del conocimiento. Sin embargo, Satanás (la serpiente) les incita a hacerlo, de resultas de lo cual son expulsados del paraíso. De este modo, dejan de tener acceso al árbol de la vida también.

El árbol del conocimiento
El árbol del conocimiento simboliza la mente concreta, el nivel inferior del plano mental. También es conocido como el *árbol del bien y el mal*, debido precisamente a que la mente concreta opera de por sí sobre la base de la dualidad, clasificando, enjuiciando y etiquetando todo dualmente.
¿Por qué estaba prohibido comer su fruto? Pues porque la humanidad que estaba desarrollando su experiencia vital en este planeta en aquel entonces era la adámica, la cual, como ya se expuso, vivió en el tiempo entre la lemuriana y la atlante. Por lo tanto, el ser humano aún no estaba maduro, en términos evolutivos, para plasmar y usar la mente y sus capacidades: solo el

desarrollo consciencial de la humanidad atlante desembocaría en este grado de madurez.

Sin embargo, la intervención de Satanás aceleró el proceso de manera impropia y antinatural. Y el hecho de que la mente concreta entrara en juego de forma prematura hizo que el ser humano, que no estaba maduro consciencialmente para poder gestionar de manera adecuada un instrumento tan potente, experimentase una especie de fulgor que lo cegó en lo relativo a la percepción de lo divino. Fue así como se alejó de la divinidad, lo cual aparece simbolizado por el denominado «pecado original», y dejó de percibir lo divino en sí mismo, en las demás personas y en el resto de formas de vida.

Como explicábamos en su momento, una interferencia satánica similar hizo que mucho después, ya en el contexto de la actual humanidad, irrumpiese la mente abstracta o nivel mental superior antes de tiempo (antes de que, con la Era Axial, la humanidad gozase del desarrollo evolutivo y consciencial que le permitiese utilizarla de manera adecuada).

El árbol de la vida

En cuanto al árbol de la vida, referido por numerosas culturas a lo largo de la historia, proporciona la vida eterna y conecta íntimamente todas las modalidades de vida y existencia.

Situado en medio del jardín del edén (Génesis, 1: 9), Adán y Eva podían comer su fruto, que permite tanto vivir de modo indefinido y sin enfermedades como experimentar el profundo sentido de la vida, la honda reverencia hacia ella y la íntima conexión existente entre todos los seres vivientes.

Tras ser expulsado del paraíso, el ser humano ya no puede nutrirse de estos manjares, y se ve abocado a un largo proceso histórico de reconocimiento de la muerte y la enfermedad y de pérdida del sentido de la vida.

El evento crístico puso fin a esta situación, al abrir las puertas del rescate a todas y cada una de las almas que vienen encarnando en el género humano. A partir de dicho evento tienen la oportunidad de volver a elegir, desde el libre albedrío, entre lo involutivo (lo satánico) y lo evolutivo (lo divino), con todo lo que representan cada una de estas opciones, ya que implican una visión del mundo y una práctica de vida diametralmente opuestas. Las almas que opten por lo evolutivo y sensato (por lo que está alineado con el sentido de la vida) podrán disfrutar del fruto del árbol de la vida en el marco de una nueva humanidad que vivirá en una Tierra restaurada: «El que tenga oídos, que oiga lo que el espíritu les dice a las congregaciones: al que venza le concederé comer del árbol de la vida» (Apocalipsis, 2: 7).

Al árbol de la vida y el katejon

No obstante, antes de que esto suceda, desde lo involutivo se realizará un desesperado intento de crear un sucedáneo del árbol de la vida por medio de una aplicación materialista de la ciencia: de espaldas a la transcendencia, se intentará interferir en los ciclos y procesos vitales y naturales para conseguir prolongar artificialmente la esperanza de vida, con la vista puesta en la inmortalidad. Con tal fin, no se dudará en modificar la propia vida humana mediante implantes híbridos y la manipulación genética. De hecho, el creciente transhumanismo tiene mucho que ver con ello.

Cuando esto ocurra, el *katejon* será retirado y se precipitarán los acontecimientos que darán lugar al triunfo de la bestia.

He aquí dos botones de muestra del deseo que tiene el materialismo de «comer» del árbol de la vida:

a) La búsqueda de la inmortalidad física.

Desde la Lifeboat Foundation se prevé que la inmortalidad estará al alcance del ser humano en 2030. Así lo ha vaticinado el doctor Ray Kurzweil, miembro del Consejo Asesor de esta fundación.

Esto está ligado a la denominada *singularidad*, que, en este contexto, y en palabras de Kurzweil, es el momento en el que la «inteligencia artificial y otras tecnologías se volverán tan avanzadas que superarán la inteligencia humana y cambiarán el curso de la evolución humana para siempre».

Y es que los campos de la genética, la nanotecnología y la robótica están experimentando unos avances exponenciales que podrían culminar, a lo largo de los próximos años, en la creación de «nanobots» capaces de mejorar y reparar los cuerpos a escala celular. Esto podría hacer que los seres humanos llegasen a ser inmunes a las enfermedades, al envejecimiento e, incluso, a la muerte.

Kurzweil defiende rotundamente la síntesis hombre-máquina, y aboga por implantar artificios dentro del cerebro. Además, cree que los avances en las interfaces cerebro-ordenador permitirán cargar la conciencia de forma digital, lo cual aseguraría la inmortalidad.

b) Generación de embriones humanos prescindiendo de útero, óvulos y espermatozoides.

En 1997 tuvo lugar el nacimiento de la oveja Dolly, a partir de reconstruir un embrión con el núcleo de una célula somática. Posteriormente, en 2006, un grupo de investigadores dirigido por Shinya Yamanaka logró, por primera vez, obtener células madre pluripotentes a partir de fibroblastos de ratón (las denominadas *células madre pluripotentes inducidas*, iPSC). *

---

* Las células madre pluripotentes son células capaces de generar células de todos los tipos celulares adultos, pero no un organismo completo. Actualmente, el protocolo desarrollado por el equipo de Yamanaka permite obtener iPSC a partir de fibroblastos, células sanguíneas e incluso otras células somáticas. (Fuente: https://genotipia.com/ipscs/).

Poco tiempo después, en 2008, el equipo de Yamanaka logró repetir el mismo procedimiento con células humanas. (Esta hazaña hizo que Yamanaka fuese uno de los dos galardonados con el Premio Nobel de Medicina y Fisiología de 2012). Más recientemente, en 2022, un grupo de científicos de la Universidad de Cambridge (Reino Unido) y el Instituto Tecnológico de California (Estados Unidos) lograron reproducir lo que ocurre en las primeras etapas del desarrollo de un ratón fuera del útero, sin utilizar óvulos ni espermatozoides. Y en 2023, ese mismo equipo científico anunció la generación de embriones humanos sintéticos, prescindiendo de útero, óvulos y espermatozoides, utilizando células madre. De tal anuncio, que tuvo lugar en la reunión anual de la Sociedad Internacional de Investigación sobre Células Madre en Boston (Estados Unidos), se hizo eco el diario *The Guardian*, el 14 de junio de 2023, en un artículo titulado «Synthetic human embryos created in groundbreaking advance» [Embriones humanos sintéticos creados en un avance innovador], donde se recoge la información proporcionada por los investigadores sobre el logro de embriones modelo, similares a los que se encuentran en las primeras fases del desarrollo humano.

Ante esto, la comunidad científica ha recalcado que todavía es prematuro hablar de impactos de estos «adelantos» en el mundo real, pero también ha señalado que ahora ya está al alcance de los científicos generar embriones humanos sintéticos.

En definitiva, el *katejon* está vinculado al establecimiento del nuevo orden mundial proveniente de la Agenda 2030, pues la plasmación de esta no solo conllevará la falsa proclamación de paz y seguridad a la que nos hemos referido, sino que irá unida al burdo intento, por parte del transhumanismo, de crear un sucedáneo del árbol de la vida en los términos expuestos.

La aplicación práctica del nacer de nuevo en el momento presente de la humanidad

En la primera parte de este libro se ahondó en el significado profundo del nacer del nuevo al que nos convoca Cristo Jesús tanto en su dimensión individual como colectiva. Atendiendo fundamentalmente a esta segunda y tras lo enunciado en estas últimas páginas, nacer de nuevo en el aquí-ahora de nuestra vida exige lo siguiente:

- No caer en la indiferencia ante lo que sucede a nuestro alrededor: la mirada interior que la consciencia obviamente requiere ha de ir unida a la mirada exterior, dirigida hacia lo que nos rodea, y estar en equilibrio con ella.
- Agudizar la compasión: la aludida mirada exterior debe servir para avivar nuestra compasión ante los impactos, llenos de sufrimiento, que este mundo en ruinas provoca en los seres humanos y en la totalidad de modalidades de vida.
- Evitar gastar estérilmente la atención y la energía en pretender cambiar el mundo: la mirada exterior consciente no consiste en reformar un mundo ineludiblemente abocado a su final, sino en entender los signos de los tiempos.
- Desde esta comprensión del signo de los tiempos, debemos poner en valor nuestra capacidad creativa y desplegar toda ella al servicio de la construcción de una nueva humanidad. Apuntábamos en la primera parte que la sociedad actual es una casa en estado de ruina; retomando ese símil, se trata de hacer una casa nueva, pues es el momento evolutivo de entrar en un nuevo estadio del devenir humano.

Como se examinará en el próximo capítulo, la nueva humanidad surgirá en el marco de los ciclos evolutivos mayores —de la vida, en general, y de la Madre Tierra, en particular–, pero requiere de nosotros que seamos agentes activos y cocreadores de ella mediante la práctica de vida consciente de la que hemos estado hablando. No en balde, ellos, los que así lo quieran, continuarán envueltos y abducidos por la dinámica distópica de un mundo que tiene la citada Agenda 2030 como referencia estratégica y operativa, impuesta por quienes lo dominan. Y si ellos siguen a lo suyo, nosotros debemos ir a lo nuestro.

Esto segundo exige avanzar, desde la confianza en la vida y el compromiso con lo que genuinamente somos y con perseverancia, en estos aspectos:

- La desidentificación respecto del pequeño yo perecedero.
- El desaferramiento respecto del mundo distópico en el que convivimos (nos desvinculamos de sus sistemas de creencias, influencias y pautas de vida).
- El impulso de la presencia cotidiana de nuestro ser imperecedero en nuestros paradigmas existenciales y hábitos vitales.
- El fomento de nuevas interrelaciones de alta vibración con los demás seres vivos y personas, la naturaleza y la Madre Tierra.
- El fortalecimiento del consciente colectivo desde las aportaciones de cada cual y de las dinámicas colectivas.

Estos cinco puntos constituyen los ejes fundamentales de una práctica de vida y un plan de acción que, figuradamente, podría llamarse «Agenda 2033», válida para transcender la 2030 y orientar los pasos en la construcción de la nueva casa como tarea individual y colectiva.

Expuesto de manera sintética, esta Agenda 2033 ha de atender conjuntamente tres grandes ámbitos, estrechamente interrelacionados:

- El mundo que no es nuestro.
- El mundo que es nuestro.
- La transición entre ambos.

En el cuadro que sigue se efectúa una aproximación a las principales prácticas de vida que corresponden a cada uno de los ámbitos apuntados. En conjunto, constituyen los contenidos básicos de la Agenda 2033.

Ante el mundo que no es nuestro

- Como ya se ha expresado, se trata de no caer en la tibieza ni en la indiferencia y de ejercer la compasión. Esta predisposición nos impulsa a paliar, dentro de nuestra capacidad de acción, el sufrimiento humano, de los diferentes reinos de la naturaleza y de la Madre Tierra.
- Se trata de sembrar semillas de consciencia en la medida de lo posible, con respeto por los procesos de cada cual y desde la compasión.

En la transición

- Debemos avanzar hacia nuestra mejor versión a través de lo siguiente:
  - » Albergar una visión transcendente de la vida.
  - » Reajustarnos a partir de potenciar nuestra armonía interna y nuestro equilibrio físico, energético, emocional y mental.
  - » No olvidar nunca las palabras de Cristo Jesús relativas a que allí donde está nuestro tesoro (nuestra meta vital, etc.) es donde se halla en verdad nuestro corazón.

Hacia nuestro mundo

- Debemos crear y fomentar nuestro mundo por medio de una práctica de vida que tiene que ser:
  - » Responsable y comprometida.

> » Interior (a través de la introspección) y exterior (a través de la acción).
> » Individual y colectiva.

TERCERA FASE: EL TRIUNFO DE LA BESTIA

1. La primera bestia: la bestia del mar

Dado el estado de consciencia estrafalariamente egoico, insaciable y voraz de la reducida élite que controla el sistema socioeconómico a escala mundial y, a través de él, el entramado político-institucional, las tensiones y luchas intestinas entre sus miembros son constantes y van en aumento. Esto está provocando que el poder y la riqueza estén concentrados cada vez en menos manos, y que haya en marcha un proceso permanente de reselección de los integrantes de la élite.

En este marco, a medida que se va materializando y desenvolviendo la sociedad distópica sucederán dos cosas: por una parte, la élite intensificará su dominio sobre la humanidad hasta que sea total; no habrá excepciones geográficas, sectoriales ni funcionales. Por otra parte, la cantidad de miembros de la élite se irá reduciendo, en una dinámica de concentración del poder en menos manos, hasta que, finalmente, uno solo de los miembros lo ostente en su totalidad.

Esta es la bestia o anticristo: el que tendrá todo el poder a escala planetaria y lo ejercerá de manera abominable en nombre del dragón (Satanás).

No obstante, el Libro del Apocalipsis presenta el triunfo de la bestia como un proceso en el que, siempre bajo la autoridad del dragón (Satanás), aparecerá una primera bestia y, tras ella, otra segunda que actuará por delegación de la primera. Todo lo cual se verá acompañado por señales como la acometida contra la «gran ramera», la instauración de la marca de la bestia y la arremetida contra todos los que no profesen la «única fe». Este hecho pondrá punto final al dominio de la bestia, que durará 1.335 días, tras los cuales acontecerá el armagedón y se producirá una catástrofe natural gigantesca.

En lo relativo a la primera bestia, el Libro del Apocalipsis señala: «Entonces vi una bestia salvaje que subía del mar. Tenía 10 cuernos y 7 cabezas. En sus cuernos llevaba 10 coronas [...] Y el dragón le dio a la bestia su poder, su trono y gran autoridad. Vi que una de las cabezas de ella parecía haber sido herida de muerte, pero esa herida mortal había sido curada. Y toda la tierra siguió a la bestia salvaje con admiración. Adoraron al dragón porque él le había dado la autoridad a la bestia salvaje, y adoraron a la bestia salvaje diciendo: "¿Quién es como la bestia salvaje? ¿Y quién puede luchar contra ella?"» (13: 1-4).

La mayoría de los exégetas del Libro de las Revelaciones coinciden en identificar a la bestia del mar con un anticristo de naturaleza política: sus siete cabezas simbolizan una coalición mundial; y sus diez cuernos, diez «reyes» que acumulan todo el poder planetario y que, estando en permanente pugna entre sí y con la finalidad de no aniquilarse mutuamente, consensúan aglutinar su poder y autoridad en uno de los diez. Este se convierte, así, en el más relevante del grupo, una especie de «*primus inter pares*».

2. Acometida contra «la gran ramera»

La llegada de la primera bestia irá seguida de la destrucción repentina del imperio mundial de la religión falsa, al que se llama tanto «Babilonia la Grande», en Apocalipsis, 17: 5, como «la gran ramera», en Apocalipsis, 17: 1-2.

La religión falsa está conformada no solo por la Iglesia vaticana, como algunos sostienen, sino por todos los credos existentes que han pervertido las verdaderas enseñanzas y la genuina llama de la espiritualidad, vaciándola de contenido y poniéndola al servicio de los dominadores de este mundo.

Y estos entenderán, en algún momento del proceso que culmina con el final de esta generación humana, que tal servicio ya no es necesario y que la religión falsa ya es más una rémora que un instrumento útil para sus objetivos. Es un enfoque frío, que tiene lugar dentro del marco del auge de lo ahrimánico.

De este modo, muchos de los «reyes de la tierra» que en un tiempo fueron sus «amantes» se volverán contra ella: «Y los diez cuernos que has visto y la bestia, estos aborrecerán a la prostituta y la dejarán asolada y desnuda; se comerán su carne y la destruirán con fuego» (Apocalipsis, 17: 16). «En proporción a su fasto y a su lujo, dadle tormento y duelo. Porque ella decía en su corazón: "Estoy sentada como una reina, no soy viuda y no veré duelo nunca". Por eso, en un solo día vendrán todas sus plagas, muerte, duelo y hambre, y será consumida por el fuego» (Apocalipsis, 18: 7-8).

3. La segunda bestia: la bestia de la tierra

Y aparecerá una segunda bestia, la de la tierra, como una especie de delegada o representante de la primera: «Entonces vi otra bestia salvaje que subía de la tierra. Tenía dos cuernos como de cordero, pero empezó a hablar como un dragón. Ejerce toda la autoridad de la primera bestia salvaje en presencia de ella. Hace que la tierra y sus habitantes adoren a la primera bestia salvaje, la que fue curada de su herida mortal. Y realiza grandes señales; hasta hace bajar fuego del cielo a la tierra a la vista de la humanidad. Engaña a los que viven en la tierra con las señales que se le permitió realizar en presencia de la bestia salvaje, mientras les dice a los que viven en la tierra que le hagan una imagen a la bestia salvaje, la que tenía una herida de espada pero revivió. Y se le permitió darle aliento de vida a la imagen de la bestia salvaje, para que la imagen de la bestia salvaje hablara e hiciera matar a todos los que se negaran a adorar a la imagen de la bestia salvaje» (Apocalipsis, 13: 11-15).

¿Son los «dos cuernos como de cordero» una especie de remedo de Cristo? Podría ser. Y la segunda bestia habla «como un dragón» (o, lo que es lo mismo, como una serpiente) y actúa al servicio de ese anticristo al objeto de establecer en la humanidad, suave y melosamente (como lo haría un corderito), la apostasía global y completa:

el abandono de cualquier idea de verdadera espiritualidad y trans-cendencia, el exterminio de la consciencia y el enfriamiento de la caridad* y del alma humana. De resultas de ello, las personas quedan convertidas en seres infrahumanos aferrados a lo superficial y a la in-consciencia.

4. Apostasía y connivencia con la iniquidad

En la Segunda Carta a los Tesalonicenses (2: 1-12), san Pablo subraya la conexión que hay entre la segunda bestia –a la que denomina «el hombre del desafuero»– y la apostasía, y da algunas claves importan-tes al respecto.

Comienza diciendo: «Hermanos, con respecto a la presencia de Cristo Jesús y a que nosotros seamos reunidos con él, les pedimos que no pierdan el buen juicio fácilmente, ni se dejen llevar por un men-saje supuestamente inspirado, o por un mensaje oral o por una carta aparentemente nuestra que diga que ya ha llegado ese día. Que nadie los engañe de ninguna manera, porque ese día no vendrá sin que antes llegue la apostasía y sea revelado el hombre del desafuero, el hijo de la destrucción. Él es un opositor y se eleva por encima de todo lo que se considera un dios o es objeto de adoración, de modo que se sienta en el templo de Dios y se presenta públicamente como un dios [...] Cristo Jesús [lo] eliminará con el espíritu de su boca y destruirá por medio de la manifestación de su presencia».

Y complementa lo anterior con cuatro observaciones impor-tantes:

- La «presencia del hombre del desafuero se debe a la actividad de Satanás».
- Actuará «con todo tipo de obras poderosas y con cosas impre-sionantes y milagros falsos y con todo tipo de engaño injusto».
- Lo anterior irá «dirigido a los que van rumbo a la destrucción».

---

* Del latín *caritas*: 'amor', 'afecto', 'estima'.

- Y todo ello en un contexto de probación: «Por eso Dios permite que una influencia engañosa los confunda para que crean la mentira, a fin de que todos ellos sean juzgados porque no creyeron la verdad, sino que se complacieron en la injusticia».

Por tanto, si la primera bestia tiene una naturaleza política, la segunda, por delegación de la primera, trae consigo la apostasía de la humanidad (el destierro de toda noción de transcendencia, la muerte de Dios) y todo tipo de engaño en un escenario de maldad extrema, en el que se da una injusticia casi inconcebible.

Y anteriormente a esto, como requisito casi ineludible de lo que vendrá, está la iniquidad. La iniquidad es como un veneno que se filtra por todos los rincones y corrompe a todos los niveles, desde los que la mente estima más sobresalientes hasta aquellos que, a primera vista, pueden parecer más neutros, banales o veniales.

El misterio de la iniquidad

En términos espirituales, la iniquidad es un misterio: ¿por qué hay tanta originando tanto sufrimiento a tantos seres sintientes inocentes?

Ahora bien, la confianza en la vida nos enseña que todo tiene su sentido profundo. A partir de ahí, podemos percibir el componente probatorio de la iniquidad, para uno mismo sobre todo, aunque también para los demás.

Desde el punto de vista álmico, tal probación es un hito único y transcendental: en el ejercicio de su libre albedrío, cada uno tiene que optar por el trigo o por la cizaña. Y el escenario en el que esto se produce ha de ser muy claro, extremadamente nítido, para que no haya duda alguna en cuanto a lo que uno mismo y cada cual elige; y para que no existan excusas de ninguna clase con relación a la opción escogida por cada uno.

En definitiva, la iniquidad, en su misterio, pone a cada uno en su sitio para cuando acontezca el «corte» anunciado por Cristo Jesús y se abran las puertas de esa nueva humanidad que, como raíz y como semilla, ya late en el corazón y brilla en el alma de muchas personas. En el marco de la probación, debemos tener claro que el desenvolvimiento de los ciclos y la evolución de la consciencia no permitirán ni un ápice de dolor más allá del que deba darse necesariamente, ni en los seres humanos ni en cualquier otro ser sintiente.

Mientras acontece todo esto, vivir bajo el misterio de la iniquidad supone estar indefectiblemente expuesto a choques periódicos, más o menos reiterados, con situaciones concretas en las que la iniquidad arrasa. También implica convivir con ella constantemente, tanto en el ámbito público como en el privado.

Y siempre existe el riesgo inminente de que la convivencia con la iniquidad se convierta en connivencia. Pues no hay nada más fácil que acomodarse a lo que impregna todos los tejidos: entonces, uno mismo se convierte en inicuo, en agente incubador y propagador de ese rampante todo vale. Y uno mismo se autojustifica pensando que hay una crisis de valores generalizada, que las cosas suceden de cualquier modo, que tampoco se puede hacer mucho, que nadie tiene la culpa, que tampoco hay para tanto...

Ante esto, el justo es aquel que se niega a cerrar los ojos y actúa, desde la compasión y la armonía interior, por la paz y la justicia en la medida de sus posibilidades en su entorno inmediato.

Es de este modo como, aun sin saberlo, mantiene sutilmente encendida la llama del amor en medio de la iniquidad para que irradie con toda su fuerza, como una explosión de amor, cuando llegue el tiempo adecuado, cuando sea el momento oportuno. No sabemos ni el día ni la hora, es cierto, pero estamos atentos a las señales, y estas nos indican que todo se está acelerando.

No podemos albergar dudas en relación con lo aquí manifestado. Así podremos sostener la entereza que necesitaremos para que esa llama de amor viva permanezca encendida en nuestro corazón y siga iluminando nuestro entorno, aunque sea de forma modesta. Así seremos agentes activos de la nueva humanidad y cruzaremos, unidos, el umbral que da acceso a ella.

5. La marca de la bestia

Es en este contexto que la bestia de la tierra, con la connivencia de muchos y actuando al servicio de la bestia del mar, y ambas en nombre del dragón, instituye la marca de la bestia: «A todos —pequeños y grandes, ricos y pobres, libres y esclavos— les impone la obligación de ser marcados en la mano derecha o en la frente para que nadie pueda comprar o vender excepto la persona que tenga la marca, el nombre de la bestia salvaje o el número de su nombre. Para esto se necesita tener sabiduría: el que sea perspicaz, que calcule el número de la bestia salvaje, porque es un número humano; su número es 666» (Apocalipsis, 13: 16-18).

Al hilo de esto, y retomando algunas de las reflexiones ya efectuadas, hay que subrayar lo siguiente:

- Independientemente de cuál sea la plasmación material de la marca de la bestia, quienes la lleven y utilicen estarán incurriendo en la apostasía de la que hablábamos, de manera directa o implícita.
- La marca de la bestia no se impondrá directamente o con violencia, sino sigilosamente y con astucia, de forma indirecta, bajo la apariencia de un bien general: sin ella, no se podrá «comprar ni vender». Las personas harán suya la marca, y con ella la apostasía que tiene como telón de fondo, en el ejercicio de su libre albedrío: tendrán la esperanza de que les aportará bienestar y

seguridad, en el sentido amplio de ambos deseos. Y tendrán el convencimiento, sibilinamente promovido por la bestia, de que incorporar la marca es un acto que favorece el bien común en un mundo cada vez más conflictivo y turbulento. El auténtico significado de la marca estará, pues, a la vista, pero la gente preferirá no verlo.

- En cuanto a que el distintivo se lleva en la frente o en una mano, no hay que descartar que sea literalmente así; podría tratarse de una marca subcutánea que la gente se prestará a llevar por los motivos expuestos. Pero estas palabras podrían interpretarse simbólicamente también: la frente podría representar el modo de pensar y las manos el modo de obrar. Esto querría decir que incorporaríamos la marca a nuestra propia vida, a nuestro propio cuerpo, libre y voluntariamente, con descaro y jactándonos de ello, y con el afán de que más personas lo hagan también.

Chips bajo la piel

Compañías como Epicenter Stockholm ya fabricaron unos chips que se implantan bajo la piel y contienen el certificado Covid, lo que permite presentarlo en cualquier lugar o circunstancia sin necesidad de tener que llevar encima el certificado impreso o un teléfono móvil.

Cuando la mayor parte de la gente haya hecho suyo el distintivo por voluntad propia, aumentará la arremetida contra los no marcados: se verán señalados con desprecio y burla al principio; después con odio furioso; y serán tratados como apestados, incluso por sus amigos y familiares, que podrían convertirse en sus mayores enemigos.

Del salvoconducto romano al código QR

Quienes ofrecieron sus interpretaciones del contenido del Libro de las Revelaciones en los primeros siglos coincidieron en pensar que la marca de la bestia sería un tipo de tésera o salvoconducto, si bien no faltaron quienes imaginaron que sería un tatuaje o marchamo grabado o impreso en la piel. Hay que tener en cuenta que varios emperadores romanos dieron certificados a quienes realizaban sacrificios a los dioses, lo cual permitió identificar fácilmente a los cristianos en los tiempos en que fueron perseguidos. En el imperio de Diocleciano se expidieron téseras a quienes rendían culto al césar, y quienes no las tenían no podían comerciar ni viajar.

En los tiempos actuales, se ha dicho que la marca podría ser una identificación electrónica, del tipo código QR, o un implante incorporado al cuerpo, como podría ser un microchip que contuviese todos los datos de la persona (civiles, médicos, laborales, bancarios y, tal vez, genéticos). Según algunos, esta «marca de la bestia» podría interferir en el sistema neurológico y permitiría manipular la personalidad de los individuos, hasta el punto de que se podrían controlar sus movimientos corporales, como si de autómatas se tratara. Ahora bien, cabe preguntarse si realmente haría falta recurrir a esto para controlar a las masas, pues parece que una propaganda sistémica lo bastante intensa es suficiente para moldear las conciencias.

(Fuente: Juan Manuel de Prada, La marca de la bestia*).*

Sin embargo, no debe olvidarse que el Libro del Apocalipsis (16: 2) indica que quienes reciban la marca de la bestia perecerán de una enfermedad arrasadora (una «úlcera repugnante y maligna») cuando el primer ángel derrame su copa. En este mismo libro, esta es la primera de una serie de plagas previas a la derrota del anticristo.

6. Falsos cristos y falsos profetas

En el marco del triunfo de la bestia, en el periodo final de su dominio sobre todo, otra de las señales será la proliferación de falsos cristos y falsos profetas.

Así se lo expone Cristo Jesús a sus discípulos: «Entonces, si alguien les dice "¡miren, el Cristo está aquí!" o "¡está allá!", no lo crean. Porque se presentarán falsos cristos y falsos profetas y harán grandes milagros y cosas impresionantes para engañar, de ser posible, hasta a los escogidos. Miren que los he avisado de antemano. Por eso, si les dicen "¡miren, está en el desierto!", no vayan; si les dicen "¡miren, está en las habitaciones de la casa!", no lo crean» (Mateo, 24: 23-26).

7. En un contexto similar a los días de Noé

Y todo esto ocurrirá en un contexto social que presentará similitudes con el célebre diluvio universal de los días de Noé, un episodio de catástrofe natural encuadrado en el proceso de desaparición de la humanidad atlante: «En los días del Hijo del Hombre sucederá como en tiempos de Noé. La gente comía, bebía y se casaba, hasta el día en que Noé entró en el arca y llegó el diluvio, que los hizo morir a todos. Sucederá como en tiempos de Lot: se comía y se bebía, se compraba y se vendía, se plantaba y se construía. Pero el día en que Lot salió de Sodoma, cayó del cielo una lluvia de fuego y de azufre que los hizo morir a todos. Lo mismo sucederá el día en que se manifieste el Hijo del Hombre» (Lucas, 17: 26-30).

El fin de la humanidad atlante tuvo lugar a lo largo de un proceso prolongado que comenzó hace unos 750.000 años con una inversión de los polos magnéticos[*] y concluyó hace aproximadamente 12.000 años.

---

[*] Así se señala en la *Doctrina secreta* de H. P. Blavatsky. La ciencia contemporánea ha confirmado que, en efecto, aconteció dicha inversión magnética en ese periodo.

Noé

Considerado por las religiones abrahámicas como el padre de la humanidad, la vida y la obra de Noé se relatan en el Libro del Génesis. Fue el décimo y último de los muy longevos patriarcas antediluvianos. Dios mismo le advirtió de que sobrevendría un gran diluvio universal que destruiría a todos los seres vivientes a causa de sus pecados.

Su figura presenta semejanzas con personajes de la tradición mesopotámica como Ziusudra (de la cultura sumeria), Atrahasis (de la cultura acadia) o Utnapištim (de la cultura babilónica). En cuanto al gran diluvio, se encuentra en los mitos, historias y leyendas de numerosas culturas de todo el mundo.

Para albergar durante el diluvio tanto a su familia[*] como a todas las especies de animales, Noé construye un arca conforme a las medidas especificadas por Dios. Por lo tanto, se manifiesta en ella una alianza entre Dios y el ser humano que recuerda al arca de la alianza que aparecerá posteriormente en el Viejo Testamento.

Llama la atención la longevidad de Noé, pues murió 350 años después del diluvio, a la edad de 950 años (engendró a sus tres hijos cuando tenía 500 años). Esto lo convierte, tras Matusalén (que vivió 969 años) y Jared (962 años), en el tercer hombre más longevo de toda la Biblia, más aún que Adán (que murió a los 930 años). Después de Noé, la esperanza de vida se hunde hasta los 120 años que vivió Moisés.

Representando Adán el inicio de una humanidad que abandona la perfección en los términos ya expuestos y Noé el final de la misma, llama la atención que este mantenga un cuerpo etérico

---

[*] La familia de Noé estaba compuesta por su esposa, sus tres hijos varones (Sem, Cam y Jafet) y las esposas de estos. El nombre de la esposa de Noé no se especifica en la Biblia, si bien en algunas tradiciones es Naamá.

y, por ende, físico capacitado para mantener la esperanza de vida que tenía el ser humano anterior a la «caída». Esto podría ser indicativo de que, en el contexto de una humanidad espiritualmente devaluada, pervivió un linaje de personas que mantuvieron la perfección perdida.

8. La arremetida final contra todos los que no profesen la «única fe»

Desde los tiempos de la gran tribulación, la influencia ahrimánica irá imponiendo, de manera creciente, la uniformidad: se irá extendiendo un pensamiento único, es decir, una sola manera de ver las cosas; también una visión de la vida fría y materialista, que condicionará totalmente la manera de vivirla y la consideración hacia la vida de las demás personas y del resto de seres. A la vez, irá en aumento la presión psicóloga y física contra aquellas personas que no hagan suya esta postura y procuren vivir en consciencia y en coherencia con su verdadero ser. Este estado de cosas se agravará hasta el punto de que, tras el triunfo de la bestia, se efectuará una brutal y tremenda acometida contra estas personas. Será una arremetida final análoga, salvando las distancias temporales y de contexto, a la sufrida por los primeros cristianos por parte del Imperio romano: «Subiré contra una tierra indefensa, iré contra gentes tranquilas que habitan confiadamente; todas ellas habitan sin muros, y no tienen cerrojos ni puertas [...] será al cabo de los días» (Ezequiel, 38: 11 y 16).

Así se resume todo ello en el Evangelio de Mateo (24: 9-13): «Entonces os entregarán a tribulación, y os matarán, y seréis aborrecidos de todas las gentes por causa de mi nombre. Muchos tropezarán entonces, y se entregarán unos a otros, y unos a otros se aborrecerán. Y muchos falsos profetas se levantarán, y engañarán a muchos; y por haberse multiplicado la maldad, el amor de muchos se enfriará. Mas el que persevere hasta el fin, este será salvo».

El Evangelio de Marcos (13: 11-12) insiste en ello e insta a no preocuparse: «Cuando los entreguen, no se preocupen por lo que van a decir: digan lo que se les enseñe en ese momento, porque no serán ustedes los que hablarán, sino el Espíritu Santo. El hermano entregará a su hermano para que sea condenado a muerte, y el padre a su hijo; los hijos se rebelarán contra sus padres y los matarán. Serán odiados por todos a causa de mi Nombre, pero el que persevere hasta el fin, se salvará». Y el Evangelio de Lucas, señalando cosas muy parecidas, especifica que «esto les sucederá para que puedan dar testimonio de mí» (21: 13).

En este marco, se exhorta a los justos a que tengan paciencia y confianza, ya que los «malvados» no estarán mucho más tiempo por aquí: «Calma tu enojo, renuncia al rencor, no te exasperes, que te haría mal. Pues los malvados serán extirpados y tendrán la tierra los que esperan al Señor. Solo un momento y ya no está el impío; si buscas dónde estaba ya no lo encontrarás. Los humildes heredarán la tierra y será grande su prosperidad» (Salmos, 37: 8-11).

9. Entonces se desatará el final: el armagedón y una gigantesca catástrofe natural

La cruel arremetida contra los justos y conscientes desatará el final: «En aquel tiempo [...] estallará mi furor» (Ezequiel, 38: 18).

Ello tendrá lugar en el marco del denominado *armagedón*: «Y vi salir de la boca del dragón, de la boca de la bestia y de la boca del falso profeta tres espíritus inmundos en forma de ranas. Son los espíritus demoníacos que hacen signos y se dirigen a los reyes de la tierra entera con el fin de congregarlos para la batalla del gran Día del Dios todopoderoso [...]. Y los congregó en un lugar llamado en hebreo Harmaguedón» (Apocalipsis, 16: 13-16).

Aunque el término *harmaguedón* o *armagedón* es de origen cristiano, se usa en distintas tradiciones espirituales (judaísmo, bahaísmo, islamismo...) para hacer referencia, generalmente, al «fin del mundo» o al «fin del tiempo» mediante catástrofes: «Que en aquel tiempo habrá gran temblor sobre la tierra de Israel; que los peces del mar, las aves del cielo, las bestias del campo y toda serpiente que se arrastra sobre la tierra, y todos los hombres que están sobre la faz de la tierra, temblarán ante mi presencia; y se desmoronarán los montes, y los vallados caerán, y todo muro caerá a tierra. Y en todos mis montes llamaré contra él la espada –dice Jehová el Señor–; la espada de cada cual será contra su hermano. Le haré rendir cuentas por medio de la peste y de la sangre; haré caer una lluvia torrencial, duras piedras de granizo, fuego y azufre, sobre él, sobre sus escuadrones y sobre los numerosos pueblos que estarán con él» (Ezequiel, 38: 19-22).

Este contexto indica que el eje central del armagedón será una enorme catástrofe natural que pondrá fin a la actual generación humana y a su entramado socioeconómico, político-institucional y tecnológico.

El Libro del Apocalipsis (16: 17-21) así lo constata: «... y del santuario y del trono salió una voz potente que decía: "Ya está hecho". Hubo relámpagos, voces y truenos, y hubo un terremoto tan violento como no lo ha habido desde que hay hombres en la tierra. [...] Todas las islas huyeron, los montes desaparecieron. Un gran pedrisco con piedras como de un talento de peso cayó del cielo sobre las personas, y las personas maldijeron a Dios por la plaga del pedrisco, porque era una plaga terrible».

A lo que el Evangelio de Mateo (24: 29) añade: «E inmediatamente después de la tribulación de aquellos días, el sol se oscurecerá, y la luna no dará su resplandor, y las estrellas caerán del cielo». Y el Evangelio de Lucas (21: 25-28) indica: «Habrá señales en el sol, en la luna y en las estrellas; y en la tierra, los pueblos serán presa de la angustia ante el rugido del mar y la violencia de las olas. Los hombres desfallecerán de miedo ante la expectativa de lo que sobrevendrá al mundo, porque los astros se conmoverán [...] Cuando comience a suceder esto, tengan ánimo y levanten la cabeza, porque está por llegarles la liberación».

Y el Libro del Apocalipsis (11: 18) señala: «Vino el tiempo fijado [...] para recompensar a tus seguidores y profetas, así como a los santos y a los que reverencian tu nombre –tanto a los pequeños como a los grandes–, y para destruir a los que están destruyendo la Tierra».

No obstante, como veremos en el próximo capítulo en el marco de la parusía y el corte o cortamiento que provocará, los justos no vivirán estos acontecimientos postreros y catastróficos relacionados con el armagedón, pues cuando ocurran ya habrán sido «transformados» o «arrebatados» en la llamada primera «siega».

10. Su dominio durante 1.335 días

¿Cuánto tiempo durará el triunfo de la bestia, con los sucesivos episodios que han sido descritos? Ya hemos dicho anteriormente que los tiempos humanos (cronos) no son los tiempos espirituales (kairós). Y que, debido a ello, nadie sabe ni el día ni la hora del final de esta generación, ni se pueden poner en el calendario las diversas señales que se nos proporcionan. No sabremos que se están manifestando hasta que las estemos viviendo o experimentando. Algo que sí sabemos es que los tiempos postreros serán acortados. Cristo Jesús lo deja claro: «Y si aquellos días no fuesen acortados, nadie sería salvo; mas por causa de los escogidos, aquellos días serán acortados» (Mateo, 24: 22).

No obstante, las enseñanzas cristianas hacen una excepción en cuanto al tiempo que durará el periodo regido por el triunfo de la bestia: 1.335 días. Esta estimación tan exacta tal vez tenga por objeto fomentar la paciencia durante esta etapa. Se afirma en el Libro de Daniel (12: 10-12): «Los malvados harán el mal, y ningún malvado podrá comprender, pero los prudentes comprenderán. A partir del momento en que será abolido el sacrificio perpetuo y será instalada la abominación de la desolación, pasarán mil doscientos noventa días. ¡Feliz el que sepa esperar y llegue a mil trescientos treinta y cinco días!».

1.335 días son, en números redondos, 3 años y 8 meses. Se trate o no de una predicción exacta, hay algo que está claro: el «reinado» de la bestia no tendrá lugar durante un periodo largo, aunque sí será de gran iniquidad.

Capítulo 13

LAS FASES QUE DESEMBOCAN EN LA NUEVA HUMANIDAD

CUARTA FASE: LA PARUSÍA Y EL CORTE, CON SUS DOS SIEGAS

La parusía

La catástrofe natural que constituirá el eje del armagedón será de carácter geológico y, por ende, físico. Y será consecuencia de la evolución consciencial de la Madre Tierra. Tengamos en cuenta que el amor de esta, y el de las almas grupales encarnadas en los distintos reinos de la naturaleza, va por delante del amor que albergan las almas encarnadas en la humanidad.

Dicha catástrofe irá acompañada de un colosal evento de índole consciencial y espiritual: la parusía. Esta representará el final definitivo de esta generación humana (la sexta subhumanidad de la quinta humanidad) y el arranque de la siguiente (la séptima subhumanidad), en los términos que se han estado exponiendo. Y traerá consigo el denominado *corte* o *cortamiento*, que se desarrollará en dos fases o siegas.

Etimológicamente, la palabra *parusía* procede del griego *parousia* y significa 'presencia',[*] aunque también 'llegada' y 'venida'. En los

---

[*] Con este significado la utiliza, por ejemplo, Platón para referirse a la «presencia» como esencia de la idea en la cosa sensible.

papiros de la literatura helenística, *parousia* es un término técnico que hace referencia a la llegada de un emperador, un rey, un gobernante o una persona famosa. En el Nuevo Testamento este sentido se vuelve escatológico,[*] pues hace alusión a la llegada de otro rey (Jesucristo) en el momento final de esta generación. Este es el uso que da a la palabra, por ejemplo, san Pablo en la Primera Carta a los Tesalonicenses (4: 13-18).

Simbólicamente, la parusía supone la llegada del esposo y la celebración de la boda que se menciona en la parábola de las diez vírgenes, en la que se ahondará de inmediato; y la separación del trigo y la cizaña mediante dos siegas. Esta separación se recoge en otra parábola, que también examinaremos. Todo ello tiene que ver con el devenir de los ciclos (mayores y menores) y la evolución de la consciencia.

¿Cómo será exactamente la parusía? Los evangelistas proporcionan pistas significativas a través de dos elementos figurativos: el relámpago y la nube:

a) El relámpago

Es citado por Mateo y Lucas: «Como el relámpago que sale del oriente y se muestra hasta el occidente, así será también la venida del Hijo del Hombre» (Mateo, 24: 27). «Como el relámpago brilla de un extremo al otro del cielo, así será el Hijo del Hombre cuando llegue su Día» (Lucas, 17: 24-25).

En el marco contemporáneo, este «relámpago» podría indicar algún tipo de fluctuación, movimiento o cambio vibratorio o electromagnético. Y teniendo en cuenta la intensidad y la extensión del resplandor, es lógico pensar que estará asociado a la elevación de la frecuencia vibratoria de la Tierra y a la evolución consciencial planetaria.

Atendiendo a esto, puede afirmarse que los tiempos finales de la actual generación humana coincidirán con un incremento de la vibración de la Madre Tierra, que no se producirá de golpe, sino

---

[*] Escatológico: relativo al final de los tiempos y los sucesos que lo acompañan (del griego *eschatos*: 'último', 'postrero', 'terminación'...).

paulatinamente. Pero llegará un momento en el que dicho incremento alcanzará el punto crítico, como cuando una última gota ocasiona el desbordamiento de un vaso que se ha ido llenando poco a poco. Ello provocará la transición a un nuevo escenario vibratorio: la Tierra restaurada.

Ocurrirá que las personas justas o conscientes estarán en sintonía con este nuevo marco vibratorio que ofrecerá el planeta. Y ello gracias a su estado evolucionado de consciencia, asociado a una alta vibración. En el contexto de la parábola de las diez vírgenes, diríamos que estas personas se habrán ocupado de que el nivel de aceite de sus respectivas lámparas sea el apropiado. Por ello, cuando llegue el momento del corte, vivirán la primera siega como una transformación o un arrebato.

Por otra parte, habrá las personas que, por su estado de consciencia, no gozarán de la sintonía vibratoria expresada. Sus respectivas lámparas no tendrán el nivel mínimo de aceite requerido para disfrutar de la primera siega. Esto hará que experimenten todos estos acontecimientos como la gran catástrofe natural que es el eje central del armagedón y en forma de segunda siega.

La vibración de la Tierra y la resonancia Schumann

Fue Nikola Tesla, el genial ingeniero e inventor, quien hizo mención por primera vez de algo semejante a una vibración de la Tierra al establecer la base de su esquema para la transmisión de energía y las comunicaciones inalámbricas.

Pero hubo que esperar hasta la mitad del siglo xx para que el físico Winfried Otto Schumann propusiera un modelo matemático teórico que postula la existencia de una vibración planetaria ligada a la resonancia electromagnética —hoy conocida como *resonancia Schumann* (RS)— entre la superficie terrestre y la ionosfera. La primera representación espectral de este fenómeno fue preparada por Balser y Wagner en 1960.

La RS puede ser definida como un conjunto de picos que se produce en la banda de *frecuencia extremadamente baja* (ELF, por sus siglas en inglés) del espectro electromagnético de la Tierra. Este fenómeno tiene lugar porque el espacio que hay entre la superficie terrestre y la ionosfera (que está ubicada entre los 90 y los 500 km de altitud) actúa como una guía de onda, la cual, a su vez, actúa como cavidad resonante (excitada de manera natural por los relámpagos) para las ondas electromagnéticas que se encuentran en la banda ELF. La frecuencia más baja, y al mismo tiempo la intensidad más alta, de la resonancia Schumann se sitúa en unos 7,83 Hz.

En 2008, el científico y escritor estadounidense Gregg Braden afirmó que desde 1980 la RS había aumentado desde los 7,8 Hz hasta los 12,0 Hz. Y hay quienes sostienen que desde 2015 se viene observando un aumento en esta frecuencia, de tal manera que se han roto los patrones históricos. No obstante, la comunidad científica no avala estas conclusiones.

(Fuente principal: Wikipedia - es.wikipedia.org/wiki/Resonancia_Schumann)

b) La nube

Lucas dice también que Cristo vendrá montado en una nube: «Entonces se verá al Hijo del Hombre venir sobre una nube, lleno de poder y de gloria» (Lucas, 21: 27). Como se comentó en su momento, esto es precisamente lo que dos ángeles indican a los apóstoles tras la ascensión de Cristo Jesús: «Después de decir estas cosas, fue elevado mientras ellos miraban. Entonces una nube lo ocultó de su vista. Ellos estaban mirando atentamente al cielo mientras él se iba cuando, de repente, dos hombres vestidos de blanco aparecieron al lado de ellos y les dijeron: "Hombres de Galilea, ¿por qué están ahí de pie mirando al cielo? Este Jesús, que estaba con ustedes y fue llevado a los Cielos, vendrá de la misma manera en que lo han visto irse al cielo"» (Hechos de los Apóstoles, 1: 9-11).

Este anuncio no da opción a considerar que Cristo, en la parusía, pueda regresar encarnado en un ser humano. El «formato» que se presenta es el mismo que el de la ascensión, con la diferencia de que, en el contexto de la parusía, Cristo no va a ascender, sino que va a descender.

En cualquier caso, tanto el relámpago como la nube, como elementos figurativos, se encuadran en el hecho de que la parusía conlleva una inefable presencia crística. Esta presencia lo envuelve todo y estaría asociada a lo siguiente:

- La segunda venida de Cristo como tal.
- Un cambio de ciclo planetario de carácter crístico. Este cambio derivará de la evolución del componente etérico del planeta y la consciencia de la Tierra, evolución que se vio impulsada desde que dicho componente etérico y dicha consciencia fueron permeados por la encarnación de Cristo en un ser humano.
- La fuerza crística presente en un número creciente de personas que lleven una práctica de vida coherente con el nacer de nuevo explicado por Cristo Jesús.

La segunda venida de Cristo Jesús

La expresión *segunda venida* no está en el Nuevo Testamento; la palabra griega utilizada es *parousia* (parusía). Pero se tradujo al latín como *adventus*, que significa 'llegada', lo cual ayudó a crear la expectativa de que había que esperar una llegada física de Cristo. El término griego original deja claro el hecho de que esta interpretación es errónea.

La encarnación física de Cristo *pudo acontecer una vez y solo una*. La llamada *segunda venida de Cristo* no será física. Tal como señalan los evangelios: «Si entonces os dicen: "Ved el Cristo, está aquí o allá", no lo creáis. [...] Por tanto, si os dicen: "Está en el desierto, no salgáis; está en las bodegas, no lo creáis"» (Mateo, 24: 23 y 26). La segunda venida será un evento gigantesco, no limitado a un lugar en particular. No tendrá lugar en un cuerpo físico, sino en el nuevo cuerpo del alma de cada individuo, fusionado con el plano etérico del planeta, lugar donde cada persona «será atrapada en las nubes para encontrarse con el Señor en el aire».

De hecho, la segunda venida ya está aconteciendo en la actualidad, aunque la mayoría de la humanidad no se da cuenta, porque no es algo que esté sucediendo en el mundo visible, material, sino que se está produciendo en la región etérica de la Tierra.

Teniendo en cuenta todo esto, podemos ver un nuevo significado en los versículos de la Biblia que se refieren a la ascensión y el retorno de Cristo. Cuando en Hechos de los Apóstoles, 1: 9, se dice que «una nube lo recibió quitándolo de sus ojos», parece que se está indicando que Cristo ascendió al plano etérico, que es la región donde se encuentran las fuerzas formativas de la Tierra. Y cuando en este mismo libro se dice (1: 11) que «vendrá de la misma manera que lo habéis visto ir al cielo», parece que se está señalando que volverá de las regiones etéricas: «Ved, viene con las nubes» (Apocalipsis, 1: 7). El plano etérico es el espacio físico superior, y no está limitado por las leyes del ámbito material. Por eso, la aparición de Cristo en la Tierra etérica ocurre *en todas partes a la vez*.

Y es esencial entender el hecho de que quien vendrá ahora en forma física no será Cristo, sino Ahriman: «Porque surgirán falsos cristos y falsos profetas, y mostrarán grandes señales y prodigios» (Mateo, 24: 24).

El «corte»

Las referencias al corte o cortamiento mismo son numerosas en el Nuevo Testamento. Por ejemplo:

- «Entonces estarán dos en el campo; el uno será tomado, y el otro será dejado. Dos mujeres estarán moliendo en un molino; la una será tomada, y la otra será dejada» (Mateo, 24: 40-41).
- «En ese Día, el que esté en la azotea y tenga sus cosas en la casa, no baje a buscarlas. Igualmente, el que esté en el campo, no vuelva atrás. Acuérdense de la mujer de Lot. El que trate de salvar su vida, la perderá; y el que la pierda, la conservará. Les aseguro que en esa noche, de dos hombres que estén comiendo juntos, uno será llevado y el otro dejado; de dos mujeres que estén moliendo juntas, una será llevada y la otra dejada» (Lucas, 17: 31-35).
- «El Señor, en efecto, sabe [...] reservar a personas injustas para el día del juicio para que sean cortadas» (Segunda Carta de Pedro, 2: 9).

Con este telón de fondo se pueden entender estas palabras de Cristo Jesús relativas a su «misión», recogidas en el Evangelio de Lucas (12: 49-53): «He venido a prender fuego a la tierra y ¡cuánto deseo que esté ya ardiendo! Con un bautismo tengo que ser bautizado y ¡qué angustia sufro hasta que se cumpla! ¿Pensáis que he venido a traer paz a la tierra? No, sino división. Desde ahora estarán divididos cinco en una casa: tres contra dos y dos contra tres. Estarán divididos el padre contra el hijo y el hijo contra el padre; la madre contra la hija y la hija contra la madre; la suegra contra su nuera y la nuera contra la suegra».

Y estas palabras que recoge el Evangelio de Mateo (10: 34-36): «No penséis que he venido a la tierra a sembrar paz; no he venido a sembrar paz, sino espada. He venido a enemistar al hombre con su padre, a la hija con la madre, a la nuera con la suegra; los enemigos de cada uno serán los de su propia casa».

Es en este contexto en el que se inscriben otras declaraciones de Jesús especialmente categóricas:

- «A todo sarmiento mío que no da fruto lo arranca» (Juan, 15: 2).
- «Sin mí, nada podéis hacer» (Juan, 15: 5).
- «Quien no está conmigo, esta contra mí; y quien no recoge conmigo desparrama» (Mateo, 12: 30).

Se acabó el tiempo de las «medias tintas» o la indiferencia como excusa para no participar activamente a favor de las causas justas. Jesús deja claro que la semilla crística tiene que plasmarse en acciones y comportamientos.

Esto tiene que ver con la «puerta estrecha» de la que habla Cristo Jesús en el Evangelio de Lucas: «Y pasaba por ciudades y aldeas enseñando y se encaminaba hacia Jerusalén. Uno le preguntó: "Señor, ¿son pocos los que se salvan?". Él les dijo: "Esforzaos en entrar por la puerta estrecha, pues os digo que muchos intentarán entrar y no podrán. Cuando el amo de la casa se levante y cierre la puerta, os quedaréis fuera y llamaréis a la puerta diciendo "Señor, ábrenos"; pero él os dirá "no os conozco"» (13: 23-27).

La parábola de las diez vírgenes

La denominada *parábola de las diez vírgenes* (Mateo, 25) es especialmente ilustrativa: «El Reino de los Cielos será semejante a diez vírgenes que tomando sus lámparas, salieron a recibir al esposo. Cinco de ellas eran prudentes [sensatas] y cinco insensatas. Las insensatas, tomando sus lámparas, no tomaron consigo aceite; mas las prudentes tomaron aceite en sus vasijas, juntamente con sus lámparas. Y tardándose el esposo, cabecearon todas y se durmieron. Y a la medianoche se oyó un clamor: "¡Aquí viene el esposo; salid a recibirle!". Entonces todas aquellas vírgenes se levantaron, y arreglaron sus lámparas. Y las insensatas dijeron a las prudentes: "Dadnos de vuestro aceite; porque nuestras lámparas se apagan". Mas las prudentes respondieron diciendo: "Para que no nos falte a nosotras y a vosotras, id más bien a los que venden, y comprad para vosotras mismas". Pero mientras ellas iban a comprar, vino el esposo; y las que estaban preparadas entraron con él a las bodas; y se cerró la puerta. Después vinieron también las otras vírgenes, diciendo: "¡Señor, señor, ábrenos!". Mas él, respondiendo, dijo: "De cierto os digo, que no os conozco". Velad, pues, porque no sabéis el día ni la hora en que el Hijo del Hombre ha de venir».

En esta parábola:

- La lámpara es el alma individualizada encarnada en cada ser humano.
- El nivel de aceite de cada lámpara es la evolución en autoconsciencia de cada alma. Esta evolución la determina lo sembrado en cada vida física y lo recogido, a partir de ahí, como cosecha. La cosecha de aceite será mayor cuanto más hayan abundado las obras de alta vibración en el periodo de siembra. Las vírgenes insensatas viven distraídas, entretenidas, enfrascadas en la apariencia y en lo material; por lo tanto, siembran piedras durante su vida, y eso es lo que recogen como cosecha, en lugar de aceite.
- Obviamente, un alma no puede transferir autoconsciencia a otra, como si de una transfusión sanguínea se tratara. Por eso, las vírgenes prudentes no pueden dar aceite suyo a las insensatas.
- La llegada del esposo y las bodas configuran la parusía ya analizada.
- La puerta que se cierra, con unas vírgenes dentro y otras fuera, es el corte que se viene comentando.
- Y a las que quedan fuera y no pasan el corte se les dice «no os conozco». Aquí hay que entender que no han logrado la compenetración álmica con el esposo (con Dios), o, lo que es lo mismo, no han sido permeadas por el Espíritu. Esto se debe al insuficiente nivel de consciencia (de aceite) que atesoran.

- Todo lo anterior guarda relación con estas palabras recogidas en el Evangelio de Mateo (20: 16): «Los primeros serán los últimos y los últimos serán los primeros». Probablemente, los que en los tiempos finales alcancen el nivel mínimo de aceite requerido para pasar el corte ya no volverán a encarnar en la actual generación humana, mientras que los que tengan un nivel más alto sí encarnarán, para acompañar y apoyar a las almas que aún tienen la oportunidad de llegar a ese nivel mínimo exigido.

La parábola del trigo y la cizaña

Hay otra parábola que también está íntimamente relacionada con el corte: la del trigo y la cizaña. Se expone en el Evangelio de Mateo, 13: 24-30: «El reino de los cielos es semejante a un hombre que sembró buena semilla en su campo; pero mientras dormían los hombres, vino su enemigo y sembró cizaña entre el trigo, y se fue. Y cuando salió la hierba y dio fruto, entonces apareció también la cizaña. Vinieron entonces los siervos del padre de familia y le dijeron: "Señor, ¿no sembraste buena semilla en tu campo? ¿De dónde, pues, tiene cizaña?". Él les dijo: "Un enemigo ha hecho esto". Y los siervos le dijeron: "¿Quieres, pues, que vayamos y la arranquemos?". Él les dijo: "No, no sea que al arrancar la cizaña, arranquéis también con ella el trigo. Dejad crecer juntamente lo uno y lo otro hasta la siega; y al tiempo de la siega yo diré a los segadores: 'Recoged primero la cizaña, y atadla en manojos para quemarla; pero recoged el trigo en mi granero'"».

Cuando los discípulos le piden a Cristo Jesús que explique la parábola, lo hace en estos términos (13: 37-43): «El que siembra la buena semilla es el Hijo del Hombre. El campo es el mundo; la buena semilla son los hijos del Reino; la cizaña son los hijos del maligno; el enemigo que la siembra es el diablo; la siega es la consumación del mundo; los segadores son los ángeles. A la manera pues que se recoge la cizaña y se echa al fuego, así será la consumación del mundo. Enviará el Hijo del Hombre a sus ángeles y recogerán de su reino todos los escándalos y a todos los obradores de iniquidad y los arrojarán en el horno de fuego, donde habrá llanto y crujir de dientes. Entonces los justos brillarán como el sol en el reino de su padre. El que tenga oídos que oiga».

Conviene remarcar que no es ninguna decisión ni ningún juicio externos lo que hará que haya almas que vayan a parar al «horno de fuego, donde habrá llanto y crujir de dientes». Que se produzca o no este resultado depende del alma misma, a partir de lo que elija desde su libre albedrío: hacer suya la iniquidad o actuar justamente. A partir de esta elección, no hay un Dios que juzgue y castigue, sino que son los mismos principios y leyes que rigen el cosmos (el universo y la vida) los que entran en acción. (Dichos principios y leyes preservan el orden y la armonía en el escenario cósmico y fomentan la evolución en consciencia a través del despliegue de ciclos a varios niveles).

Hacia el final de *La República* de Platón se expone un contenido similar al de la parábola, en boca de Láquesis (ya lo reproducíamos al inicio de este libro; ahí va de nuevo):

> Almas pasajeras, vais a comenzar una nueva carrera y a entrar en un cuerpo mortal. No será el hado quien os escogerá, sino que cada una de vosotras escogerá el suyo [...]. La virtud, empero, no tiene dueño; cada quien participa de ella según si la honra o la desprecia. Cada cual es responsable de su elección, porque Dios es inocente.

Las dos siegas

En la parábola del trigo y la cizaña, el corte está ligado implícitamente a la idea de siega, la cual aparece de forma explícita en estos versículos del Libro del Apocalipsis (14: 14-19): «Entonces vi una nube blanca, y había alguien parecido a un hijo del hombre sentado en la nube; llevaba una corona de oro en la cabeza y una hoz afilada en la mano. Otro ángel salió del santuario del templo y le gritó con voz fuerte al que estaba sentado en la nube: "¡Comienza a usar la hoz y cosecha, que ha llegado la hora de cosechar, porque la cosecha de la tierra está totalmente madura!". Y el que estaba sentado en la nube metió la hoz en la tierra, y la tierra fue cosechada. Otro ángel salió del santuario del templo que está en el cielo; él también tenía una hoz afilada. Y del altar salió otro ángel más, que tenía autoridad sobre el fuego. Y, gritando con voz fuerte, le dijo al que tenía la hoz afilada: "¡Comienza a usar la hoz afilada y recoge los racimos de la vid de la tierra, porque sus uvas ya están maduras!". El ángel metió la hoz en la tierra y cortó la vid de la tierra, y la arrojó en el gran lagar de la furia de Dios».

Atendiendo a lo anterior, se deduce una importante enseñanza en lo relativo a la siega o corte: aunque el proceso de cortamiento es uno, al igual que lo es la parusía que lo causa, en su seno y en su desenvolvimiento hay dos partes claramente diferenciadas.

Así, hay una primera siega que es llevada a cabo por el Hijo del Hombre, esto es, por Cristo mismo, que viene en la misma nube blanca en la que ascendió a los Cielos (se volverá sobre este asunto al tratar la parusía). Y los versículos reproducidos indican lo siguiente sobre esta siega:

- Se efectúa a instancias de un ángel salido del santuario del templo. Esto lleva a recordar que, como Cristo Jesús señaló a sus discípulos, él no tenía conocimiento preciso del momento, porque «el día y la hora no los sabe nadie, ni los ángeles de los cielos ni el Hijo; solo el Padre» (Mateo, 24: 36).
- La siega se acomete porque «ha llegado la hora de cosechar», lo que tiene que ver con que está teniendo lugar la arremetida final contra los justos y todos los que no profesan la «única fe» comentada en el capítulo precedente.
- Con la hoz se siega a las personas cuya alma es justa y consciente. Ellas son el trigo, la cosecha de la tierra que «está totalmente madura», y serán «transformadas» (1 Corintios, 15: 51) sin experimentar la muerte física. Esta es la bendición que recibirán tales personas llegado ese momento: escucharán «una voz fuerte» que vendrá del cielo y les dirá «suban aquí» (Apocalipsis, 11: 12); y «en un abrir y cerrar de ojos»

(1 Corintios, 15: 51-52) serán arrebatadas «en las nubes para recibir al Señor en el aire» (1 Tesalonicenses, 4: 17).

Los que vean todo esto y no sean recogidos (transformados, arrebatados...) sentirán «mucho temor» (Apocalipsis, 11: 11) y, como las mujeres insensatas de la parábola de las diez vírgenes, querrán participar del banquete nupcial diciendo «¡Señor, señor, ábrenos!», pero Él les dirá que no los conoce. Y serán objeto de la segunda siega, acometida por otro ángel salido del santuario del templo que está en los Cielos. Este ángel usa «la hoz afilada y recoge los racimos de la vid de la tierra», que equivalen a la cizaña. Estas personas no pasan el corte y les llega un trágico final, pues son arrojadas al «gran lagar».

Por tanto, el corte tendrá lugar en dos fases que, estando interconectadas, serán distintas. Las enseñanzas de Cristo Jesús y el contenido de los textos cristianos no revelan nada sobre la duración del intervalo temporal que habrá entre ambas. Pero cabe deducir que será en ese intervalo cuando suceda la gran catástrofe natural que, como se expuso en el tramo final del capítulo precedente, constituirá el eje central del armagedón. Los justos no vivirán estos acontecimientos postreros, pues cuando se produzcan ya habrán sido transformados o arrebatados.

Esta transformación de los justos probablemente se halle relacionada con el «ya está hecho» expresado en el pasaje del Libro del Apocalipsis (16: 17-21) recogido en el capítulo anterior. En él se indica: «Y del santuario y del trono salió una voz potente que decía: "Ya está hecho"». Es a partir de ahí, no antes, cuando hay «relámpagos, voces y truenos», y cuando se produce «un terremoto tan violento como no lo ha habido desde que hay hombres en la tierra». A partir de ahí, se dice en el texto que todas las islas huyen, que los montes desaparecen y que cae un pedrisco formidable sobre las personas, que maldicen a Dios de resultas de un suceso tan terrible.

Las bienaventuranzas en relación con el corte

La práctica de vida es el factor determinante para «pasar» el corte; el que nos conduce a tener el nivel de aceite necesario en la lámpara y a ser trigo y no cizaña.

Tal práctica de vida se examinó con detalle en la primera parte de este libro, en el contexto de hacer realidad el nacer de nuevo. Y está asociada a la plasmación de unas cualidades álmicas que se asientan ejerciéndolas, hasta que acaban por transformarse en virtudes.

Pues bien: las bienaventuranzas, que fueron examinadas en el primer capítulo, ofrecen pistas sobresalientes sobre la forma de plasmar dichas cualidades álmicas. Es algo que requiere práctica. Cuando la persona cultiva estas cualidades en su día a día, va por el buen camino –de hecho, ser *bienaventurado* es, literalmente, estar «bien encaminado»–.

No reiteraremos aquí el profundo significado de cada una de las bienaventuranzas, pero sí retomaremos algunas de ellas. Para empezar, recordaremos dos que definen especialmente las cualidades necesarias para formar parte de la nueva generación humana que vendrá tras el corte y la parusía:

- «Bienaventurados los que tienen el corazón puro, porque verán a Dios».
- «Bienaventurados los que actúan por la paz, porque serán llamados hijos de Dios».

Por tanto, la pureza de corazón conduce a ver a Dios, y actuar por la paz nos vuelve afines a Dios.

Hay otras dos bienaventuranzas que también están asociadas a un nivel de aceite elevado: la que propugna la pobreza de espíritu y la que impele a actuar en pro de la justicia aun a costa de sufrir persecución.

- «Bienaventurados los pobres de espíritu, porque a ellos les pertenece el Reino de los Cielos».

- «Bienaventurados los que son perseguidos por practicar la justicia, porque a ellos les pertenece el Reino de los Cielos».

Como vemos, el Reino de los Cielos es la recompensa en ambos casos. Además, tanto la cualidad que es la pobreza de espíritu como el comportamiento noble de practicar la justicia proporcionan una entereza espiritual que llena a la persona de *autoritas*, es decir, de autoridad natural. (La *autoritas* es distinta de la *potestas*, que es la autoridad derivada de un cargo o puesto, aunque puede ir acompañada de esta). Estas personas serán idóneas, en la nueva generación humana, para ocuparse de la gestión de lo público con vocación de servicio y de un modo ejemplar, sin ver en ello un privilegio, sino una responsabilidad.

Seguidamente, hay una cualidad o condición que permite pasar el corte sobradamente, si bien no llega a tener la enjundia de las cualidades y conductas anteriores: se trata de la mansedumbre. Esta permitirá «heredar la Tierra», es decir, vivir en la Tierra restaurada que le está reservada a la nueva humanidad:

- «Bienaventurados los mansos, porque ellos heredarán la Tierra».

A continuación entra en escena una práctica que puede servir para pasar el corte aunque no se esté viviendo de una forma óptima para lograrlo: la misericordia. Quienes la ejerzan también la recibirán:

- «Bienaventurados los misericordiosos, porque obtendrán misericordia».

Finalmente, también se valorarán, en ese momento determinante, las aflicciones (las noches oscuras) que se hayan podido experimentar:

- «Bienaventurados los afligidos, porque serán consolados».

El gran objetivo de Satanás ante la parusía y el corte: mantener extraviadas al mayor número de almas

¿Qué pretende Satanás al interferir en el devenir natural del desarrollo consciencial y evolutivo de la Madre Tierra y el género humano? Como ya se ha indicado con anterioridad, pretende ser el «dios de este mundo», es decir, gobernarlo a su antojo.

Pero Satanás sigue siendo un ser espiritual y, como tal, sabe que su dominio no es indefinido, pues ni siquiera él puede evitar que la vida se desarrolle evolutivamente, es decir, que vaya despertando y expandiendo su consciencia en el curso de un devenir cíclico.

Además, desde hace dos mil años sabe que el proceso culminará con el triunfo de Cristo, quien ha despojado a los principados y potestades malos (Colosenses 2: 15), y nos ha liberado del dominio de las tinieblas al que estábamos sometidos (Colosenses, 1: 13). Por eso debemos buscar ahora, en lo crístico, la fuerza «para poder afrontar las asechanzas del diablo» (Efesios, 6: 10-18). Al final, Cristo triunfará por completo sobre Satanás, después de que este haya emprendido su última y más terrible ofensiva mediante el anticristo (Romanos, 16: 20 y Segunda Carta a los Tesalonicenses, 2: 3-12).

Sabedor de esto, Satanás no quiere gobernar el mundo como un fin en sí mismo, sino como un medio que le permita alcanzar su auténtica meta: que, cuando acontezcan la parusía y el «corte» o «cortamiento», la mayor cantidad posible de almas encarnadas en seres humanos permanezcan extraviadas. Como hemos visto, es inevitable que, llegado un punto en la evolución de la Madre Tierra y la humanidad, las almas encarnadas en esta tienen que efectuar una elección: una opción es formar parte de una nueva generación humana que está dejando de vivir desde el pequeño yo para empezar a hacerlo desde los atributos y cualidades del verdadero ser. La alternativa es mantenerse en la vieja humanidad egoica, egocéntrica, apegada a lo material, deshumanizada, desnaturalizada...

Por tanto, llegado el momento del corte, cada persona habrá tenido que elegir, desde su alma, entre uno de los dos caminos referidos:

el primero está íntimamente asociado a lo crístico; el segundo, a lo satánico. Esta elección se efectúa según el libre albedrío y en conexión con el nivel de consciencia y vibratorio alcanzado. (Este nivel se alcanza a partir de una práctica de vida y las obras realizadas, y equivale a la cantidad de aceite de que se dispone en la propia lámpara en el contexto de la metáfora desarrollada en la parábola de las diez vírgenes). En este marco, Satanás, usando a los ángeles caídos que lo han seguido y a la élite humana que se ha postrado ante él, actúa para que el mayor número de almas posible se decanten por la segunda opción.

Entonces, hay dos alternativas: una de ellas es seguir a Satanás. La otra es ser semilla de la nueva humanidad y participar activamente en ella. Esta segunda opción está también abierta para todo el mundo, desde el momento en que la encarnación de Cristo significó el rescate de la humanidad, en los términos examinados en la segunda parte de este libro. Ahora bien, como veíamos, este rescate no determina el destino de ninguna alma: a cada una corresponde sacarle el jugo consciencial a la oportunidad que representa.

En todo esto, hay que tener en cuenta algo muy importante: la elección descrita ha de ser realizada libremente y no de manera forzada, pues en caso contrario no tendría consecuencias álmicas. Esto significa que Satanás no puede obligar a nadie a través de la élite: su acción distópica fomenta la inconsciencia y la tendencia hacia el egocentrismo y el materialismo, pero en este contexto todo ha de estar a la vista para quien quiera verlo, de tal manera que nadie pueda alegar que fue obligado a nada. En esto consiste precisamente la sala de los espejos anunciada por antiguas tradiciones y ya comentada en páginas anteriores. En este escenario, se cae el velo tanto en el ámbito colectivo como en el personal. En lo colectivo, se pueden contemplar tejemanejes, intrigas, maquinaciones, confabulaciones, estratagemas y ardides que se mantenían ocultos, en una amplia variedad de campos: la economía, la política, la sociedad, la salud, las tecnologías... Y en el ámbito personal, el de la vida de cada cual, los fingimientos, autoengaños y autocomplacencias quedan al desnudo ante la fuerza de unos hechos y situaciones que nos obligan a tomar partido: ¿actuamos o no? ¿De qué manera? A partir de nuestras acciones y reacciones vemos nítidamente cómo somos y los demás también pueden verlo con claridad; se pone de manifiesto el estado de consciencia que realmente tenemos, sin que podamos disimularlo.

Por otra parte, el requisito de que todo tenga que estar a la vista implica un cambio dentro de la esfera satánica: todo el protagonismo debe tenerlo ya lo ahrimánico, más sutil y sagaz, en detrimento de lo luciferino, más tosco y brusco, al hilo de lo compartido en el capítulo anterior a propósito de la «división» existente dentro de lo satánico.

Por tanto, la acción de Satanás en el momento presente de la humanidad no es selectiva, sino masiva: su objetivo es que el menor número de almas posible pasen el «corte» al final de esta generación y en el contexto de la parusía.

QUINTA FASE: LA SÉPTIMA Y ÚLTIMA GENERACIÓN DE LA VIGENTE HUMANIDAD

Séptima generación de la quinta humanidad

Tras el corte y la parusía, y a través de la primera siega, tomará cuerpo una nueva generación humana que conformará la séptima subhumanidad de la quinta humanidad.

Los textos cristianos denominan *primera resurrección* y *resurrección en vida* a la encarnación en la séptima generación, y estará reservada a las almas que hayan pasado el corte, es decir, las de aquellos que no adoraron la bestia ni recibieron su marca, y fueron objeto de persecución o ataque por dar testimonio de Cristo y de la palabra de Dios: «Entonces, uno de los ancianos me preguntó: "¿Quiénes son los que van vestidos con túnicas largas blancas? ¿Y de dónde vinieron?". Así que enseguida le contesté: "Señor mío, tú eres el que lo sabe". Entonces él me dijo: "Ellos son los que salen de la Gran Tribulación; han lavado sus túnicas largas y las han emblanquecido en la sangre del Cordero. Por eso están delante del trono de Dios y le dan servicio sagrado día y noche en su templo. Y el que está sentado en el trono extenderá su tienda sobre ellos. Ya no pasarán hambre ni volverán a tener sed; tampoco los castigará el sol ni ningún calor abrasador. Porque el Cordero, que está en medio del trono, los pastoreará y los guiará a manantiales de aguas de vida. Y Dios les secará toda lágrima de sus ojos"» (Apocalipsis, 7: 13-17).

Por tanto, serán almas que, por el nivel de aceite obtenido, habrán dejado atrás el aferramiento al pequeño yo, con todo lo que ello comporta (egoísmo, egocentrismo, materialismo, antropocentrismo...), y serán aptas para desarrollar una práctica de vida en la que, en el día a día individual y colectivo, cristalicen los atributos y cualidades álmicos.

Como se ha insistido, la misión evolutiva de esta nueva generación será poner la semilla de lo que la sexta humanidad cuajará plenamente: una nueva humanidad en una Tierra restaurada. Y mientras lo hace, no sufrirá las interferencias de Satanás, que solo volverá a aparecer en escena, como ahora veremos, en el tramo final de esta nueva generación, esto es, cuando esta vaya a pasar el testigo evolutivo a la sexta humanidad.

También en este tramo postrero, a las almas que no pasaron el corte (esto es, no disfrutaron de la primera siega y sufrieron la segunda) se les dará una última oportunidad de hacer la elección definitiva entre Cristo o Satanás: por tanto, aunque no vivieron la primera resurrección antes mencionada de la mano de la primera siega, tendrán la «resurrección de juicio» que menciona el Evangelio de Juan (5: 29). Esta oportunidad se presentará en los últimos momentos de la séptima y última generación de la actual humanidad. Es por esto que en Hechos de los Apóstoles (24: 15) se indica que habrá «una resurrección tanto de justos como de injustos».

Se estima que la séptima generación de la quinta humanidad estará mil años en este planeta. Este periodo se extiende desde sus inicios hasta la culminación de su misión: estar en condiciones de dar paso a la sexta humanidad. Ahora bien, no hay que entender en sentido estricto la estimación enunciada, a causa de lo comentado en otras páginas acerca de los dos tipos de tiempo existentes, cronos y kairós.

La reaparición de Satanás y su última arremetida

Llegados a este punto, es preciso acudir a lo que narra el Libro del Apocalipsis en el capítulo 20, versículos 1 a 10: «Vi también un ángel que bajaba del cielo con la llave del abismo y una cadena grande en la mano. Sujetó al dragón, la antigua serpiente, o sea, el Diablo o Satanás, y lo encadenó por mil años; lo arrojó al abismo, echó la llave y puso un sello encima, para que no extravíe a las naciones antes de que se cumplan los mil años. Después tiene que ser desatado por un poco de tiempo. [...] vi también las almas de los decapitados por el testimonio de Jesús y la palabra de Dios, los que no habían adorado a la bestia ni a su imagen y no habían recibido su marca en la frente ni en la mano. Estos volvieron a la vida y reinaron con Cristo mil años. Los demás muertos no volvieron a la vida hasta pasados los mil años. Esta es la primera resurrección. Bienaventurado y santo quien tiene parte en la primera resurrección; sobre ellos no tiene poder la muerte segunda, sino que serán sacerdotes de Dios y de Cristo y reinarán con él mil años. Y cuando se cumplan los mil años, Satanás será soltado de la prisión. Y saldrá para engañar a las naciones de los cuatro lados de la tierra [...] y congregarlos para la batalla; serán innumerables como las arenas del mar. Avanzaron sobre la anchura de la tierra y cercaron el campamento de los santos y la ciudad predilecta, pero bajó fuego del cielo y los devoró. El diablo que los había engañado fue arrojado al lago de fuego y azufre con la bestia y el falso profeta [...] por los siglos de los siglos».

La acción final de Satanás no será masiva, como la previa al corte y la parusía, sino selectiva, pues se dirigirá específicamente sobre las almas encarnadas que cuenten con mayor nivel en la lámpara de aceite, los llamados 144.000 sellados que aparecen tres veces en el Libro del Apocalipsis (7: 3-8, 14: 1 y 14: 3) y configuran el «rebaño pequeño» mencionado en el Evangelio de Lucas (12: 32): seres humanos ungidos que son puros, «no tienen falta alguna», «siguen al Codero dondequiera que él va» y dan testimonio pleno de Cristo. Bajo las directrices de este, se encargarán de orientar, en acto de servicio, a la nueva generación humana durante los indicados mil años.

Finalmente, atendiendo a lo que se indica en los dos capítulos finales del Libro de las Revelaciones, la Tierra será restablecida a su estado original con Cristo y sus «santos redimidos» declarados victoriosos: este será el inicio de la sexta humanidad, una nueva humanidad en una Tierra restaurada.

SEXTA FASE: EL SURGIMIENTO DE LA NUEVA HUMANIDAD EN UNA TIERRA RESTAURADA

La sexta humanidad

La nueva humanidad tomará la semilla dejada por la séptima subhumanidad de la quinta humanidad (la generación que surgirá tras el final de la presente generación humana) y la hará fructificar en todo su contenido y esplendor. Esta humanidad ya no vivirá desde la apariencia –el pequeño yo: el yo físico, emocional y mental y la personalidad a él asociada–, sino desde la esencia, es decir, desde el yo superior. Ahora bien, en el marco de este, no vivirá todavía desde el espíritu, sino desde el alma. (Será la séptima y última humanidad la que vivirá desde el espíritu).

El misterio del Reino de Dios: vida eterna en una Tierra restaurada

Con relación a la nueva humanidad, Cristo Jesús anunció el «Evangelio del Reino» (evangelios de Mateo [4: 23], Lucas [4: 43] y Marcos [1: 15]), que señala la instauración de la soberanía divina en el mundo en un tiempo que está por llegar, pero que es augurado.

Con su encarnación en el plano humano, Cristo trajo el testimonio del Reino de los Cielos y aportó el mensaje definitivo a «esta generación», la actual humanidad como colectivo, sobre la forma de abordar el final de este ciclo.

En el Libro de Isaías se indica (65: 17): «... voy a crear nuevos cielos y una nueva tierra; y las cosas anteriores no serán recordadas ni subirán al corazón». Y el apóstol Pedro habla de «una herencia incorruptible, inmaculada e inmarcesible, reservada en los cielos para vosotros» (1 Pedro, 1: 4).

¿Cómo será esa nueva humanidad, la sexta en el proceso evolutivo humano? Pablo de Tarso nos indica que «no podemos soñar ni imaginar lo que Dios ha preparado para los que le aman» (1 Corintios, 2: 9). No obstante, los textos cristianos ofrecen pistas importantes sobre el tipo de vida que se desplegará en ella:

- Comprenderemos todas las cosas (Juan, 13: 7).
- Habrá paz para siempre (salmo 72: 7).
- Reinará la justicia (Segunda Carta de Pedro, 3: 13).
- «Los sufrimientos del tiempo presente no son comparables con la gloria que se ha de manifestar en nosotros» (Romanos, 8: 18).
- No habrá maldad, ni guerras, ni delitos, ni violencia; y no quedarán personas egocéntricas e injustas (Salmos, 46: 9 y 37: 10-11 e Isaías, 2: 4).
- Nadie estará enfermo (Isaías, 33: 24 y 35: 5-6).
- No existirá la muerte, sino que se gozará de «vida eterna» (Marcos, 10: 30). «Y no habrá ya muerte ni habrá llanto, ni gritos ni fatigas» (Apocalipsis, 21: 4).
- «Ya no llegará a haber de aquel lugar un niño de pecho de unos cuantos días de edad; ni un viejo que no cumpla sus días; porque uno morirá como simple muchacho, aunque tenga cien años de edad. Y, ciertamente, edificarán casas y las ocuparán; y ciertamente plantarán viñas y comerán su fruto; no edificarán y otro lo ocupará; no plantarán y otro comerá. Porque como los días del árbol serán los de mi pueblo y la obra de sus propias manos mis escogidos usarán de modo cabal. No se afanarán para nada

y no darán a luz para disturbio; porque son la prole que está compuesta por los benditos de Jehová y sus descendientes con ellos. Realmente sucederá que antes que ellos clamen, yo mismo responderé; mientras todavía estén hablando, yo mismo oiré» (Isaías 65, 20-24).

* Habrá unos nuevos Cielos y una nueva Tierra (Isaías, 65: 17 y Apocalipsis, 21: 1), una Tierra restaurada en la que todo «florecerá como el azafrán» (Isaías, 35: 1).

* Habrá alimento para todos: «En la tierra habrá grano en abundancia» y «extraordinaria abundancia en las cumbres de las montañas» (salmo 72: 16). Y «la tierra dará su fruto» (salmo 67: 6).

* Los humanos y los animales vivirán en concordia desde la reverencia por la vida, como atestiguan estas hermosas palabras extraídas del Libro de Isaías (11: 6-9 y 65: 25): «El lobo estará con el cordero, el leopardo se echará con el cabrito, y el ternero, el león y el animal engordado estarán todos juntos; y un niño pequeño los guiará. La vaca y la osa comerán juntas y sus crías se echarán juntas. El león comerá paja como el toro. El bebé jugará sobre el agujero de una cobra, y un niñito pondrá la mano sobre el nido de una serpiente venenosa. No causarán ningún daño ni destrucción en toda mi santa montaña, porque la tierra de seguro estará llena del conocimiento de Dios tal como las aguas cubren el mar». «El lobo y el cordero comerán juntos, el león comerá paja igual que el toro, y la serpiente se alimentará de polvo. No harán ningún daño ni destruirán nada en toda mi santa montaña».

* «Seréis santos, porque santo soy yo» (Primera Carta de Pedro, 1: 16).

REFLEXIÓN FINAL

Por último, que no lo último, recordar que Cristo Jesús señala que «este evangelio será predicado en todo el mundo, para testimonio de todas las naciones, y entonces vendrá el fin». Con estas palabras, no está hablando de los evangelios en general, que hace tiempo que están a disposición de todos en los cinco continentes, sino de sus enseñanzas específicas relativas al final de esta generación humana, que se han analizado en la tercera parte de este libro.

Será la forma de extender el discernimiento acerca de que todo tiene sentido y de que existe una explicación transcendente a los hechos distópicos que estamos sufriendo y a los mayores que vendrán. Este discernimiento no se basa en una fe ciega ni debe llevar a la resignación, sino que está anclado en una honda sabiduría: la relativa a cómo opera la evolución de los ciclos y la consciencia y al papel que tienen en esta evolución la humanidad y la Madre Tierra.

Nada de lo viejo está invitado: ¿lo estás tú?

Los textos sagrados afirman que en el día del juicio final, en los arcos del templo de Jerusalén, colgará una balanza para pesar todas las almas. ¿Y si os digo que ha llegado ese día?

Un día en el que ya no se hacen tratos con Dios, en que nadie puede satisfacer nada por otro; solo estáis tú y tus actos, todos

---

ellos. ¿Quién de vosotros considera que tiene el nivel mínimo requerido?

Asistimos a los estertores del viejo mundo, de la vieja humanidad. Es su último aliento, su último suspiro.

Tenemos que prepararnos para estos momentos...

Releer los textos sagrados no os salvará; tampoco os servirá arrodillaros, ni rezar. Esa época ya pasó.

Estamos a las puertas de un mundo nuevo, de una nueva humanidad. En ella no se ha invitado a ninguna de las cosas que han constituido los pilares de lo que ya queda atrás: ni el poder, ni la riqueza, ni la competencia, ni el aferramiento a lo material, ni el desprecio a las otras formas de vida... Nada de eso está invitado. ¿Lo estás tú?

Sois los juzgados. Sois los elegidos. Estoy aquí para romper el espejo y que podáis ver en qué lado estáis. Lo que veáis lo elegís vosotros. Es el momento.

La balanza se ha inclinado. La historia ha terminado.

(Texto en parte extraído de la serie de televisión Mesías, *en parte inspirado por ella).*